Patchwork Quilting Applikationen

PATCHWORK QUILTING APPLIKATIONEN

Alles, was Sie wissen müssen
Mit 140 praktischen Anleitungen für Anfänger und geübte Handarbeiter

ISABEL STANLEY UND JENNY WATSON
SPEZIALAUFNAHMEN VON GLORIA NICOL

BECHTERMÜNZ VERLAG

Originaltitel: The Ultimate Quilting and Patchwork Companion

Deutsche Erstausgabe

Fotograf: Gloria Nicol,
Lucy Tizard für die Schritt-für-Schritt-Aufnahmen
Illustrationen: Lucinda Ganderton
Gesamtherstellung: Mohndruck Grafische Betriebe, Gütersloh
Printed in Germany
ISBN 3-86047-431-6

INHALT

EINFÜHRUNG

Das Quilten ist eine sehr alte Technik. Jahrhundertelang trugen die Chinesen gequiltete, wattierte Winterkleidung. Auch die Kreuzfahrer entdeckten, daß die bei den Arabern üblichen gequilteten Hemden unter dem Kettenhemd ideal vor Kälte schützten. Sie brachten die Idee im 13. Jahrhundert mit nach Europa, wo man dazu überging, auf diese Weise Bettdecken anzufertigen.

Mit den ersten Auswanderern nach Amerika ging die Idee im 16. Jahrhundert wieder auf Reisen. Weil Stoff Mangelware war, mußten die Siedler ihre Kleidung recyceln: Jedesmal wurden die Stoffstücke kleiner, wieder und wieder setzte man Flecken und sogar »Flicken« zusammen, bis ein Kleidungsstück endlich ausrangiert wurde. Den Umständen entsprechend waren diese ersten Quilts auch nicht schön, sondern eben funktionell. Mit wachsendem Wohlstand der Siedler jedoch wurden die anfänglich sehr schlichten Patchworks und Quilts kunstvoller und auch farbenfroher. Es entstand eine Fülle an Motiven und Mustern, die Applikationstechnik zum Verzieren der Quilts erfreute sich zunehmender Popularität, und so war der »Patchwork-Quilt« geboren.

Beide Techniken sind zeitlos, stets beliebt geblieben und eng miteinander verbunden. In diesem Buch werden sie zusammen vorgestellt, wobei sowohl traditionelle Muster aus allen Teilen der Welt als auch Neuumsetzungen und moderne Entwürfe enthalten sind. Lesen Sie die einführenden Seiten zu Werkzeug, Hilfsmitteln und Materialien, zu Stoffauswahl und Grundtechniken, bevor Sie mit einem der 140 verschiedenen Modelle beginnen. So werden Sie bestimmt professionelle Ergebnisse erzielen.

WERKZEUG UND HILFSMITTEL

• • • • • •

Wenn Sie häufiger Näharbeiten anfertigen, werden die meisten der hier aufgeführten Werkzeuge bereits in Ihrem Haushalt vorhanden sein. Speziellere Gegenstände erhalten Sie in Bastel- und Handarbeitsgeschäften oder in den entsprechenden Kaufhausabteilungen.

SCHEREN UND SCHNEIDEWERKZEUGE

• • • • • •

Schneider- oder Stoffschere: Schneiden Sie damit nur Stoffe zu, damit die Schere nicht stumpf wird.

Papierschere: Regelmäßig schärfen und nur für Papier benutzen.

Stickschere: Mit dieser kleinen, spitzen und manchmal auch dekorativ gestalteten Schere werden Fäden ab- und Stoff zugeschnitten. Für Patchwork, Quilts und Applikationsarbeiten.

Zackenschere: Diese Schere hat eine gezackte Schneide und wird zum Zuschneiden dekorativer Kanten verwendet. Die Kanten fransen dadurch nicht mehr aus.

Rollschneider: Den Rollschneider nur auf einer Schneidematte benutzen. Mit ihm können die Stoffteile für ein Patchwork exakt zugeschnitten werden. Achten Sie darauf, daß das Messer keine Schrammen bekommt. Tauschen Sie es gegebenenfalls aus.

Cutter: Zum Ausschneiden von Karton- oder Kunststoff-(Acetat)-Schablonen. Immer vom Körper weg schneiden.

MESSWERKZEUGE

• • • • • •

Lineal mit Metallkante: Nützlich beim Zeichnen von Schablonen und Ausschneiden von Karton- oder Stoffflächen mit dem Rollschneider oder Cutter.

Langes Metallineal: Es wird zusammen mit dem Winkeldreieck zum Zuschneiden von Stoffen benutzt.

Winkeldreieck: Um rechte Winkel exakt anzutragen und – zusammen mit dem Metallineal – zum Zuschneiden von Stoffen.

Maßband: Zum Abmessen von Stofflängen und Rundungen sehr hilfreich, weil es biegsam ist.

Zirkel: Zum Zeichnen von Kreisen.

Maßstab und Lehre: Sehr praktisch, um Maße zu überprüfen.

MARKER

• • • • • •

Löslicher Stift (Trickmarker): Mit diesem Stift angezeichnete Markierungen sind wasserlöslich bzw. verblassen nach einiger Zeit an der Luft. So können mit dem Trickmarker Muster auch an der Stoffoberseite angetragen werden. Zum Markieren eignet sich ebenso ein weicher Bleistift, allerdings nur für die Rückseite des Stoffs.

Schneiderkreide und -rädchen: Auch mit Schneiderkreide können Sie Markierungen direkt auf dem Stoff anbringen. Sie kann später ausgebürstet werden. Mit dem Schneiderrädchen und der Kreide lassen sich punktierte Linien übertragen (siehe Grundtechniken, S. 24).

NÄHZUBEHÖR

• • • • • •

Nähnadeln: Wenn Applikationen und Patchwork von Hand genäht werden, sollten Sie spitze Nadeln verwenden. Für kleinere Stiche eignen sich auch »Betweens« (spezielle Quiltnadeln).

Nadeln für Stickwolle: Sie sind speziell für Stickstiche gedacht und in den Größen 1 bis 10 erhältlich. Für Baumwoll- und Leinenstoffe am besten Größe 7 verwenden.

Stecknadeln: Sortieren Sie stumpfe oder rostige Nadeln aus. Die speziellen Quiltnadeln sind länger und daher beim Abstecken mehrerer Stofflagen besser zu handhaben.

Sicherheitsnadeln: Sie werden manchmal anstelle von Stecknadeln zum Zusammenstecken mehrerer Quiltlagen benutzt.

Bienenwachs: Ziehen Sie damit den Quiltfaden vor dem Nähen ab. Dann gleitet er leicht durch den Stoff.

Fingerhut: Ein wichtiges Hilfsmittel, insbesondere wenn von Hand gequiltet wird und die Nadel durch mehrere Stofflagen gesteckt werden muß.

Nahttrenner: Wichtiges Instrument zum Auftrennen von Maschinenstichen.

Bügeleisen: Es wird zum Ausbügeln der Nähte beim Patchwork gebraucht. Hierfür und zum Glätten von Falten ist am besten ein Dampfbügeleisen geeignet; mit dem normalen Bügeleisen sollten Sie ein feuchtes Bügeltuch verwenden.

QUILTRAHMEN

• • • • • •

Hauptsächlich werden **runde Rahmen** benutzt, in denen der Stoff zwischen zwei exakt ineinanderpassenden Ringen straffgezogen wird. Zum Maschinennähen ist ein Plastikring mit Metallverschluß empfehlenswert. Ansonsten einen großen Holzring verwenden.

Viereckige Rahmen gibt es auch mit Ständer. Der Stoff wird hier durch Einstellen und Verschieben der seitlichen Rollen gespannt.

SONSTIGES ZUBEHÖR

• • • • • •

Stoffkleber: Er kann statt Bügelgaze zum Befestigen einer Applikation auf dem Stoff verwendet werden.

Alleskleber: Zum Anfertigen von Schablonen empfiehlt sich Sprühkleber.

Stoffarben: Sie können Quiltstoffe auch mit wasserlöslichen, ungiftigen Farben bemalen und durch Bügeln fixieren. Um Stoffe zu vereinheitlichen oder ungewöhnliche Farbeffekte zu erzielen, gibt es auch die Möglichkeit, sie einzufärben. Gefärbt wird entweder mit heißem oder kaltem Wasser. In letzterem Fall muß zusätzlich noch fixiert werden. Beachten Sie hierzu die Hinweise des Farbenherstellers.

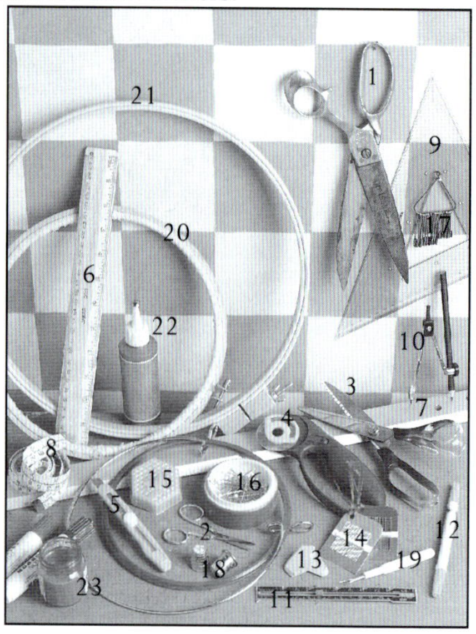

1 Schneider- oder Stoffschere
2 Stickschere
3 Zackenschere
4 Rollschneider
5 Cutter
6 Lineal mit Metallkante
7 Langes Metallineal
8 Maßband
9 Winkeldreieck
10 Zirkel
11 Maßstab und Lehre
12 Löslicher Stift (Trickmarker)
13 Schneiderkreide
14 Nähnadeln
15 Bienenwachs
16 Spezielle Quiltnadeln
17 Sicherheitsnadeln
18 Fingerhut
19 Nahttrenner
20 Üblicher Stickrahmen
21 Großer Quiltrahmen
22 Stoffkleber
23 Stoffarben zum Bemalen und Färben

JAKAR
3011

MATERIALIEN

Die meisten der hier aufgeführten Materialien gehören zur Grundausstattung in der Schneiderei. Speziellere Utensilien und Accessoires sind in Bastelgeschäften oder in den jeweiligen Kaufhausabteilungen erhältlich.

Band: Mit Bändern können Applikationen bzw. Crazy Patchwork verziert oder Kanten eingefaßt werden. An Materialien steht Ihnen ein großes Sortiment zur Wahl, einschließlich Samt, Satin oder handgefertigter Stoffbänder.

Bügelvlieseline: Diese leichte Einlage kann auf der Rückseite der Patchwork-Teile aufgebügelt werden, um die Saumkante fürs Maschinennähen zu markieren. Auch als Rückseite von Stoffen geeignet.

Druckknöpfe: Mit diesen Metallverschlüssen lassen sich zwei Stoffteile miteinander verbinden, z. B. als Verschluß eines Kissenbezugs.

Füllung: Damit werden Kissen, Stofftiere und -spielzeuge gefüllt. Das Material ist Baumwolle, Wolle oder Kunstfaser.

Bügelgaze: Zum Verbinden zweier Stofflagen. Das Material wird häufig auch verwendet, um eine Applikation auf dem darunterliegenden Stoff anzubringen. Die Schablonen dafür können auf Futterpapier aufgezeichnet werden.

Kantenabschlüsse: Damit können Ränder und Kanten einer Patchwork-Arbeit oder eines Quilts verziert werden. Möglich sind Fransen, Bänder mit Pompons, Quasten, Borten u. v. a.

Karo- oder Millimeterpapier: Es wird zum exakten Zeichnen eines Motivs oder einer Schablone verwendet.

Knöpfe: Kunststoff-, Perlmutter-, Holz- oder mit Stoff bezogene Knöpfe sind nur Beispiele für die enorme Auswahl, die Ihnen hier zur Verfügung steht. Meist werden Knöpfe für Kleidung benutzt, sie eignen sich aber auch zur Dekoration von Quilts oder als Kissenverschluß.

Nähfaden: Verwenden Sie zum Nähen von Hand reinen Baumwollfaden (100%), zum Maschinennähen ist auch eine Baumwoll-Nylon-Mischung ideal. Der Heftfaden ist stärker als der Nähfaden und wird zum vorübergehenden Befestigen von Stoffteilen gebraucht. Spezieller Faden zum Quilten ist noch fester.

Ösen: Sie sind ein zusammengehöriger Satz aus zwei Teilen. Bei einer Befestigung mit Bändern kann das Band oder die Kordel durch die Öse durchgezogen werden.

Perlen und Pailletten: Auch hier haben Sie eine riesige Auswahl an Materialien, bis hin zu Glas, Holz, Kunststoff und Horn.

Reißverschluß: Er dient zum Verschließen zweier Kanten.

Säurefreies Papier: Zum Einwickeln und Aufbewahren von Stoffen.

Schneiderpapier (Kopierpapier): Zum Übertragen von Mustern und Schnitten auf den Stoff.

Schrägstreifen: Schmale Stoffstreifen, mit denen unsaubere Kanten eingefaßt werden. Sie können fertig gekauft oder selbst angefertigt werden (siehe Grundtechniken, S. 25).

Seidenpapier: Benutzen Sie es zum Übertragen von Schnitten und Zusammenhalten von Applikationsteilen.

Spitze: Mit Spitzenstreifen oder -teilen können Applikationen verziert werden.

Stickgarne: Das Perlgarn ist ein glänzendes Garn; daneben gibt es das Spaltgarn (für feine Stickereien die Fäden trennen); Maschinen-Stickgarn ist in verschiedensten Stärken und Farbtönen einschließlich Metallic-Fäden erhältlich.

Transparentpapier: Zum Durchpausen eines Motivs oder einer Form.

Volumenvlies: Es bildet die mittlere, weiche Schicht bei Quilts und wird zum Ausfüllen von reliefartig hervorgehobenen, abgesteppten Motiven verwendet. Normalerweise besteht die Wattierung aus Baumwolle, es sind aber auch Seide, Wolle und synthetische Materialien erhältlich.

Wollgarn: Man benutzt es zum Ausfüllen eines fein gerippten Quilts. Auch zum Sticken und Stricken.

1 Säurefreies Papier
2 Volumenvlies
3 Perlen und Pailletten
4 Schrägstreifen (gefalzt)
5 Knöpfe
6 Schneiderpapier (Kopierpapier)
7 Ösen
8 Stickgarne
9 Maschinen-Stickgarn
10 Karopapier
11 Bügelgaze
12 Bügelvlieseline
13 Spitze
14 Füllung
15 Druckknöpfe
16 Band
17 Karton für die Schablonen
18 Nähfaden
19 Heftfaden
20 Fransen (Kantenabschluß)
21 Wollgarn

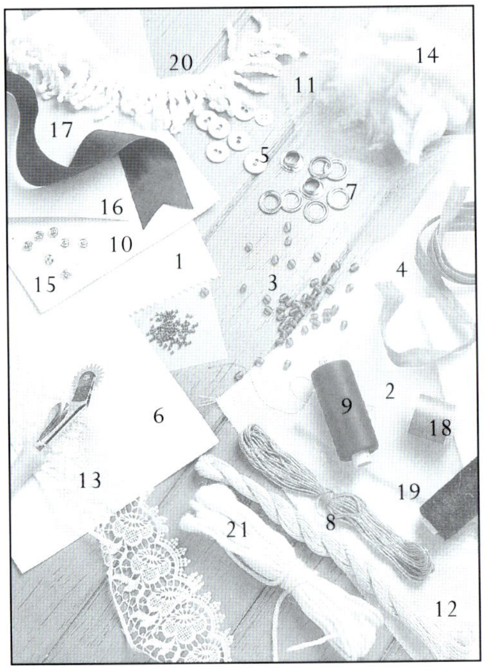

STOFFE

Ob Patchwork, Quilt oder Applikation – grundsätzlich können verschiedenste Stoffarten verwendet werden. Nähere Hinweise, wie Sie Stoffe auswählen und zusammenstellen, finden Sie auf den folgenden Seiten.

Batist: Dieser dünne, knitternde Baumwollstoff ist bedruckt oder einfarbig erhältlich.
Baumwollstoff: Er wird aus dem Rohmaterial gewebt, ist robust und läßt sich leicht waschen und bügeln. Für Patchwork wohl am besten geeignet, da Baumwollstoffe in allen denkbaren Varianten – einfarbig und mit bedruckten Mustern und Motiven – zu erwerben sind.
Filz: Er wird aus feucht und heiß gepreßten Wollfasern hergestellt. Da das Material eingeht, ist es nicht zu empfehlen für Textilien, die regelmäßig gewaschen werden müssen. Für Applikationen jedoch hervorragend zu verwenden, da Filz nicht franst.
Gingham (gewebter Karostoff): Das Karomuster dieses Baumwollstoffs (oder der Baumwollmischung) entsteht durch abwechselnd weiße und farbige Streifen, sowohl bei den Kett- als auch bei den Schußfäden.
Kord/Feinkord: Dieses Material besteht aus einem Grundgewebe, in das in vertikalen Rippen Faserflor eingearbeitet wird. Obwohl Kordstoffe leicht ausfransen, sind sie für Applikationen und größere Patchworkstücke geeignet.
Leinen: Es wird aus Naturfasern (Flachs) gewebt. Der gesponnene Faden variiert in der Stärke, was dem Gewebe seine unregelmäßige und interessante Struktur verleiht. Das Material franst und knittert leicht, ist aber durchaus als Grundstoff zu verwenden.
Musselin: Locker gewebter Baumwollstoff (oder Baumwollmischung) in Weiß oder naturfarben. Als Futterstoff von Trapunto- oder gerippten Quilts sowie für nach Schattenquilt-Technik angefertigte Arbeiten oder für Applikationen zu empfehlen.
Nesselstoff: Ein kräftiges leinenbindiges Gewebe, gewöhnlich weiß oder naturfarben; in verschiedensten Stoffstärken erhältlich. Sollte vorgewaschen werden.
Organdy: Dieses dünne, aber steife Baumwollgewebe wird für Schattenquilten benutzt.
Organza: Ein gazeartiger Stoff, der aus Seide oder Kunstfasern bzw. einem Seide-Kunstfaser-Gemisch gewebt wird. Er ist einfarbig und mit Metallic- oder irisierenden Effekten erhältlich. Geeignet für Applikationen, Schattenquilts und feines Patchwork.
Polyvinylchlorid: Am Stück läßt sich dieser kunststoffbeschichtete Baumwollstoff nur schwierig verarbeiten, da er sehr steif und nicht dehnbar ist. Dennoch für Patchwork oder Applikationen zu verwenden – insbesondere, wenn Sie beim Nähen Seidenpapier mitlaufen lassen.
Samt: Es wird aus Baumwolle, einer Baumwollmischung oder synthetischen Fasern hergestellt. Der Stoff hat eine fest gewebte Rückseite und eine dichte, florartig geschorene Oberfläche. Kleidersamt ist leichter und glänzt mehr, franst allerdings auch leicht aus und ist schwieriger zu verarbeiten. Beim Patchwork muß der Strich immer in dieselbe Richtung zeigen.
Satin: Ein glänzender, weicher Stoff, der feiner ist als normaler Baumwollstoff. Er wird für Patchwork benutzt und ist auch zum Quilten beliebt.
Schantungseide: Sie ist aus einem Faden gewebt, der in der Stärke variiert, und hat dadurch eine unregelmäßige Oberfläche. Franst leicht aus, kann aber für Patchwork und Quilts verwendet werden.
Seide: Die Königin der Stoffe und für fast alle Arbeiten passend als Material. Die Naturfaser wird von der Seidenraupe gewonnen. Seidenstoffe haben eine glänzende Oberfläche und sind in einem breiten Spektrum an Farben, Mustern, Stärken und Webstrukturen erhältlich.
Seidensatin: Glänzendes Gewebe aus Natur- oder Kunstseide. Seidensatin franst und krüppelt leicht, läßt sich aber sehr wirkungsvoll im Patchwork oder als Applikation verarbeiten.
Taft: Ein dichtes leinenbindiges Gewebe, das auch im Farbton changieren kann. Es wird aus einer Natur- und Kunstfasermischung hergestellt und eignet sich für Applikationen, insbesondere auch für kleinteiliges Patchwork.
Voile: Dieses durchsichtige Gewebe wird häufig zum Schattenquilten benutzt. Baumwollvoile ist feiner und leichter zu verarbeiten als die synthetischen Arten.
Wollstoff: Er wird aus gesponnenen und gewebten Wollfasern hergestellt. Das Naturmaterial ist elastisch und wirkt isolierend, wobei auch Synthetik-Mischungen diese Eigenschaften gut erfüllen. Wolle ist nicht gut waschbar, da sie leicht eingeht. Die Stoffe eignen sich als Einlage für Applikationen, dünnere Stärken können auch als Patchwork verarbeitet werden.

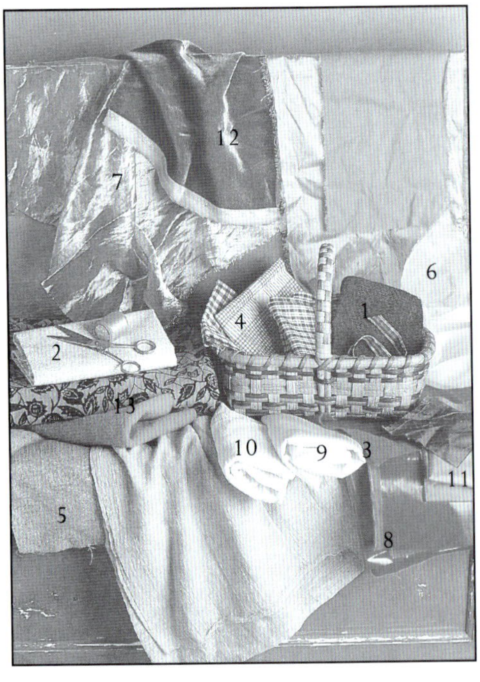

1 Kord (Feinkord)
2 Baumwollstoff
3 Filz
4 Gingham (gewebter Karostoff)
5 Leinen
6 Organdy (Baumwollgewebe)
7 Organza
8 Polyvinylchlorid (Weich-PVC)
9 Seidensatin
10 Seide
11 Taft
12 Samt
13 Wollstoff

STOFFE AUSWÄHLEN

Patchwork entstand als eine Möglichkeit, Stoffreste von vorausgegangenen Näharbeiten zu verwerten. Früher trennte man auch alte Kleidungsstücke auf und schnitt gute Stoffstücke heraus, um sie gleichfalls zu verarbeiten. Heute ist es sehr selten geworden, daß Kleidung selbst genäht wird, so daß Sie versucht sein könnten, sämtliche Stoffe neu zu kaufen. Sehen Sie trotzdem zunächst einmal nach Überbleibseln, und verwenden Sie diese als Grundlage für Ihren Entwurf; falls notwendig, können Sie diese immer noch durch neue Stoffe ergänzen. Man sollte es aber auch nicht zu weit treiben und aus Sparsamkeit beispielsweise abgetragene Stoffe verarbeiten oder Naturfasern mit synthetischen Stoffen kombinieren. Schließlich soll Ihre Näharbeit ja auch einige Zeit überdauern.

Nicht alle Stoffe sind für Patchwork geeignet. Wählen Sie gleichmäßig gewebte Stoffe mittlerer Dichte aus; lockeres Gewebe, wie Musselin, ist nicht robust genug und verzieht sich leicht. Umgekehrt empfehlen sich aber auch sehr straff und fest gewebte Stoffe nicht, weil sie zu steif und daher schlecht zu nähen sind. Auch Stretch-Material verzieht sich beim Nähen.

Traditionell wurden für Patchwork Baumwollstoffe verwendet, und für Anfänger ist hundertprozentige Baumwolle auch am besten geeignet, da sie leicht zu verarbeiten und außerdem sehr robust ist. Mit etwas mehr Erfahrung können Sie dann auch zu Seidenstoffen, strukturierten und transparenten Materialien übergehen oder mit synthetischen und dünnen Wollstoffen experimentieren.

Sortieren Sie Ihre Reste nach Stoffart und -stärke, bevor Sie die Kombination für Ihre Näharbeit zusammenstellen, und verwenden Sie für den Anfang nur gleichen Stoff mit gleicher Stärke in einem Stück. Falls Sie gleich zu Beginn ungewöhnliches oder unterschiedliches Material benutzen, sollten Sie zuerst ein kleines Probestück anfertigen, um die Wirkung abschätzen zu können.

Dieselben Regeln gelten im Grunde auch für das Quilten. Sie haben hier vor allem aber die Möglichkeit, mit Applikationsstoffen zu experimentieren, da diese beim Aufbringen auf den Grundstoff zusätzlich verstärkt werden. Das bedeutet, strukturierte Stoffe können mit gleichmäßig gewebten und leichte mit schweren kombiniert werden; trotzdem sollte der Grundstoff immer das kräftigste Material sein.

OBEN: Ein Farbton mittlerer Intensität – in diesem Fall Grün – wirkt in Kombination mit einem helleren Stoff dunkel. Auf dunklem Hintergrund oder neben dunklen Farben erscheint er hell.

OBEN: Monochrome Farbzusammenstellungen, bei denen Stoffe derselben Grundfarbe, aber in verschiedenen Tönen, verwendet werden, sind wirkungsvoller in Verbindung mit Schwarz und Weiß.

Waschen Sie die Stoffe immer mit einem milden Waschmittel in warmem Wasser vor. Materialien, die abfärben könnten, separat waschen. Nach dem Trocknen werden die Stoffe mit dem Dampf- oder normalen Bügeleisen und einem sauberen, feuchten Tuch gebügelt.

FARBEN UND FARBTÖNE

Die Zusammenstellung von Farben und Farbtönen hat großen Einfluß auf die Gesamtwirkung eines Musters und entscheidet damit auch über das Gelingen Ihres Patchworks. Mit verschiedenen Tonwerten einer Farbe statt einer Farbe allein zu arbeiten, hat den Vorteil, daß damit Tiefe und eine interessantere Gestaltung erzielt werden können. Sogar dreidimensionale Effekte lassen sich erzielen, wenn Sie den Farbton für einen Schatten sorgfältig auswählen. Solche bewußt eingesetzten Elemente halten ein Muster zusammen, schaffen Spannung und lassen es weniger beliebig erscheinen.

Sortieren Sie Ihre Stoffe nach drei Tonwertgruppen: hell, mittel und dunkel. Den jeweiligen Tonwert erkennen Sie leichter, wenn Sie dabei ein wenig durch die Augen blinzeln. Sie werden feststellen, daß bei einer Kombination unterschiedlicher Farbtöne die dunklen Töne eher zurücktreten, während helle sich optisch in den Vordergrund drängen. Farbtöne im mittleren Bereich wirken neben hellen Stoffen dunkler, kombiniert mit dunkleren hingegen heller.

Wichtigste Voraussetzung für eine gelungene Arbeit ist eine gute Planung. Fertigen Sie zu Beginn einige Stoffteile für Ihr Patchwork zur Probe an, und testen Sie mit verschiedenen Stoffen die jeweilige Wirkung. Mit etwas mehr Erfahrung genügt es dann auch, ein Schema des Grundmusters verkleinert aufzuzeichnen, mehrmals zu kopieren und die einzelnen Felder mit Stiften farbig anzulegen. Bei jeder Variante können Sie dabei verschiedene Elemente akzentuieren.

FARBKOMBINATIONEN

Mit einem monochromen Farbschema, bei dem Stoffe derselben Grundfarbe in verschiedenen Tönen kombiniert werden, können Sie nichts falsch machen. Eine interessante Abwandlung dieses Prinzips besteht auch darin, die Grundfarbe mit Schwarz und Weiß zu kombinieren. Für gewagtere Farbzusammenstellungen empfiehlt es sich, einen Blick auf den Farbkreis zu werfen. Hier stehen die Grundfarben Rot, Blau und Gelb jeweils den Sekundärfarben Grün, Orange und Violett gegenüber. Der größte Farbkontrast besteht zwischen einer Grundfarbe und der ihr entsprechenden Komplementärfarbe,

OBEN: Die hier gezeigten Stoffe in Gelb- und Violett-Tönen und mit verschiedenen Mustern illustrieren den intensiven Farbkontrast, der durch Kombination einer Grundfarbe (Gelb) mit ihrer Komplementärfarbe (Violett) entsteht.

d. h. zwischen Rot und Grün, Blau und Orange, Gelb und Violett. Wird also mit Komplementärfarben – entweder in kräftigen oder abschattierten Tönen – gearbeitet, entstehen bunte, lebendige Muster. Umgekehrt können Sie ruhige Farbharmonien durch Kombinationen erzielen, die auf dem Farbkreis nahe beieinander liegen, z. B. die warmen Töne Rot, Orange und Gelb oder die kühleren Farben Grün, Blau und Violett.

Wie eine Farbe wirkt, hängt in starkem Maß von ihrer Umgebung ab. Ein blasser Stoff kann neben einer Komplementärfarbe im Ton sehr kräftig erscheinen, und Weiß kombiniert mit einem mittleren oder dunklen Farbton wirkt äußerst intensiv. Nimmt man statt dessen Schwarz, wird der Farbton leuchten und in seiner Wirkung gesteigert.

Durch das Wiederholen einer Farbe in bestimmten Partien können Akzente gesetzt werden, um die herum sich das Muster zu entwickeln scheint. Traditionell wurde z. B. in die Mitte eines Blockhaus-Patchworks stets ein rotes Stoffelement gesetzt. Aber auch Stoffe in hellen Farben können ein Muster betonen, wenn sie geschickt angeordnet werden und die Stoffteile alle dieselbe Form haben.

STUKTURIERTE UND GEMUSTERTE STOFFE

Sehr schöne Effekte können Sie auch mit einem Ton in Ton angelegten, aber aus Stoffen unterschiedlicher Oberflächenstruktur gestalteten Patchwork erzielen. Zusätzliche Spannung verleihen Stoffe mit Flor, z. B. Samt, oder einem besonderen Glanz, wie beispielsweise Taft. Weil das Licht an der Oberfläche unterschiedlich reflektiert wird, changiert die Farbe innerhalb einer Fläche.

Eine gelungene Kombination aus gemusterten Stoffen ist nicht ganz einfach herzustellen, verleiht dem Patchwork aber nostalgisches Aussehen. Für eine abwechslungsreiche und interessante Gestaltung sollten Sie Stoffmuster in verschiedenen Größen auswählen, also große, mittelgroße und kleine Motive. Überprüfen Sie die gemusterten Stoffe auch nach ihrem Farbton, denn dies ist der entscheidende Aspekt für eine überzeugende Arbeit. Bei einem großgemusterten Stoffdruck suchen Sie eine ansprechende Partie aus, beispielsweise eine Blüte oder Knospe. Legen Sie eine Fensterschablone darüber (siehe Grundtechniken, S. 18), damit Sie sich den Ausschnitt auch vorstellen können. Sind Sie sehr wählerisch, benötigen Sie größere Stoffmengen. Bei einzeln verstreuten Motiven, Pünktchen- oder Streifenmustern sollten Sie sich zum Plazieren der Schablonen Zeit nehmen. Es lohnt sich auch, die ausgeschnittenen Stoffteile unterschiedlich zu positionieren und anzuordnen, bevor Sie sie zusammennähen. Und durchbrechen Sie auch einmal alle Regeln bei Streifenstoffen: Obwohl es theoretisch besser ist, Stoffe im Fadenlauf zuzuschneiden, kann es reizvoll sein, einige Stoffteile so anzufertigen, daß die Streifen diagonal verlaufen. Bei der Anordnung der Quadrate können diese dann z. B. strahlenförmig um einen Mittelpunkt gruppiert werden oder auch Zacken bilden.

OBEN LINKS: Stoffkombinationen in ähnlichen Farbtönen wirken insgesamt ruhiger. Warme Pink- und Rottöne sorgen hier für den harmonischen Farbeindruck.

LINKS: Intensive Kontraste ergeben sich aus der Zusammenstellung von blassen Farben mit mittleren oder dunklen Tönen.

RECHTS: Auch hier ein harmonischer Farbklang aus kühleren Blau- und Grüntönen.

Grundtechniken

Die in diesem Buch zusammengestellten Patchwork- und Quilt-Modelle präsentieren eine Fülle an Gestaltungsideen und ein weites Spektrum an Techniken: alte wie neue, aber auch spezielle Methoden aus allen Teilen der Welt. Sie werden z. B. in die Geheimnisse der San-Blas-Applikationstechnik oder des Sashiko-Quiltens eingeweiht, das Schattenquilten, Persische Applikation u. v. a. kennenlernen. Trotzdem gibt es einige grundlegende Quilt-, Patchwork- und Applikationstechniken, die Sie beherrschen müssen, bevor Sie mit einer Arbeit beginnen. Sie werden sie immer wieder benötigen.

Patchwork-Techniken

Patchwork wird aus Stoffresten angefertigt, die man in regelmäßige Formen zuschneidet und dann zu einem Mosaik mit geometrischem Muster zusammennäht. Hierbei gibt es zwei Möglichkeiten: Entweder wird von Hand oder mit der Nähmaschine gearbeitet. Das Maschinennähen ist die schnellere Methode, Handarbeit verleiht einem Stück durch die leicht unregelmäßigen Nähte ein traditionelles Aussehen. Für Anfänger und wenn Sie die Patchwork-Teile von Hand zusammennähen, empfiehlt es sich, mit Futterpapier zu arbeiten, damit exakte Winkel und Formen entstehen. Welche Methode Sie auch wählen: Wichtig für ein professionelles Ergebnis sind in jedem Fall sauber zugeschnittene Schablonen, sorgfältiges Abmessen und Zuschneiden der Stoffteile, ordentliche Nähte und gründliches Bügeln.

Schablonen

Mit einer exakt angefertigten Schablone gehen Sie sicher, daß die Patchwork-Teile gleiche Größe und Form besitzen und damit auch perfekt zusammenpassen. Es gibt verschiedene Arten und Materialien für Schablonen: Entweder schneiden Sie sie aus Karton bzw. aus kräftiger, transparenter Acetatfolie zu, oder Sie machen Fensterschablonen, mit denen Sie gut einen Ausschnitt im Stoff bestimmen können. Fertigen Sie für jede Form eine eigene, neue Schablone an; alte Exemplare sind an den Kanten oftmals schon etwas ramponiert. Sie können aber auch fertige Schablonen, erhältlich in verschiedenen Formen und Größen, verwenden.

Bei den Maßen für Patchwork-Schablonen sollte immer die Breite für die Nahtzugabe mit hinzugerechnet werden; in diesem Buch sind es in der Regel 5 mm. Falls Sie mit Futterpapier arbeiten, müssen Sie bei Karton oder Kunststoff (Acetat) als Material zwei Schablonen anfertigen: eine mit Nahtzugabe zum Anzeichnen der Stoffteile, eine ohne Nahtzugabe für das Futterpapier. Bei Fensterschablonen wird mit der Außenkante des Rahmens der Stoff, mit der Innenkante das Papier markiert.

Kartonschablonen

1

Übertragen Sie das Muster auf Karo- oder Millimeterpapier, und schneiden Sie die Einzelformen mit einer scharfen Schere aus.

2

Kleben Sie die Papierstücke auf dünnen Karton, und zeichnen Sie jeweils ringsum die Nahtzugabe an. Schneiden Sie die Schablonen dann aus.

3

Als Schutz und zur Versteifung wird der Rand (die Nahtzugabe) dünn mit transparentem Nagellack überzogen.

KUNSTSTOFF-(ACETAT-)SCHABLONEN

Legen Sie die durchsichtige Kunststoff-Folie über das aufgezeichnete Motiv, und umreißen Sie die einzelnen Formen. Ringsum geben Sie noch 7-8 mm für die Nahtbreite hinzu und schneiden dann die Schablone aus. Die transparente Schablone kann besonders exakt auf dem Stoff positioniert werden.

FENSTERSCHABLONEN

Zeichnen Sie die gewünschte Form auf dünnen Karton auf, und ziehen Sie ringsum einen zweiten Umriß mit 7-8 mm Nahtzugabe. Dann schneiden Sie die Schablone entlang der inneren und äußeren Umrißlinie aus, so daß als Rahmen exakt die Nahtbreite stehenbleibt.

RUNDE SCHABLONEN

Für Rundformen schneiden Sie das Muster in die gewünschten Einzelteile. Beim Zeichnen der Schablone geben Sie dann die genaue Nahtbreite hinzu. Entlang der äußeren Saumlinie werden Einschnitte angezeichnet, die Sie vorsichtig mit einem Cutter (Reißmesser) ausheben.

VORBEREITEN DER PATCHWORK-TEILE

Legen Sie die Schablone mit einer geraden Kante entlang des Fadenlaufs auf die Rückseite des Stoffs. Nun zeichnen Sie mit einem Trickmarker, der Schneiderkreide oder einem weichen Bleistift rings um die Schablone. Tragen Sie die Formen aneinanderliegend an, um sicherzugehen, daß sie genau zusammenpassen.

PATCHWORK-TEILE IN LAGEN AUSSCHNEIDEN

1

Mit dieser Methode können mehrere Stoffteile gleichzeitig ausgeschnitten werden. Dazu legen Sie den Stoff in Ziehharmonika-Falten und klammern die Schablone mit einem Hefter auf den Lagen fest.

2

Zum Ausschneiden der Form verwenden Sie einen scharfen Rollschneider oder ein Reißmesser (Cutter).

3

Ziehen Sie die einzelnen Teile auf einen Faden auf. So können Sie sie ordentlich aufbewahren und haben sie leicht zur Hand.

BEFESTIGEN VON FUTTERPAPIER

Stecken Sie das Futterpapier auf der Rückseite der Patchwork-Stücke fest, und falten oder bügeln Sie den Saum nach hinten um. Dann heften Sie eine Seite in der Mitte des Saums ab und lassen dabei das Fadenende ein kurzes Stück überstehen. Biegen Sie die Ecken ein, und heften Sie nacheinander auch die anderen Seiten ab. Aufgrund der überstehenden Fadenenden können Faden und Futterpapier leicht entfernt werden, sobald die Stoffteile zusammengenäht sind.

ARBEITEN MIT BÜGELVLIESELINE

Statt Futterpapier können Sie auch Bügelvlieseline verwenden. Diese ist besonders hilfreich beim Maschinennähen. Zeichnen Sie die Patchwork-Teile auf der Vlieseline aneinanderliegend auf. Nun schneiden Sie zuerst die große Umrißform und dann die einzelnen Blöcke aus. Bügeln Sie die Flecken auf der Rückseite des Stoffs auf, und zeichnen Sie ringsum jeweils die Nahtzugabe an. Zum Schluß werden die Stoffteile einzeln mit der Schere ausgeschnitten.

Patchwork-Teile zusammennähen

Legen Sie die fertig zugeschnittenen Stoffteile aus, und bestimmen Sie die endgültige Anordnung. Anschließend können Sie die Elemente zusammennähen, wofür es verschiedene Methoden gibt – je nachdem, ob Sie von Hand oder mit der Nähmaschine nähen.

Nähen von Hand

Die vorbereiteten Stoffteile werden rechts auf rechts aufeinandergelegt und mit Stecknadeln zuerst an den Ecken, dann in gleichen Abständen an der Seite zusammengesteckt. Anschließend nähen Sie die beiden Teile mit kleinem Überwendlingstich an der Kante entlang sauber zusammen. Nähen Sie von einer Ecke zur anderen, und ziehen Sie im Verlauf der Arbeit jeweils die Nadeln heraus.

Ketten- oder Fahnennähen

Mit dieser Technik können Sie mehrere Stoffpaare gleichzeitig zusammennähen. Stecken Sie diese rechts auf rechts zusammen. Dann nähen Sie die Paare an der Schnittkante entlang zusammen, wobei die Füßchenbreite als Orientierungshilfe dient. Die Stecknadeln nach und nach herausziehen und zwischen den Stoffpaaren etwas Faden als Verbindung stehenlassen. Dann schneiden Sie die einzelnen Fahnen ab und nähen die entsprechende Anzahl an Paaren zum Patchwork zusammen. Bügeln Sie die Nähte flach nach einer Seite hin um.

Reihen nähen

Bevor Sie die Stoffteile in Reihen zusammenstecken und -nähen, sollten Sie überprüfen, ob die Nahtzugaben exakt zusammenpassen. Bügeln Sie die Nähte in eine Richtung um.

Einsetzen – Würfel-Patchwork

Von »Einsetzen« spricht man dann, wenn ein Patchwork-Teil nicht gerade angenäht, sondern in einen Stoffwinkel eingefügt wird. Zunächst nähen Sie die beiden Stücke für den Winkel bis zum Abstand von 5 mm von der Außenkante an der Nahtlinie entlang zusammen. Mit einem Rückstich abschließen. Rechts auf rechts stecken Sie nun eine Hälfte des Stoffwinkels an der Kante des Einsatzelements fest und legen dann die zweite Winkelhälfte an der anderen Seite des Elements an. Nähen Sie nun wieder von der Ecke aus nach außen. Die Nähte des Einsatzstücks werden zur Seite des Stoffwinkels hin umgebügelt.

Einrahmen und Einfassen

Obwohl dafür der Stoff genauso zugeschnitten und genäht wird, handelt es sich hierbei um zwei verschiedene Dinge. Als Rahmen werden Stoffstreifen bezeichnet, die innerhalb der Musterfläche einzelne Stoffteile oder -blöcke voneinander trennen. Einfassungen laufen um das gesamte Stück und dienen zum Versäubern der Kanten.

Einfassungen mit gerader Eckkante

Die Längsstreifen der Einfassung werden auf die Länge des Quilts zugeschnitten, die Schmalseiten in Quiltlänge plus doppelte Breite der Einfassung. Rechts auf rechts nähen Sie nun zuerst die Längsstreifen an Ihrem Stoff fest, dann die Schmalseiten. Bügeln Sie die Nahtzugabe nach außen, d. h. vom Quilt weg, um.

Einfassungen mit schräger Ecke

Schneiden Sie die Streifen wie vorher angegeben zu, wobei Sie bei allen vier Streifen die doppelte Streifenbreite hinzugeben. Nähen Sie dann die Einfassung wie sonst am Stoff fest. Wird die schräge Kante von Hand genäht, bügeln Sie einen Streifen im 45°-Winkel um. Anschließend stecken und nähen Sie die Kante mit kleinen Schlingstichen fest. Arbeiten Sie mit der Nähmaschine, werden alle Ecken im 45°-Winkel umgebügelt. Stecken und nähen Sie sie von links an den Kanten zusammen. Zum Schluß die Nahtzugaben zuschneiden und ausbügeln.

Blockhaus-Patchwork (Log Cabin)

Gearbeitet wird immer von innen nach außen. Beginnen Sie mit einem Mittelquadrat, und stecken und nähen Sie dann rundum nacheinander Streifen daran fest; diese werden jeweils auf die richtige Länge zugeschnitten und mit der Zeit natürlich etwas länger. Arbeiten Sie gegen den Uhrzeigersinn, und bilden Sie gerade Kanten an den Ecken. Meist werden mehrere Blöcke angefertigt, die man dann für einen Quilt zusammennäht.

Quilt-Techniken

Quilts bestehen aus drei Lagen: einem dekorativen Oberstoff, einer warmen Wattierung (Einlage) und einem Stoff für die Rückseite. Die einzelnen Schichten werden dann gitterförmig, in Streifen oder auch komplizierten Formen und Mustern zusammengenäht. Gequiltete Einfassungen, Medaillons oder verzierte Ecken – alles ist möglich. Früher sollten die Nähte aus winzigen Heftstichen größtmögliche Wärme gewährleisten. Diese Funktion ist durch die modernen Verarbeitungstechniken und neu entwickelte Materialien inzwischen überholt, doch sollten die Stiche aus dekorativen Gründen immer noch zumindest gleiche Länge besitzen.

Abheften

Legen Sie die Wattierung (Einlage) zwischen Oberstoff und Stoff für die Rückseite. Dann heften oder stecken Sie die Lagen zusammen, so daß sie nicht mehr verrutschen können. Mit einem langen Faden in kontrastierender Farbe heften Sie nun die Quiltlagen von der Mitte ausgehend horizontal, vertikal und diagonal ab. Wenn mit der Nähmaschine oder einem Quiltrahmen gearbeitet werden soll, muß auch an den Kanten entlang geheftet werden.

Handquilten

Den Innenring des Quiltrahmens auf eine gerade Fläche legen und den abgehefteten Stoff darauf ausbreiten. Nun setzen Sie den Außenring darüber und schrauben ihn fest. Die Lagen nähen Sie mit Ein- und Ausstich gleichmäßig ab.

Maschinenquilten

Zum Nähen von Gitter- oder parallelen Linien ist ein spezielles Quiltfüßchen empfehlenswert; damit gleitet die Nadel leichter auch über dicke Stoffe. Werden freie Formen und Muster gequiltet, entfernen Sie das Nähfüßchen und senken den Stoffdrückerhebel ab. Spannen Sie den Stoff mit den Händen – oder einem Quiltrahmen – straff, und nähen Sie langsam, damit Sie die Stiche exakt plazieren können.

APPLIKATIONSTECHNIKEN

Für Applikationen können Sie nahezu alle Stoffe verwenden, einschließlich Seide, Woll- oder Baumwollstoffe und kräftiger, dicht gewebter Materialien, die wohl am besten geeignet sind. Auch Filz ist sehr beliebt, weil er nicht franst. Hinsichtlich der Motive sind Ihrer Phantasie keine Grenzen gesetzt: Es kann praktisch jede Form verwendet werden. Persische und hawaiische Applikation, Applikationen aus farbigen Glassteinen, ausgeschnittene, aufgenähte und unterlegte Motive sowie Reverse-Applikationsmethoden sind nur einige der im Buch beschriebenen Techniken.

BÜGELGAZE

1

Ein schnelles und einfaches Verfahren zum Applizieren von Stoffen. Der Applikationsstoff franst nicht mehr aus, da die aufgebrachte Gaze mit ihm verschmilzt. Zeichnen Sie den Umriß des Motivs auf der Bügelgaze auf.

2

Schneiden Sie das Motiv dann grob aus, und bügeln Sie es auf der Rückseite des Applikationsstoffs auf. Das Motiv wird anschließend mit einer kleinen Schere, dem Rollschneider oder einem Cutter exakt ausgeschnitten.

3

Das Papier nun von der Rückseite der Gaze abziehen und die Applikation auf dem Grundstoff aufbügeln. Stellen Sie an der Nähmaschine Zickzackstich ein, und nähen Sie damit an den Kanten entlang.

AUFSTECKEN MIT NADELN

Heften Sie die Nahtzugabe rings um das Applikationsmotiv ab. Dann zeichnen Sie an der Stoffoberseite Markierungslinien zur Plazierung an. Entlang dieser Hilfslinien werden die Applikationen angeordnet. Legen Sie zuerst die Stoffstücke für den Hintergrund aus, dann kommen gegebenenfalls die weiteren Schichten darüber. Alternativ können Sie die Stoffteile auch mit Doppelklebeband fixieren.

UNTEN: Diese einfache, applizierte Sonnenblume wurde von Hand aufgenäht.

STICHARTEN

Der Standard-Maschinenstich ist der Steppstich. Mit ihm legt man gerade Nähte an, die am Ende vernäht werden. Auch Heftstich läßt sich an der Nähmaschine einstellen (größte Stichlänge). Zum Nähen von Applikationen und Crazy Patchwork stellen Sie engen Zickzackstich ein, so daß eine Plattstich-Naht entsteht. Die im folgenden beschriebenen Sticharten sind Handstiche, die für die Modelle im Buch immer wieder benötigt werden.

HEFTSTICH

Dieser beim Handquilten hauptsächlich verwendete Stich ist auch für Nähte geeignet. In diesem Fall sollten die Stiche die gleiche Länge haben und nicht größer sein als 3 mm. Es ist möglich, mehrere Stiche gleichzeitig aneinanderzureihen. Der Heftstich ist auch für Sashiko- und Kantha-Arbeiten wichtig.

DOPPELTER HEFTSTICH

Nähen Sie eine Heftstichlinie, und füllen Sie die Zwischenräume in entgegengesetzter Richtung aus.

SCHLINGSTICH

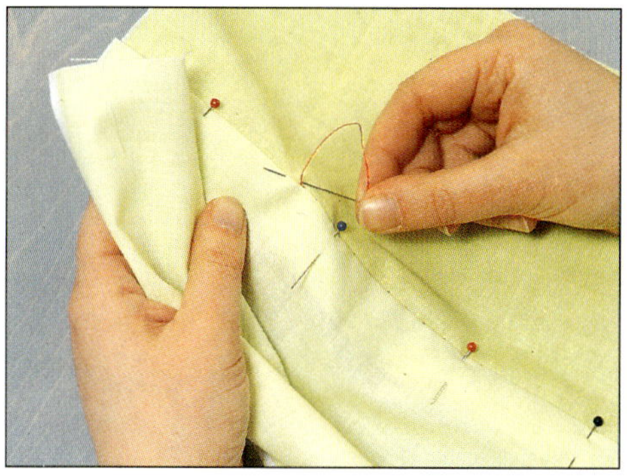

Dieser Stich wird benutzt, um ein Stoffelement mit einer sauberen Kante – z. B. eine Applikation oder eine Einfassung – auf einem anderen Stoff festzunähen. Fassen Sie dazu mit der Nadel einen Faden vom Unterstoff sowie einen weiteren von der Stoffkante auf. Verteilen Sie die kleinen Stiche in gleichmäßigen Abständen.

ÜBERWENDLINGSTICH

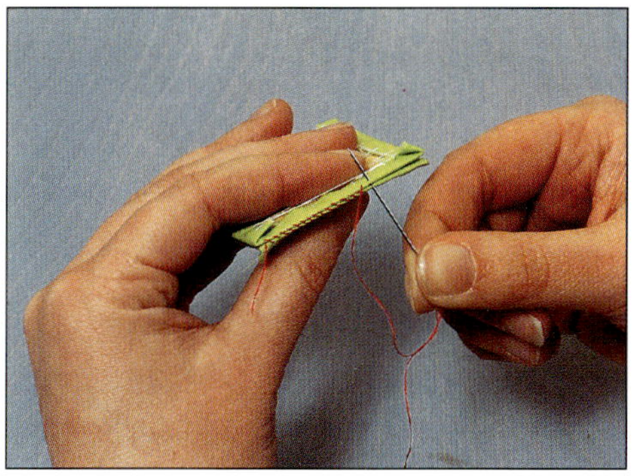

Mit diesem Stich werden zwei Kanten zusammengenäht. Führen Sie die Nadel schräg von unten nach oben, und nehmen Sie dabei gleichzeitig immer einen Faden von beiden Stoffkanten auf.

EIN- UND AUSSTICH

Werden dicke Stoffe gequiltet, ersetzt dieser Stich den Heftstich. Er wird auch für die Umrißlinie von Quiltmotiven verwendet. Stechen Sie die Nadel senkrecht zum Stoff ein und aus, und nähen Sie auf diese Weise jeweils einzelne Stiche.

FESTONSTICH

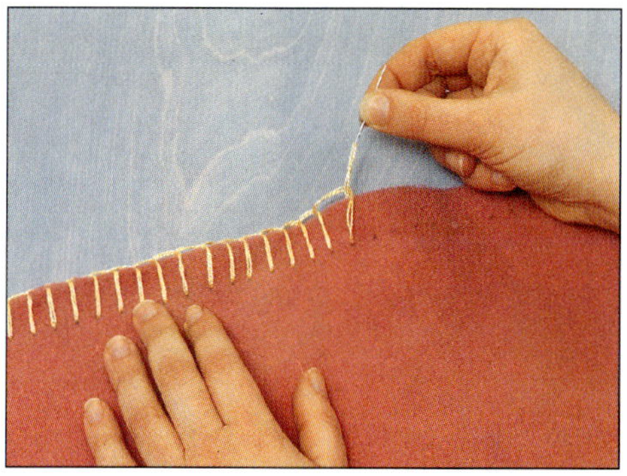

Der Feston- oder Knopflochstich eignet sich hervorragend zum Einfassen gerader oder gebogter Schnittkanten – bei Stoffen, die nicht ausfransen, wie z. B. Filz oder Wollstoffen. Er kann auch als Abschluß einer umgebügelten Stoffkante angelegt werden. Stechen Sie mit der Nadel nach unten durch, und lassen Sie die Nadelspitze an der Rückseite wieder nach oben, zur Kante hin, zeigen. Nun legen Sie den losen Faden um die Nadel, und ziehen sie durch die Schlaufe. Besonders dekorativ wirken mit größeren Abständen gesetzte Stiche in kontrastierender Farbe.

Allgemeine Techniken

Den Fadenlauf bestimmen

Motive vergrößern

Motivvorlagen auf Stoff übertragen

Dies kann notwendig sein, um eine saubere Schnittkante zu bilden. Hierfür knicken Sie den Stoff unmittelbar an der betreffenden Kante, ziehen vorsichtig einen Faden heraus und schneiden den Stoff entlang dieser Linie zu. Die Fäden können für einen Fransenbesatz verwendet werden oder auch herausgezogen werden, um ein Gittermuster im Stoff zu bilden. Wenn ein Motiv mittig plaziert werden soll, kann es manchmal ebenso erforderlich sein, den geraden Fadenverlauf zu bestimmen.

Übertragen Sie Ihr Motiv auf Millimeterpapier, und übernehmen Sie dieselbe Anzahl von Quadraten, aber entsprechend vergrößert, auf ein zweites Blatt. Dann zeichnen Sie Ihr Motiv auf Grundlage der neuen Rastergröße ein – so daß die Umrißlinien wieder genau der ursprünglichen Vorlage entsprechen.

Unten: Die Motive für diesen Beutel wurden von Vorlagen auf die Stoffteile übertragen.

1

Übertragen Sie Ihr Motiv auf Schneiderpapier (Kopierpapier). Nun legen Sie dieses mit der beschichteten Seite auf die Rückseite des Stoffs und fahren die Umrißlinie mit einem Stift, den Sie fest aufdrücken, nach.

2

Punktiert wird, wenn ein Motiv auf der Stoffoberseite angebracht werden soll. Ziehen Sie dann die Umrißlinie auf dem Papier mit dem Schneiderrädchen nach, oder perforieren Sie sie mit der Nadel der Nähmaschine. Anschließend wird mit Schneiderkreide und einem Pinsel oder Schwamm über die kleinen Löcher im Papier gebürstet und so ein punktierter Umriß auf den Stoff übertragen.

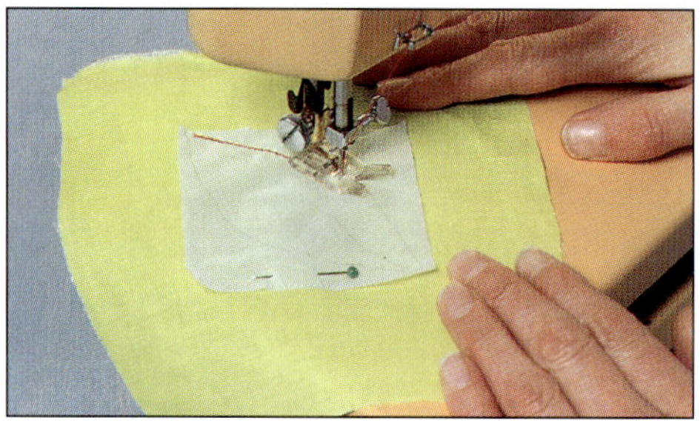

3

Eine weitere Möglichkeit besteht darin, das Motiv auf Seidenpapier aufzuzeichnen, an der Stoffrückseite festzustecken und mit der Nähmaschine den Umriß abzunähen. Das Seidenpapier reißen Sie weg, und es bleibt nur die genähte Umrißlinie stehen.

SCHRÄGSTREIFEN ANFERTIGEN UND VERARBEITEN

Legen Sie ein fadengerades Stoffquadrat diagonal zusammen. Schneiden Sie dann die Spitze parallel zum Falz ab und den Stoff am Falz auseinander. Beide Teile an der fadengeraden Schnittkante so aneinandersteppen, daß ein langer, breiter Schrägstreifen entsteht, der anschließend in beliebig breite Streifen geschnitten werden kann. Für kleinere Arbeiten kann mit einem Winkeldreieck ein Streifen nach dem anderen aufgezeichnet, geschnitten und zusammengefügt werden.

KANTENEINFASSUNG MIT SCHRÄGER ECKE

1

Den Stoffstreifen an einer Kante festnähen. Die Stichlänge sollte dabei zur Ecke hin abnehmen. 5 mm von der Ecke entfernt stoppen und den Quilt drehen, um die nächste Kante abzunähen. Dadurch bildet sich in der Ecke eine Stoffalte. Zum Weiternähen den Stoffdrückerhebel wieder herunterlassen.

2

Anschließend biegen Sie die Einfassung um. Stecken Sie sie fest, und nähen Sie sie dicht an der ersten Naht ab. Die Eckfalte legen Sie diagonal zu einer schrägen Kante und nähen sie mit Schlingstich zusammen.

KISSENBEZUG

Für die Vorderseite schneiden Sie ein Stoffquadrat in Kissengröße, plus 1 cm Nahtzugabe ringsum, zu. Das Stoffteil für die Rückseite wird an einer Seite 3 bis 5 cm größer bemessen und in Längsrichtung halbiert. Bügeln und nähen Sie einen 1 cm breiten Saum an den Schnittkanten der beiden Hälften um. Dann stecken Sie die Vorderseite rechts auf rechts so mit den Stoffteilen der Rückseite zusammen, daß diese sich leicht überlappen. Den Bezug dann ringsum abnähen und, je nach Anleitung, Paspeln oder Fransen in der Naht mitführen. Die Ecken einschneiden, die Nähte ausbügeln und den Bezug auf die rechte Seite drehen.

STOFFBILDER SPANNEN UND AUFZIEHEN

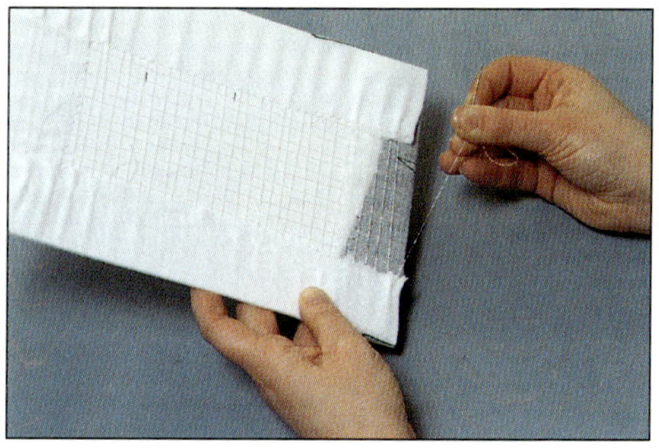

Das fertige Bild wird straff über die steife Rückseite (z. B. einen Karton) gespannt. Auf der Rückseite nähen Sie nun mit kräftigem Faden zuerst die Längsseiten, dann die Schmalseiten an den Kanten gitterartig zusammen; dabei den Faden jeweils gut anziehen. Zusätzlich mit Klebeband abkleben.

BEUTEL MIT DURCHZUG

1

Stecken und nähen Sie zwei rechteckige Teile aus dem Grundstoff bis auf die schmalseitige Oberkante zusammen. Zwei Futterstücke in derselben Größe an den Längsseiten zusammennähen; ebenso an der Unterkante bis auf eine 5 cm breite Öffnung in der Mitte. Die Beutel rechts auf rechts übereinanderstecken, an der Oberkante ringsum festnähen und die Nahtzugaben an den Ecken einschneiden. Nun ziehen Sie den Beutel durch den Futterstoff heraus, bügeln die Nähte aus und schließen die Öffnung mit Schlingstichen.

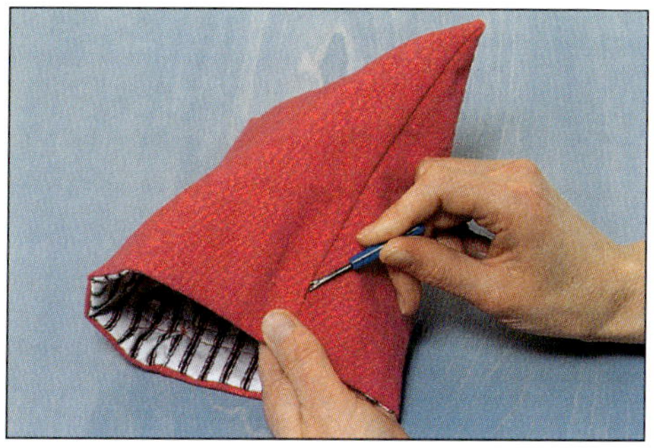

2

Drücken Sie den Futterstoff in den Beutel, und bügeln Sie ihn. Nun werden in 1 cm Abstand zur Oberkante ringsum zwei parallele Nähte für die Zugschnur gebildet (Abstand 1 cm). Trennen Sie an einer Längskante die Naht nur so weit auf, daß die Schnur eingefädelt werden kann.

Historische Muster

Patchwork, Applikationsarbeiten und Quilts haben eine faszinierende Vergangenheit, in der sich gleichzeitig ein Stück Sozialgeschichte widerspiegelt. Beispielsweise unterscheiden sich die aus Baumwollstoffen gefertigten Patchwork-Quilts der frühen Siedler in Nordamerika erheblich von den reich verzierten Crazy-Patchwork-Arbeiten, die zu viktorianischer Zeit beliebt waren. Lassen Sie die reizvollen historischen Muster wieder aufleben, vielleicht anläßlich einer Hochzeit oder eines Geburtstags, oder um ein Familienstück von bleibendem Wert zu schaffen.

Einführung

Oben: *Dieses Design stammt von einem pennsylvanischen Sampler-Quilt, der um das Jahr 1870 entstand.*

Unten: *Ein walisischer Quilt aus dem späten 19. Jahrhundert.*

Patchwork, Quilts und Applikationsarbeiten wurden jahrhundertelang in verschiedensten Ländern angefertigt. Die Techniken verbreiteten sich über Kontinente, waren eine Zeitlang in Mode und kamen wieder aus der Mode. Und sie entwickelten sich vor dem jeweiligen kulturellen und wirtschaftlichen Hintergrund immer etwas unterschiedlich.

Ursprünglich entstanden diese Verarbeitungsmethoden nicht aus dekorativen Gründen, sondern aus der Notwendigkeit heraus. In Familien, die sich keine neuen Stoffe leisten konnten, wurden Reststücke zu Patchwork-Flächen zusammengesetzt, mit Applikationen wurden zerschlissene Stellen ausgebessert, und Quilts mußten vor allem warm halten. Trotzdem belegen zahlreiche historische Beispiele, daß man immer auch bemüht war, funktionale und ästhetische Aspekte zu verbinden. Es entwickelten sich sogar höchstkomplizierte Muster – zum Beispiel das sogenannte Mosaik-Patchwork, das aus Hunderten von winzigen geometrischen Formen gebildet ist. Da die einzelnen Stoffelemente traditionell jeweils von Hand auf Papierstückchen genäht und dann zusammengenäht wurden, war die Anfertigung sehr zeitaufwendig. Bei näherer Untersuchung geben diese Papierchen oftmals Einblick in das Leben der Menschen, die die Stoffe anfertigten, denn nicht selten wurden sie aus alten Briefen, Zeitschriften oder Magazinen ausgeschnitten. Manchmal ist es so auch möglich, die Stücke zu datieren oder zu zeigen, daß eine Arbeit zu anspruchsvoll war und erst Jahre später von einem anderen Familienmitglied wieder ausgegraben und fertiggestellt wurde.

Es war auch üblich, Partien aus gebrauchten Stoffen wiederzuverwenden und neu zu verarbeiten. Im Gegensatz zu den bescheidenen und von Nützlichkeitsaspekten geprägten Anfängen des Patchworks kam in viktorianischer Zeit die Mode auf, aus kostbaren und üppigen Stoffen – zusammengefügt zu einem beliebigen Muster – Crazy Patchwork herzustellen. Die Technik entwickelte sich darüber hinaus zu einer Übungsdomäne für verschiedenste Sticharten, und man entdeckte darin auch eine Möglichkeit, persönliche und sentimentale Botschaften zu übermitteln. Die gesamte Oberfläche dieser faszinierend dekorativen Quilts wurde mit komplizierten Stichen und Motiven, mit Bändern und Knöpfen besetzt und bot damit ein Feld, auf dem die Quilterin die ganze Bandbreite ihres Könnens – und ihrer Erinnerungen – zur Schau stellen konnte.

Quilts wurden immer mit einem bedeutenden Ereignis in Verbindung gebracht; man wollte damit denjeweiligen Anlaß besonders hervorheben und wählte dementsprechend auch das Muster und die Technik. Das Patchwork-Muster mit ineinander verschlungenen Ringen war für Hochzeiten und Hochzeitsjubiläen gedacht; die einzelnen Ringe bestehen jeweils aus winzigen Stoffstückchen. Heute möchte man niemandem mehr empfehlen, einen ganzen Quilt mit diesem extrem zeitraubenden Muster zu gestalten, und Teillösungen wirken enttäuschend. Dagegen scheint das »Cathedral-Window«-Patchwork (vgl. S. 40) ziemlich kompliziert, ist aber in Wirklichkeit nicht mehr als eine Origami-Übung, da die Stoffteile einfach nur doppelt gefaltet werden müssen.

In früheren Zeiten war das Quilten vor allem eine zweckorientierte Technik, insbesondere zur Anfertigung von warmen Bettdecken. Zwischen zwei Stofflagen wurde eine Wattierung (Einlage) gelegt, und anschließend nähte man die drei Schichten zusammen. Der praktische Nutzen dieser Textilien war damit gegeben, doch man erkannte schnell, welche dekorativen Möglichkeiten zudem im Quilten steckten. Trapunto- bzw. Reliefquilten und geripptes (italienisches) Quilten sind nur zwei Beispiele für beliebte Quilt-Techniken, mit denen interessante Muster und Strukturen für Kleidung geschaffen wurden. Die wärmende Funktion rückte in den Hintergrund. Für einen gerippten Quilt werden zwei Stofflagen auf einem lockeren Gewebe als Unterstoff ausgebreitet. Dann näht man ein Muster aus eng aneinanderliegenden parallelen Stepplinien und zieht in die entstehenden Tunnels von hinten Wollfäden ein. Die so gebildeten plastischen Muster werden häufig zusammen mit traditionellen Quilt-Techniken verwendet, um den Umriß eines Motivs auf diese Weise zu betonen oder Flächen voneinander abzugrenzen. Das

Links: Ein naives und bezauberndes Beispiel für das dekorative Crazy Patchwork – eine Technik, die in der zweiten Hälfte des 19. Jahrhunderts sehr beliebt war.

Trapuntoquilten basiert auf demselben Prinzip, aber statt der Tunnels näht man hier bestimmte Motive im Umriß ab und füllt sie von hinten mit Stopfwatte. Beim Schattenquilten, einer weiteren historischen Technik, wird glattes Material über farbigen Woll- oder Filzstoff genäht, wodurch an der Oberfläche zarte, diffuse Farbflächen entstehen. Traditionell wurden hierfür weiße Stoffe verwendet, aber auch Farben können sehr wirkungsvoll sein.

Applikationen waren ursprünglich ein Verfahren zum Flicken und Ausbessern, aber auch sie entwickelten sich mehr und mehr zur kreativen Dekorationstechnik. Im 18. und 19. Jahrhundert war die persische Applikation sehr verbreitet, um bestimmte Motive aus den importierten indischen Baumwollstoffen zu konservieren. Diese exotischen Stoffe mit ihren bestechenden Mustern, mit Vögeln, Füllhörnern und Blumen waren ganz anders als die europäischen und damals so beliebt, daß britische Stoffhersteller extreme Verluste zu verzeichnen hatten. Deshalb wurde ein Gesetz verabschiedet, das den Import zunächst beschränkte und schließlich ganz unterband. Da keine neue Ware mehr in den Handel kam, übertrugen die Näherinnen ausgeschnittene Motive auf andere Stoffe.

Die mit Schritt-für-Schritt-Anleitungen beschriebenen Modelle dieses Kapitels orientieren sich an historischen Arbeiten. Sie möchten Hobbyschneiderinnen Mut machen zu traditionellen Techniken und sind, obwohl gewisse Anforderungen gestellt werden, hinsichtlich der Maße und Ausführung so konzipiert, daß auch Anfänger nicht die Freude verlieren. Beginnen Sie mit kleinen und einfachen Modellen, beispielsweise einem Lavendelsäckchen, einer Stofftasche für Nachtwäsche oder Pantoffeln. Wählen Sie Samt- und Satinstoffe, Taft und Brokat, um ein wenig nostalgisches Flair und Romantik in Ihre Arbeiten zu zaubern. Denken Sie auch an Accessoires als Besatz oder Kanteneinfassung, und halten Sie nach ungewöhnlichen Perlen, Bändern, Fransen und Quasten Ausschau.

Unten: Die komplizierte Gestaltung dieses modernen Quilts basiert auf Mustern des 19. Jahrhunderts aus dem Raum Baltimore.

Samtschal

Die diagonal zusammengenähten Stoffquadrate bilden die gezackte Patchwork-Kante an einer Seite dieses breiten Schals. Um eine interessante Struktur an der Oberfläche zu schaffen, wurden Seide und Samt als Materialien verwendet.

Sie benötigen:

dünnen Karton und Bleistift

Cutter

Schneiderschere

Seiden- und Samtreste in Rosé, Rostrot und Braun

100 x 90 cm Samt

Nähmaschine und passenden Faden

Bügeleisen

Stecknadeln

180 x 40 cm Seidenstoff als Futter

Vorbereitung

Schneiden Sie quadratische Schablonen mit 9 cm Seitenlänge zu. Jede Fläche besteht aus 26 Quadraten. Schneiden Sie 24 rostrote, 14 roséfarbene und 14 braune Stoffquadrate (aus Seide und Samt) zu. Halbieren Sie drei roséfarbene Quadrate zu Dreiecken, und schneiden Sie ein weiteres in Viertel. Außerdem werden noch sechs braune Quadrate halbiert. Nach dem Schema unten legen Sie die Quadrate in zwei Flächen aus. Dann schneiden Sie den Samt in der Breite durch und nähen ihn zu einem 2 m langen Stück zusammen.

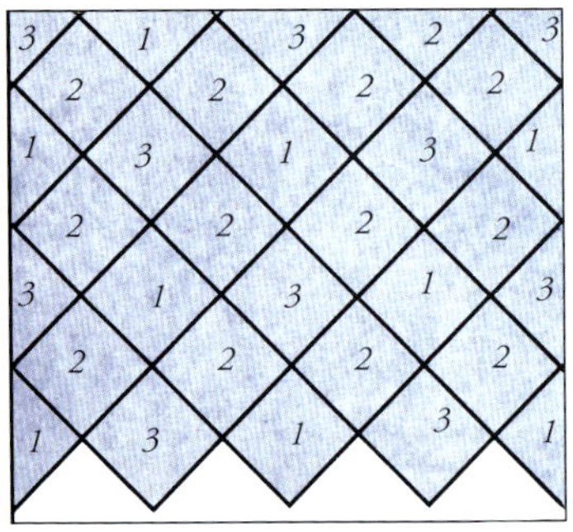

1 = Braun
2 = Rostrot
3 = Rosé

1

Nähen Sie die Quadrate zu Streifen zusammen (siehe Grundtechniken, S. 20) und diese dann wiederum aneinander. Anschließend die Dreiecke an den Seiten und an der Oberkante einsetzen, damit gerade Kanten entstehen. Die Nähte umbügeln und den zweiten Teil genauso anfertigen.

2

Die beiden Flächen ausmessen und den Samtstoff passend zuschneiden. Stecken Sie die geraden Kanten der beiden Patchwork-Elemente am Samt fest. Die Seiten knapp an der Kante entlang mit der Maschine festnähen und dann mit Zickzackstich applizieren. Zuschneiden und bügeln.

3

Rechts auf rechts den Samtstoff mit dem Futterstoff zusammennähen; nur an einer Längskante eine Öffnung lassen. Schneiden Sie an den Ecken überstehenden Stoff weg und bis zur Naht etwas ein. Den Schal wenden und die Öffnung mit Schlingstich schließen.

SAMTPANTOFFELN

Diese Kinderpantoffeln wurden aus Samt und Seidenresten angefertigt. An der Oberseite sind sie mit winzigen Kantha-Stichen gequiltet. Solche Stiche sind für die indischen Kantha-Quilts typisch. Sie können in beliebiger Richtung angelegt sein.

SIE BENÖTIGEN:

Schneiderpapier und Bleistift
Stoffschere
30 x 90 cm Samt
30 x 90 cm Seide
15 x 90 cm Nesselstoff
Näh- und Heftfaden
Cutter
ein Paar Innensohlen
Markierungsstift
Stoffkleber
Metallic-Faden
Nähmaschine und passenden Maschinenfaden
Stecknadeln
ein Paar Sohlen
4 kleine Quasten

VORBEREITUNG

Mit den vergrößerten Vorlagen vier Pantoffel-Oberteile jeweils in Samt und aus der Seide ausschneiden, zudem vier Nessel-Einlagen, die Sie auf die Rückseite der Samtstücke heften. Die Innensohlen entsprechend zuschneiden, ihren Umriß auf Samt zeichnen und ringsum mit Nahtzugabe ausschneiden.

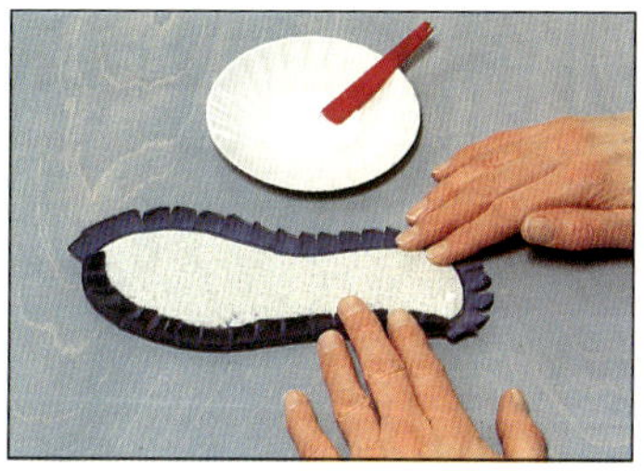

1

Nun legen Sie die Innensohlen auf die Rückseite des Samts. Der Saum wird eingeschnitten und umgefaltet. Danach festkleben und stark andrücken.

2

Die Samtoberteile mit Heftstichen in Metallic-Faden verzieren, dann jeweils an der Mittelnaht entlang zusammennähen. Rechts auf rechts werden jetzt die Samtteile mit dem Seiden-Innenfutter an der Vorderkante zusammengenäht. Die rechte Seite nach außen wenden und die Seitenkanten abheften.

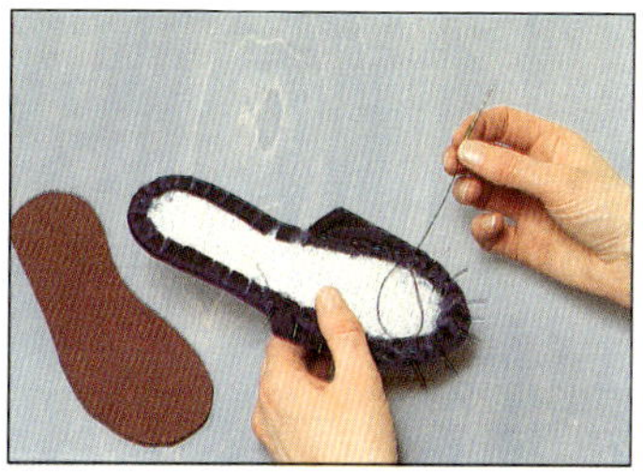

3

Die Oberteile an der Innensohle feststecken und annähen.

FERTIGSTELLEN

Nun kleben Sie die Sohlen an der Unterseite der Pantoffel fest, damit der Umschlag verdeckt ist. Trocknen lassen. Zum Schluß die Quasten annähen.

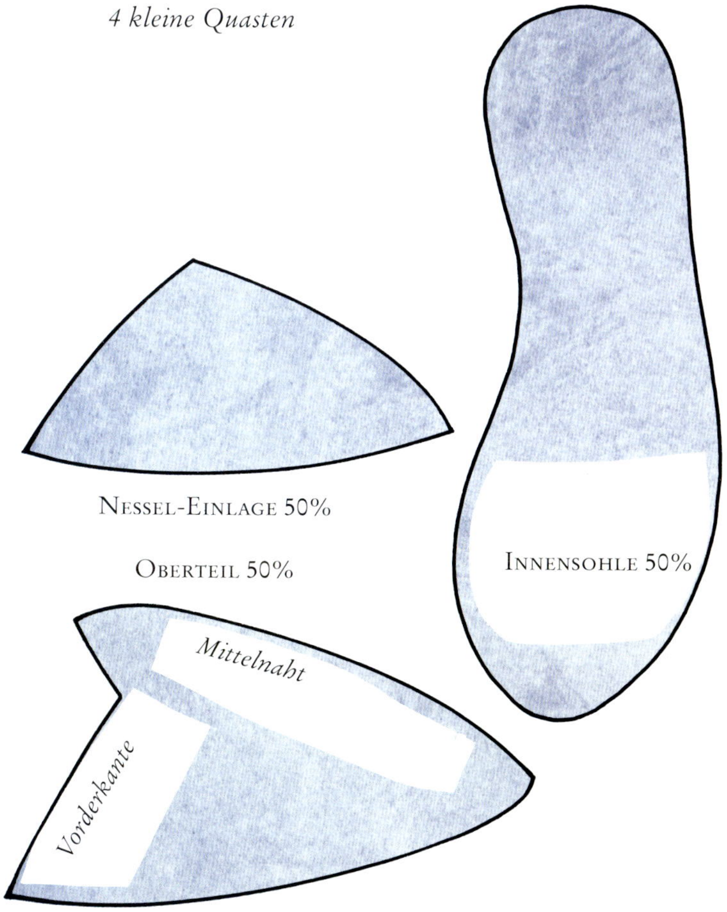

Crazy-Patchwork-Kissenbezug

Die kunterbunt applizierten Patchwork-Teile auf diesem Kissen erinnern an unregelmäßige Fliesen. Am besten wirken Stoffe mit ähnlicher Oberflächenstruktur und abgestimmten Farbtönen.

Sie benötigen:

Schneiderschere

60 x 90 cm Baumwollstoff

dünnen Karton und Bleistift

Stoffreste mit sechs verschiedenen Mustern

Stecknadeln

Nähnadel und Heftfaden

passenden Nähfaden

Bügeleisen

180 cm Polster-Fransenborte aus Baumwolle

Nähmaschine

38 cm Reißverschluß

ein Kissen, 45 x 45 cm

Vorbereitung

Schneiden Sie den Baumwollstoff in zwei 46 x 46 cm große Quadrate. Dann vergrößern Sie das nebenstehende Schema entsprechend und schneiden danach die benötigten Kartonschablonen zu. Als Grundstoff wurde hier grob strukturierter Baumwollstoff verwendet, die applizierten Formen sind aus Resten von Möbelstoffen gewonnen.

Fertigstellen

Bügeln Sie die Kissenquadrate, und stecken Sie sie rechts auf rechts zusammen. Zwischen den Teilen wird ringsum zusätzlich die Fransenborte festgesteckt. Nähen Sie ringsum eine Naht ab, und fügen Sie an einer Seite den Reißverschluß ein.

1

Mit Hilfe der Kartonschablonen schneiden Sie nun die unregelmäßigen Formen mit 1 cm Nahtzugabe aus dem Stoff aus.

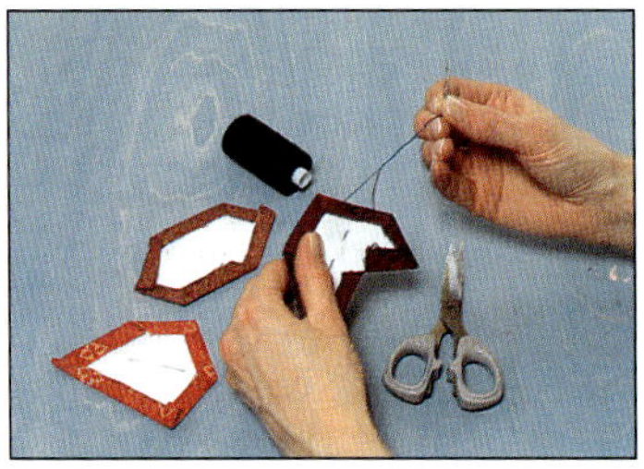

2

Heften Sie den Stoff an der Rückseite an der Schablone fest. Dann die Teile auf die Kissenoberseite stecken und heften.

3

Jedes Element mit passendem Nähfaden und Schlingstichen am Grundstoff festnähen.

Schema der Vorderseite – Vergrößerungsfaktor 33,33%

Hutnadel-Kissen

Dieses größere Nadelkissen für dekorative Hutnadeln oder Broschen wurde in Crazy Patchwork aus Samt-, Satin- und Seidenresten gestaltet.

Sie benötigen:

Schneiderschere

Schneiderpapier

Zirkel und Bleistift

Samt-, Satin- und Seidenreste

50 x 90 cm Nesselstoff

Stecknadeln

Nähmaschine und passenden Nähfaden

Bügeleisen

Füllwatte

Nähnadel

Vorbereitung

Schneiden Sie zunächst die Schnittmuster aus Papier zu. Sie benötigen ein rundes Muster (Durchmesser 18 cm) für Ober- und Unterseite des Kissens und ein rechteckiges für die Seitenwand (52 x 10 cm). Die Unterseite wird aus Seide hergestellt, Oberseite und Seitenwand sind aus Nesselstoff. Hinzu kommen zwei 5 cm breite Schrägstreifen – einer aus Samt, einer aus Seide –, die 52 cm lang zugeschnitten werden.

1

Nähen Sie die Seitenwand zum Ring zusammen. Anschließend wird diese an der Unterseite festgenäht. Dann stecken und nähen Sie die Oberseite an die Seitenwand; lassen Sie dabei eine kleine Öffnung, durch die der Kissenbezug umgedreht werden kann. Schneiden Sie überflüssigen Stoff an den Nahtzugaben ab. Dann bügeln Sie den Bezug und füllen ihn mit Füllwatte. Die kleine Öffnung verschließen.

2

Aus den Stoffresten schneiden Sie jetzt in beliebigen Formen die kleinen Patchwork-Teile zu. Biegen Sie die Schnittkanten um, und nähen Sie die Einzelteile jeweils übereinanderliegend mit der Maschine zusammen. Mit der Schablone wird die Stofffläche abschließend rund ausgeschnitten. Dann nähen Sie einen 52 cm langen Patchwork-Streifen aus Seiden- und Samtquadraten. Nähen Sie den Patchwork-Streifen zwischen die beiden Schrägstreifen, und verbinden Sie die beiden kurzen Schnittkanten zur Naht.

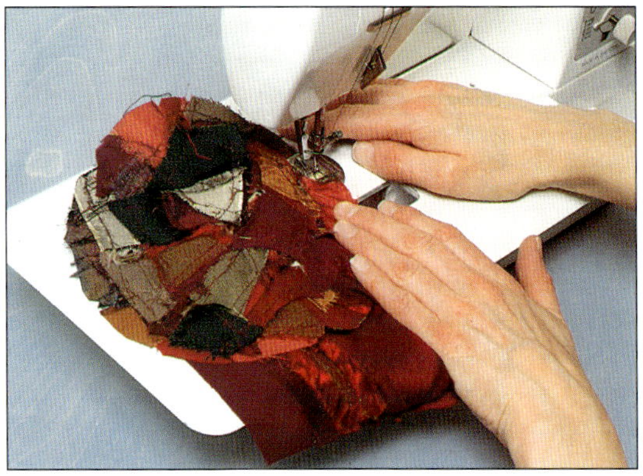

3

Rechts auf rechts nähen Sie nun das Patchwork-Band an der Oberseite fest. Danach bügeln und auf die rechte Seite drehen.

4

Abschließend ziehen Sie den Außenbezug über das Innenkissen, biegen die Schnittkante an der Unterseite um und nähen sie mit Schlingstichen rundum fest.

QUADRATISCHER LEINENQUILT

Ein Quilt aus weißem Leinen, der sich eng an historischen Vorbildern orientiert. In gleichmäßigen Abständen wird er mit Knötchen aus Perlgarn bestickt. Drei Stichreihen ringsum vervollständigen die Gestaltung.

SIE BENÖTIGEN:

Trickmarker

90 x 90 cm weißes Leinen

Lineal

Stecknadeln

Nähnadel und Heftfaden

90 x 90 cm Wattierung (Einlage)

2 Stränge Perlgarn, marineblau

Nadel für Stickwolle

90 x 90 cm Nessel- oder Baumwollstoff

passenden Nähfaden

Schneiderschere

1

Mit dem Trickmarker zeichnen Sie an einer Stoffkante jeweils im Abstand von 5 cm Punkte an. Mitteln Sie die Strecke aus, so daß die Eckpunkte den gleichen Abstand zur Ober-, Unter- und Seitenkante hin haben. Ziehen Sie nun an den Punkten jeweils einen Faden über die gesamte Breite des Stoffes heraus.

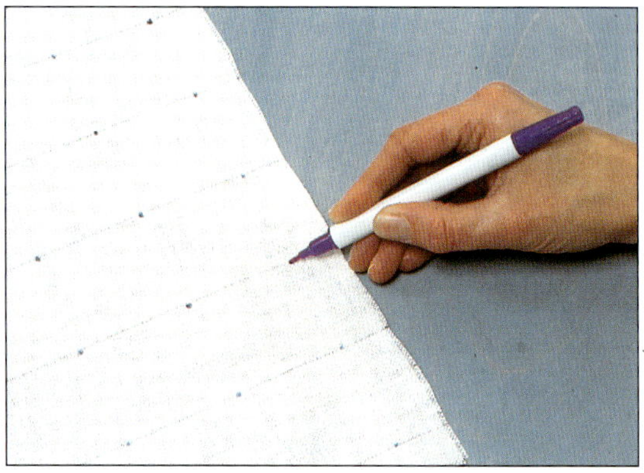

2

Den Stoff anschließend auf die linke Seite drehen und an der Linie entlang jeweils im Abstand von 5 cm mit dem Trickmarker Punkte anzeichnen. Danach wieder umdrehen.

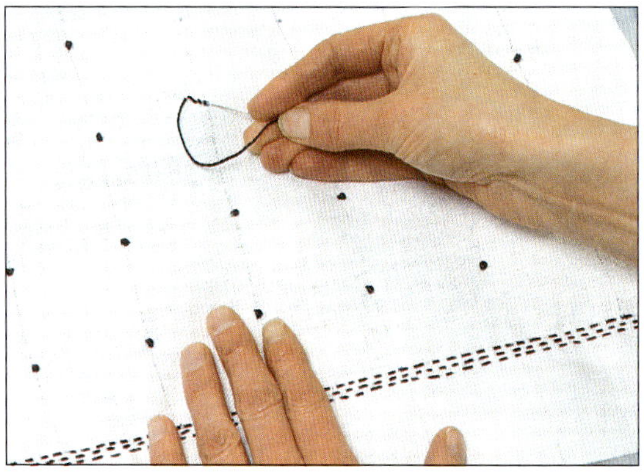

3

Heften Sie jetzt das Leinen auf der Wattierung fest. Ausgehend von der Mitte sticken Sie dann an jedem Punkt ein Knötchen (Knötchenstich). Als Kantenabschluß werden ringsum drei Heftstichreihen gestickt, und zwar ausgehend von der ersten Pünktchenlinie.

FERTIGSTELLEN

Stecken Sie nun den Nessel für die Rückseite rechts auf rechts mit dem Leinen zusammen. Mit der Maschine wird ringsum an der Kante entlanggenäht, wobei Sie an einer Stelle eine Öffnung lassen. Drehen Sie den Quilt auf die rechte Seite, und verschließen Sie die Öffnung. Dann bügeln. Steppen Sie noch einmal an der Innenkante der gestickten Randeinfassung entlang, damit die Einlage nicht verrutschen kann.

Badezimmervorhang

Auf dünnen Voile wurde ein Muschelmotiv in zarten Rosétönen appliziert. Die Kanten des Applikationsstoffs sind mit Knopflochstich eingefaßt, damit sie nicht ausfransen.

Sie benötigen:

ein Paar Vorhänge aus Voile

Transparentpapier und Stift

25 x 90 cm cremefarbenen Voile

Schneiderpapier (Kopierpapier)

Stecknadeln

Nähnadel und Heftfaden

Stickrahmen

Perlgarn, blaßrosé

Nadel für Stickwolle

Stickschere

Vorbereitung

Kaufen Sie passende Voile-Vorhänge oder fertigen Sie sie selbst an. Zeichnen Sie dann einen Plan Ihres Vorhangs, mit dem Sie Lage und Anzahl der Muscheln bestimmen. Aus der angegebenen Menge für den Applikationsstoff können Sie sechs Muscheln ausschneiden.

1

Pausen Sie die Schablone auf Transparentpapier durch. Mit einer Zwischenlage Kopierpapier übertragen Sie nun das Motiv auf ein Stück Voile. Dazu die Linien auf dem Transparentpapier nachziehen.

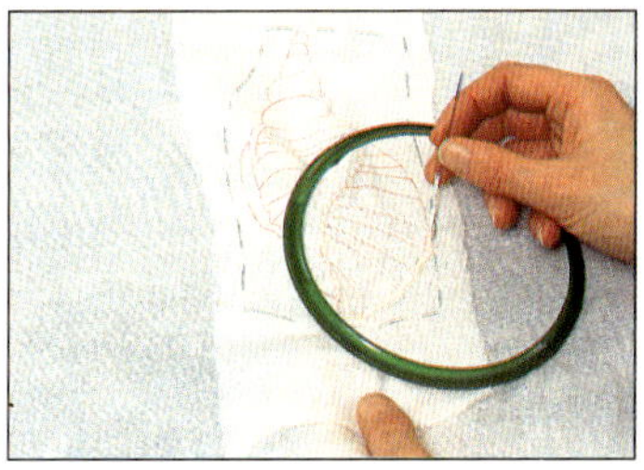

2

In Richtung des Fadenlaufs stecken und heften Sie nun den Applikationsstoff auf die rechte Vorhangseite. Spannen Sie das Motiv in einen Stickrahmen, und arbeiten Sie die Umrißlinie mit winzigen Knopflochstichen, die Innenlinien mit einer Kombination von Stielstich und Steppstich aus (siehe Grundtechniken, S. 23).

Fertigstellen

Sind alle Muschel-Applikationen fertiggestellt, schneiden Sie mit der Stickschere so eng wie möglich an der gestickten Umrißlinie entlang den überstehenden Stoff ab.

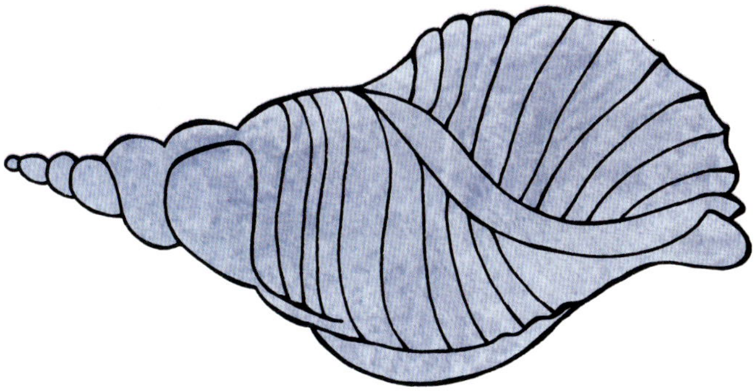

TEEKANNENWÄRMER

Um die floralen Stoffmotive zu betonen und in der Wirkung zu steigern, werden sie an der Umrißlinie entlang abgesteppt. Die Teekanne soll fest in ihrem gequilteten Mantel sitzen.

SIE BENÖTIGEN:

Schneiderpapier und Bleistift

Schneiderschere

50 x 90 cm mit Blumen bedruckten Stoff

50 x 90 cm Wattierung (Einlage)

Stecknadeln

Nähnadel und Heftfaden

passenden Nähfaden

ein kleines Stück Klettband

VORBEREITUNG

Vergrößern Sie die nebenstehenden Schablonen entsprechend. Dann schneiden Sie damit vier Seitenteile und zwei Teile für den Boden sowie zwei Seitenteile und einen Boden aus der Watte-Einlage zu. Ringsum 5 mm Nahtzugabe hinzufügen.

SEITENWAND

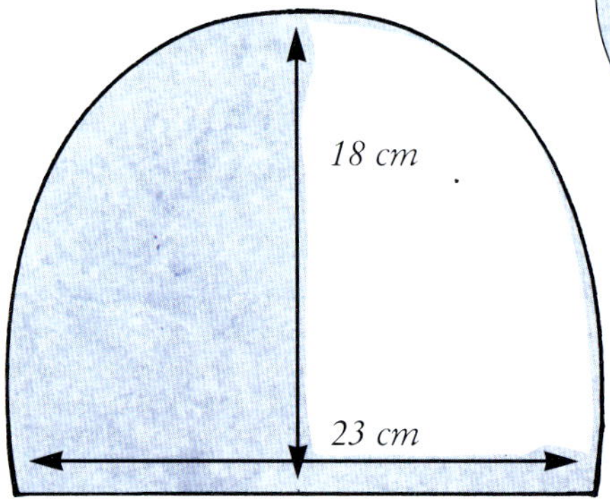

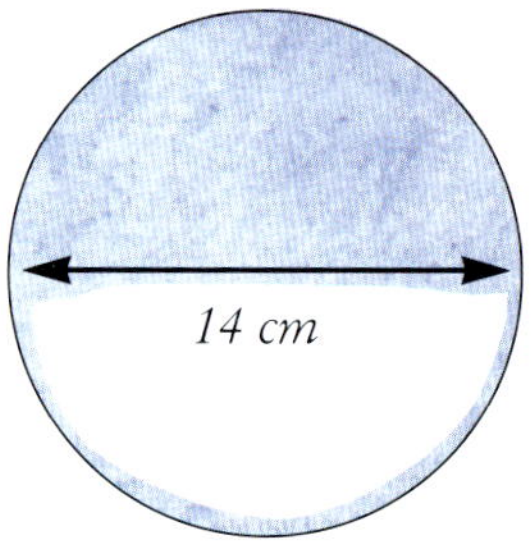

BODEN

1

Zwei Seitenteile aus Stoff rechts auf rechts aufeinanderlegen und auf der Einlage festheften. Dann nähen Sie die drei Lagen an der runden Außenkante entlang zusammen. Genauso fertigen Sie die zweite Seite und den Boden an. Das überstehende Material bis zur Naht einschneiden. Die Teile bügeln.

2

Wenden und im Abstand von 1 cm von der gebogenen Außenkante absteppen. Danach steppen Sie die Blumenmotive mit Ein- und Ausstich an der Umrißlinie entlang ab (siehe Grundtechniken, S. 21 und 23), so daß die Formen plastisch hervortreten. Dann drehen Sie die Innenseite der Teile nach außen.

3

Jetzt werden Seitenteile und Boden zusammengesteckt und -genäht. An der Nahtzugabe des Bodens überflüssigen Stoff abschneiden und einschneiden.

FERTIGSTELLEN

Den Wärmer wieder auf die rechte Seite drehen und den Boden ringsum mit 1 cm Abstand von der Außenkante zuerst heften, dann absteppen. So werden die Schnittkanten eingeschlossen. Als Verschluß für die Seitenteile nähen Sie an der Spitze ein Stück Klettband fest.

Topflappen

Das Muster für diesen Topflappen orientiert sich an einer Wandgestaltung von Charles Rennie Mackintosh in der Glasgow School of Art.

Sie benötigen:

Schneiderschere

30 x 30 cm senffarbenen Baumwollstoff

20 x 26 cm pinkfarbenen Baumwollstoff

22 x 24 cm Polyester-Wattierung (Einlage)

26 x 28 cm blau-weißen Karostoff (Baumwolle)

Stecknadeln

Nähnadel und Heftfaden

Bügeleisen

jeweils passenden Nähfaden

Vorbereitung

Schneiden Sie vier senf- und acht pinkfarbene Quadrate mit 6 cm Seitenlänge zu. Außerdem benötigen Sie ein senffarbenes Rechteck in derselben Größe wie die Einlage. Plazieren Sie die Einlage mittig auf der Rückseite des Karostoffs, und heften Sie sie fest.

1

Bügeln Sie die Kanten der kleinen Quadrate schmal um. Dann stecken Sie die senffarbenen Quadrate in der Mitte des Karostoffs fest. Es folgen die pinkfarbenen Quadrate in den Ecken, dann setzen Sie mittig jeweils ein weiteres zwischen die Eckquadrate. Die Applikationsquadrate mit Schlingstich festnähen und das senffarbene Stoffrechteck auf der Rückseite über der Einlage plazieren.

2

Bügeln Sie den Karostoff an allen Seiten schmal um, dann schlagen Sie ihn nochmals so ein, daß die Kanten der Einlage und des Rückseitenstoffs überdeckt werden. Mit Schlingstich festnähen und an den Ecken schräge Kanten bilden (siehe Grundtechniken, S. 25). Als Aufhänger nähen Sie an einer Seite in der Mitte eine pinkfarbene Stoffschlaufe fest.

»CATHEDRAL-WINDOW«-NADELTÄSCHCHEN

Erschrecken Sie nicht vor diesem kompliziert aussehenden Patchwork. Tatsächlich ist es einfach anzufertigen. Die Methode ist im Grunde keine Quilt-Technik, doch da aus mehreren übereinandergelegten Schichten ein warmer Stoff entsteht, konnte diese Gestaltungsidee auch für Quilts verwendet werden.

SIE BENÖTIGEN:

Taftreste

Schneiderschere

Bügeleisen

Stecknadeln

Nähnadel und passenden Faden

ein Stück Seiden-Organza

ein Stück Futterstoff

Nähmaschine und passenden Faden

4 Filzstücke

Zackenschere

einen Knopf

VORBEREITUNG

Schneiden Sie acht Taftquadrate doppelt so groß wie das fertig gefaltete Patchwork-Quadrat zu. Die Schnittkanten werden umgebügelt.

1

Jedes Quadrat zweimal diagonal falten, den Falz bügeln und so die Mitte bestimmen.

2

Falten Sie jede Ecke zur Mitte hin um. Dann die Seiten bügeln und feststecken.

3

Noch einmal falten Sie die Ecken zur Mitte. Bügeln, feststecken und die Spitzen der Dreiecke im Mittelpunkt mit einem kleinen Stich annähen.

4

Je zwei Patchwork-Quadrate links auf links an einer Seite mit Überwendlingstichen zusammennähen. Zwei Viererblöcke bilden und aneinandernähen.

5

Mit dem Maß von der Ecke bis zum Mittelpunkt eines Patchwork-Quadrats schneiden Sie zehn Quadrate aus Seiden-Organza zu. Diese kleinen Quadrate stecken Sie diagonal über den Nähten fest. Um die Schnittkanten der Organza-Quadrate zu verdecken, wird dann jeweils der Falz von den Dreiecken umgelegt und im leichten Bogen mit verdeckten Stichen festgenäht. So entsteht das »Cathedral-Window«-Motiv.

6

Schneiden Sie den Futterstoff in der Größe des Täschchens plus 5 mm Nahtzugabe zu. Diese umbügeln. Dann den Futterstoff links auf links mit dem Täschchen festnähen. An einer Kante einen Knopf annähen, an der anderen eine Stoffschlaufe. Die Filzstücke mit der Zackenschere auf die entsprechende Größe zuschneiden, zum Stapel zusammenlegen und in das Nadeltäschchen legen. Durch die Mittellinie festnähen.

6
BY
A.BOOKER&CO
REDDITCH

Nadelkissen mit Faltstern

Der Schein trügt, denn dieses Nadelkissen ist einfach anzufertigen. Stoffquadrate werden zu Dreiecken gefaltet und auf dem Grundstoff zum Stern zusammengesetzt. Weil keine sauberen Stoffteile mit Säumen genäht werden, zählt diese Technik nicht zum klassischen Patchwork.

Sie benötigen:

Taftreste in zwei Farben

Schneiderschere

Bügeleisen

einen Rest Baumwollstoff

Stecknadeln

Nähnadel und jeweils passenden Nähfaden

Zirkel und Bleistift

Samtrest

Nähmaschine

Füllmaterial

Vorbereitung

Schneiden Sie zwölf Taft-Rechtecke (5 x 9 cm) in der einen Farbe, acht weitere in der zweiten Farbe zu. An einer Längsseite bügeln Sie die Kante jeweils 5 mm breit um. Aus dem Baumwollstoff schneiden Sie ein Quadrat im Format 20 x 20 cm als Grundstoff zu. Diesen falten Sie zunächst in der Mitte, dann zweimal diagonal zu den Ecken hin. Die Falzkante jeweils bügeln.

1

Die rechteckigen Stoffteile werden von beiden Schmalseiten her zum Dreieck gefaltet und gebügelt. Die Spitze des Dreiecks liegt an der umgebügelten Kante.

2

Setzen Sie nun vier Dreiecke in der ersten Farbe um den Mittelpunkt des Grundstoffs zum Quadrat zusammen. Die umgebügelten Kanten sollen nach oben zeigen. Dann feststecken und an den Seitenkanten der Dreiecke annähen.

3

Als zweite Lage plazieren Sie jetzt die acht Dreiecke in der zweiten Farbe rings um den Mittelpunkt. Stecken Sie zuerst vier Dreiecke mit 2 cm Abstand von der Spitze zum Mittelpunkt deckungsgleich über die vier Grunddreiecke. Dann setzen Sie die weiteren vier so darüber, daß sie die anderen überlappen. Nähen Sie alle acht an den Außenkanten fest.

4

Zum Schluß werden die verbliebenen acht Dreiecke in der ersten Farbe mit 4 cm Abstand zum Mittelpunkt des Sterns aufgesteckt. Zuerst befestigen Sie diejenigen vier, die die darunterliegenden Dreiecke überlappen. An Spitze und Außenkanten festnähen.

Fertigstellen

Nun ziehen Sie von der Mitte des Sterns mit dem Zirkel einen engen Kreis um die Außenkante. In derselben Größe schneiden Sie eine Kreisfläche aus dem Samtstoff aus. Rechts auf rechts wird dieser mit dem Stern zusammengenäht. Lassen Sie dabei eine kleine Öffnung. Dann die Nahtzugabe kürzen und einschneiden, den Kissenbezug auf die rechte Seite wenden und füllen. Zum Schluß die Öffnung zunähen.

Patchwork-Teddy

Für diesen hübschen Teddy wurden verschiedenfarbige Satinstoffe zum Würfel-Patchwork zusammengenäht und anschließend in die entsprechende Form geschnitten.

Sie benötigen:

dünnen Karton und Bleistift

Cutter

50 x 90 cm Bügelvlieseline

Schneiderschere

Bügeleisen

Satinreste in verschiedenen Farben

Stecknadeln

Nähmaschine und passenden Faden

Nähnadel und Heftfaden

Rollschneider

Füllwatte

Vorbereitung

Zuerst die Teddy-Schablone vergrößern und aus Karton ausschneiden. Dann die vergrößerten Schablonen 1 und 2 gleichfalls aus Karton zuschneiden und auf die Vlieseline übertragen. Soviele Teile ausschneiden, daß beide Teddy-Seiten als Patchwork gestaltet werden können, wobei von Schablone 2 die doppelte Anzahl an Teilen zugeschnitten wird. Die Elemente nach Schablone 1 in derselben Stoffarbe ausschneiden, diejenigen nach Schablone 2 in verschiedenen Farben, so daß ein ausgewogenes Verhältnis von hellen und dunklen Tönen entsteht. Die Vlieseline auf die Satinreste aufbügeln und die Patchwork-Teile mit 5 mm Nahtzugabe ringsum zuschneiden. Die einzelnen Würfel jeweils mit einem hellen und dunklen Farbton zusammensetzen, wobei die dunkle Fläche immer auf derselben Seite sitzen sollte. So entsteht der Eindruck von Räumlichkeit.

1

Rechts auf rechts nähen Sie nun eine dunkle und eine helle Satinfläche (Teil 2) zum Winkel zusammen. Die Nahtzugaben nach einer Seite hin umbügeln und das dritte Patchwork-Teil (Teil 1) von der Spitze des Winkels aus an einer Seite feststecken. Dann nähen Sie von der Mitte nach außen die Naht ab. Fäden abschneiden. Legen Sie nun die zweite Hälfte des Patchwork-Winkels an der noch offenen Seite von Teil 1 an. Feststecken und wieder von der Mitte aus nach außen nähen.

2

Die einzelnen Würfel nähen Sie dann an den senkrechten Kanten zusammen. Bügeln Sie die Nähte nach einer Richtung hin um. Schließlich werden die waagrechten Streifen sorgfältig zusammengeheftet und die Nähte wieder umgebügelt (siehe Grundtechniken, S. 20).

Teil 1 90%

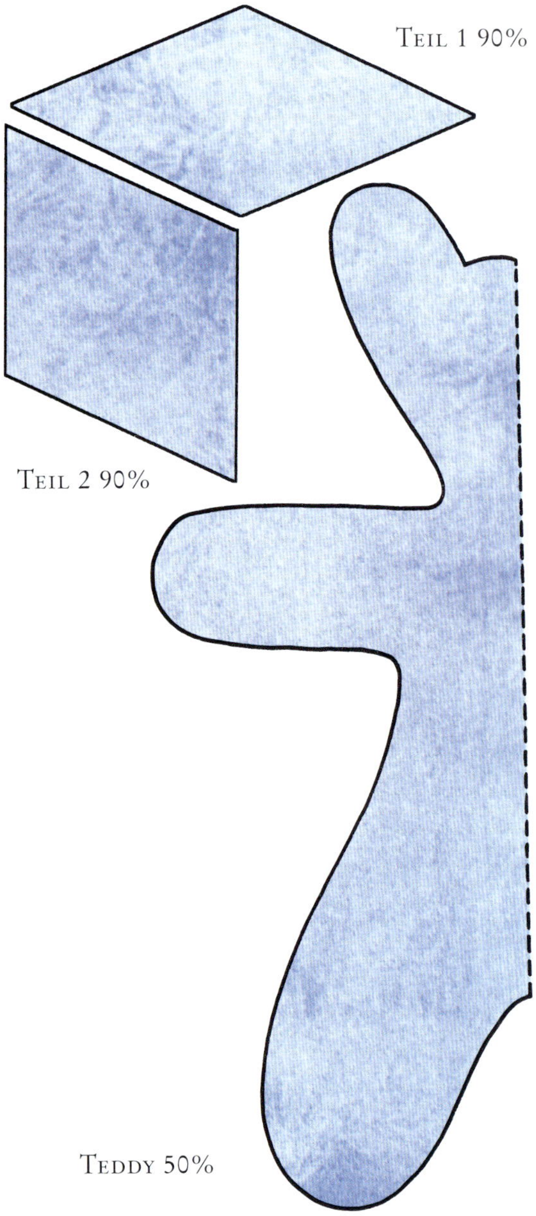

Teil 2 90%

Teddy 50%

Fertigstellen

Nun schneiden Sie zwei Teddy-Formen ohne Nahtzugabe aus Bügelvlieseline zu, die Sie von links auf die Patchwork-Teile aufbügeln. Legen Sie diese der Länge nach zur Hälfte zusammen, stecken Sie die Schablone am Falz darauf fest, und markieren Sie die Nahtzugabe. Mit dem Rollschneider zwei gleich große Stücke ausschneiden. Rechts auf rechts, beginnend an der Innenseite eines Beins, zusammennähen und dabei eine 5 cm breite Öffnung lassen. Dann wenden Sie den Stoffteddy auf die rechte Seite, schieben die Füllwatte ins Innere und verschließen die Öffnung.

SAMTÜBERWURF

Für dieses Patchwork werden Samtdreiecke zu Rauten und diese wiederum zum Stern zusammengesetzt. Auch einen Quilt oder Kissenbezug könnte man leicht nach dieser Methode anfertigen.

SIE BENÖTIGEN:

dünnen Karton und Bleistift

Bügelvlieseline

Cutter

Bügeleisen

Samtreste in abgestimmten Farben

Rollschneider

Stecknadeln

Nähmaschine und passenden Faden

Futterstoff aus Seide

Nähnadel und passenden Faden

VORBEREITUNG

Errechnen Sie die Größe eines fertigen Patchwork-Teils, und fertigen Sie dementsprechend ein gleichseitiges Dreieck als Kartonschablone an. Schneiden Sie dann die notwendige Anzahl an Dreiecken mit dem Cutter aus Bügelvlieseline aus. Diese auf die linke Seite der Samtstoffe aufbügeln und mit 5 mm Nahtzugabe ringsum ausschneiden. Die Dreiecke zu Rauten zusammenlegen und farblich bestmöglich kombinieren. Arrangieren Sie nun die Rauten zu farblich abgestimmten Sternen, und zeichnen Sie ein Farbschema, an dem Sie sich bei der Arbeit orientieren können.

1

Stecken und nähen Sie jeweils zwei Dreiecke nach der Fahnenmethode (siehe Grundtechniken, S. 20) zu Rauten zusammen. Die Verbindungsfäden durchschneiden und Nähte umbügeln.

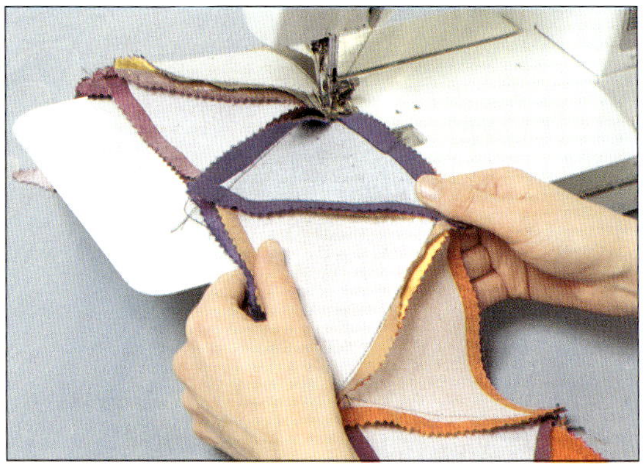

2

Dann nähen Sie die Rauten nach Ihrem Farbschema zu waagrechten Streifen zusammen. Anschließend diese Streifen zum fertigen Stück aneinandernähen. Bügeln Sie die Nähte in entgegengesetzte Richtungen um, um Ausbeulungen an der Vorderseite zu vermeiden.

FERTIGSTELLEN

Um den Überwurf fertigzustellen, schneiden Sie zuerst den seidenen Futterstoff in der gewünschten Größe zu. Rechts auf rechts nähen Sie diesen bis auf eine 10 cm breite Öffnung ringsum mit dem Patchwork-Stoff zusammen. Dann die Nahtzugabe an den Ecken abschneiden und bügeln. Wenden Sie den Überwurf nun auf rechts, und schließen Sie die Öffnung. Zum Anfertigen eines Quilts oder Kissenbezugs siehe Grundtechniken, S. 21 und 25.

Überwurf aus Anzugstoffen

Dieser Überwurf für ein Herrenzimmer wurde aus Resten von Anzugstoffen gestaltet. Fertigen Sie Rechtecke daraus an – und zwar so, daß die Streifen in verschiedener Richtung verlaufen.

Sie benötigen:

dünnen Karton und Bleistift

Cutter

Reste von Anzugstoffen

Schneiderkreide

Schneiderschere

Stecknadeln

Nähmaschine und passenden Faden

Futterstoff aus Seide in kontrastierender Farbe

Nähnadel und passenden Faden

Bügeleisen

Heftfaden

Hemdenknöpfe

Vorbereitung

Schneiden Sie eine rechteckige Kartonschablone zu, und berechnen Sie die benötigte Anzahl an Patchwork-Teilen. Übertragen Sie den Umriß der Schablone mit Schneiderkreide auf den Stoff, und schneiden Sie die Stoffelemente mit 5 mm Nahtzugabe zu. Dann werden die Rechtecke paarweise zusammengesteckt und nach der Fahnenmethode (siehe Grundtechniken, S. 20) verbunden. Die Paare zu waagrechten Streifen aneinandernähen und die Nähte umbügeln.

1

Nähen Sie die waagrechten Streifen auf Gesamtgröße zusammen. An den Eckpunkten abschrägen und die Nähte in entgegengesetzten Richtungen umbügeln.

2

Ihr fertiges Patchwork ausmessen und ringsum 13 cm für eine Einfassung hinzugeben. Mit diesen Maßen den Futterstoff zuschneiden und rechts auf rechts mit der Patchwork-Oberseite zusammennähen. Dabei eine Öffnung lassen; auch die Ecken nicht schließen. Die Naht bügeln und den Überwurf wenden. Die Öffnung verschließen.

3

Bügeln Sie den Seidenstoff zu einem gleichmäßigen Einfassungsstreifen um. Feststecken und heften.

Fertigstellen

Steppen Sie mit passendem Nähfaden am Rand der Einfassung entlang die Patchwork-Oberseite ab. An den Ecken schräge Kanten bilden und mit Schlingstich zusammennähen (siehe Grundtechniken, S. 25). Die Hemdenknöpfe nähen Sie wie gezeigt entlang der Einfassung auf.

Lavendelsäckchen

Sterne sind ein häufiges Patchwork-Motiv, und zu den beliebten Formen gehört auch der Le-Moyne-Stern. Arbeiten Sie langsam und sorgfältig, damit die acht Sternteile exakt aufeinandertreffen.

Sie benötigen:

Transparentpapier und Bleistift

dünnen Karton

Cutter

Seiden-Organza-Reste in drei Farben

Rollschneider

Seidenrest als Futterstoff

Nähmaschine und passenden Faden

Nähnadel und passenden Faden

getrockneten Lavendel

Band

Vorbereitung

Pausen Sie den Stern durch, und fertigen Sie danach eine Schablone an. Für jeden Stern (je einer für Vorder- und Rückseite) schneiden Sie acht Stoffteile in zwei verschiedenen Farben nach Schablone 1 zu. Hinzu kommen jeweils vier Teile nach Schablone 2 und 3 in derselben Farbe.

1

Für den Stern nähen Sie zuerst vier gleiche Paare aus den Stoffteilen Nr. 1 je in zwei Farben rechts auf rechts zusammen. Die Stern-Viertel bügeln.

Le-Moyne-Stern

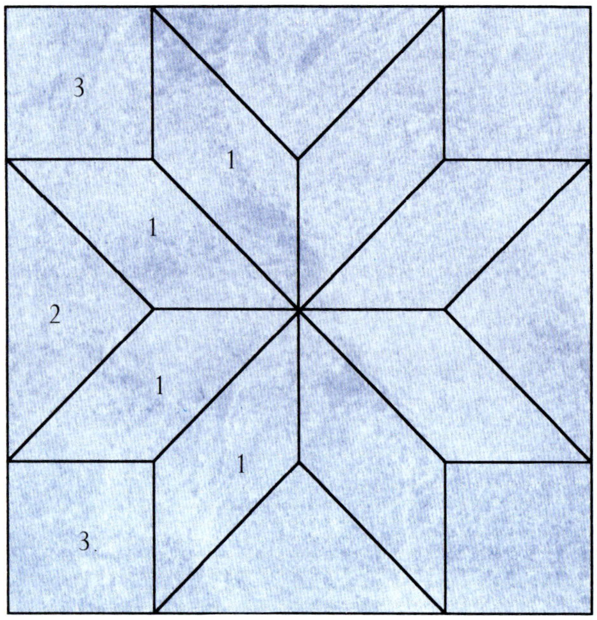

2

Nun stecken und nähen Sie zwei Paare aneinander. Die Nähte müssen am Mittelpunkt genau aufeinandertreffen. Die Nahtzugaben nach einer Seite hin umbügeln.

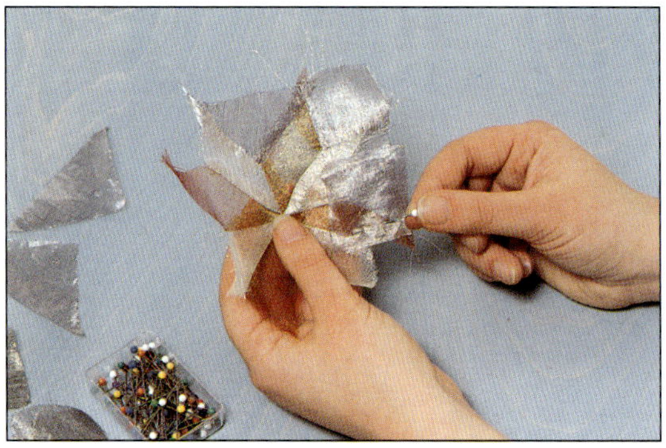

3

Genauso fertigen Sie die zweite Hälfte des Sterns an. Beide Teile zusammennähen. Dann setzen Sie ein Quadrat Nr. 3 mit einer Ecke in die Spitze des Winkels ein (siehe Grundtechniken, S. 20) und stecken es dort fest. Genauso verfahren Sie mit dem Dreieck Nr. 2. Annähen und bügeln.

Fertigstellen

Sind auch die restlichen drei Quadrate und Dreiecke eingesetzt, fertigen Sie die zweite Seite nach derselben Methode an. Dann messen Sie ein Patchwork-Teil aus und schneiden zwei Futterteile in derselben Länge und mit 5 cm Zugabe in der Breite zu. Nähen Sie je ein Futterteil und ein Patchwork-Teil an einer Seite aneinander. Die beiden gebügelten Teile rechts auf rechts legen und ringsum bis auf etwa 6 cm steppen. Wenden und die 6 cm von Hand zunähen. Futter nach innen stecken und bügeln. Oben 1 cm absteppen, das Säckchen mit Lavendel füllen und mit einer Schleife zubinden.

Stofftasche für Nachtwäsche

Das Patchwork-Motiv ineinander verschlungener Ringe wurde traditionell für Hochzeits-Quilts ausgearbeitet. Es entsteht aus einzelnen Bögen, die sich an jeweils gleichen Punkten überlappen.

Sie benötigen:

dünnen Karton

Cutter

Schneiderschere

Organza-Reste in fünf Farben

Stecknadeln

Nähmaschine und passenden Faden

Bügeleisen

Nähnadel und passenden Faden

Druckknöpfe

Vorbereitung

Fertigen Sie nach den Vorlagen auf S. 242 die Schablonen an. Jeder Hochzeitsring besteht aus acht Bögen, vier Innenteilen Nr. 4 und vier Außenteilen Nr. 5. Insgesamt benötigen Sie vier Ovale. Ein Bogen besteht aus vier Patchwork-Segmenten Nr. 1 in der ersten Farbe, also 32 davon zuschneiden. Hinzu kommen für jeden Bogen zwei Segmente Nr. 2 in der zweiten Farbe, also 16. Vier Bögen haben zusätzlich ein Segment Nr. 3 in der vierten Farbe und ein Segment Nr. 3 in der fünften Farbe – also hiervon acht anfertigen. Zwei Innenteile Nr. 4 werden in der zweiten, zwei Innenteile Nr. 4 in der dritten Farbe zugeschnitten. Und schließlich brauchen Sie noch zwei Außenteile Nr. 5 in der vierten und zwei in der fünften Farbe.

1

Für einen Bogen stecken und nähen Sie zuerst die vier Stoffteile Nr. 1 zusammen. Bügeln Sie die Nähte nach einer Seite hin um. Dann stecken und nähen Sie am Ende jeweils ein Teil Nr. 2 an.

2

Das Innenteil Nr. 4 so an die Bögen nähen, daß die Enden der Patchwork-Bögen mit den Spitzen des Innenteils abschließen. Fertigen Sie auf diese Weise noch drei weitere Patchwork-Teile an.

3

An die Enden der restlichen vier Bögen mit demselben Grundmuster jeweils noch ein Segment Nr. 3 in verschiedenen Farben annähen.

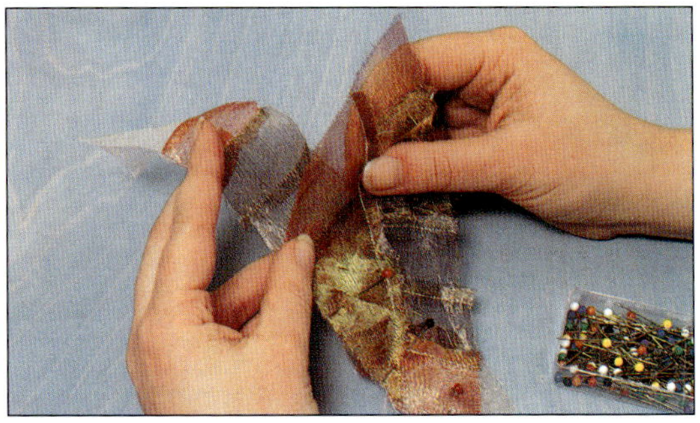

4

Jetzt stecken und nähen Sie die vier Patchwork-Hälften jeweils mit dem zweiten Bogen zusammen. Die Naht zum Bogen hin umbügeln.

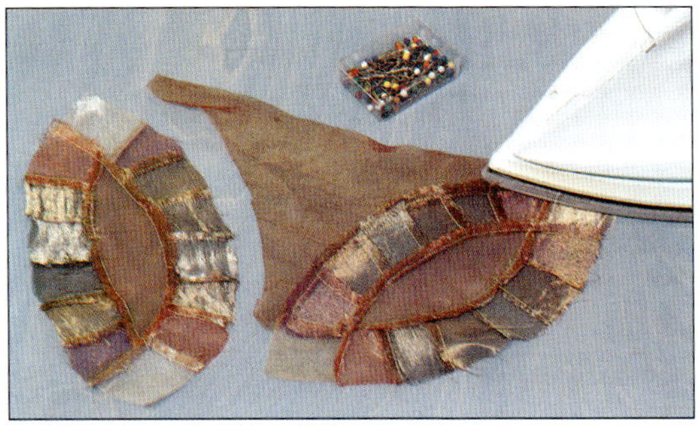

5

Legen Sie ein Außenteil Nr. 5 mit der gebogenen Schnittkante so über die Außenkante einer Ovalform, daß die Ecken miteinander abschließen. Festnähen und die Naht zum Oval hin umbügeln. Das zweite Patchwork-Oval genauso an der anderen Kante des Außenteils feststecken und -nähen, allerdings so, daß das Ecksegment in der zweiten Farbe nach außen zeigt.

Fertigstellen

Setzen Sie nun ein zweites Außenteil am Oval an, und stellen Sie auf diese Weise das Quadrat fertig. Übernehmen Sie dessen Maße mit 1 cm Nahtzugabe an drei Seiten und 2 cm an der vierten für den Zuschnitt eines weiteren Stoffteils aus Organza (für die Rückseite). Halbieren Sie dieses der Länge nach, und bügeln und nähen Sie an beiden Hälften einen doppelten Saum um. Die beiden Hälften überlappend aneinandersetzen und mit der Patchwork-Vorderseite wie einen Kissenbezug zusammennähen (siehe Grundtechniken, S. 25). Nach Wunsch können Sie genauso noch ein Innenfutter aus Seide nähen. Entlang der Öffnung werden als Verschluß Druckknöpfe festgenäht.

Rippenquilt-Brieftasche

Gerripptes Quilten ist eine sehr alte Technik, die aus Italien stammt und daher auch als italienisches Quilten bezeichnet wird. Der Stoff wird in parallelen Linien abgesteppt, zwischen die dann Schnüre oder Wollfäden eingezogen werden. Häufig findet man die Technik auch in Kombination mit der Trapunto-Methode.

Sie benötigen:

Seidenpapier und Marker

30 x 90 cm Musselin

Stoffmarker

Nähnadel und Heftfaden

30 x 90 cm bronzefarbenen Satin

Nähmaschine und passenden Faden

Schnur oder Wollgarn

eine flache, stumpfe Nadel

Stecknadeln

30 x 90 cm blauen Satin

Schneiderschere

einen Druckknopf

Vorbereitung

Übertragen Sie das Quiltmuster auf Seidenpapier. Dann wird der Musselin auf die linke Seide des bronzefarbenen Satins geheftet und an der Außenkante entlang ringsum festgenäht. Stecken Sie nun das Muster auf den Musselin, und steppen Sie die Linien ab. Die Fäden an den Nahtenden vernähen und abschneiden. Anschließend das Muster entfernen.

Rippenmuster 25%

1

Mit der flachen Nadel ziehen Sie Wollfäden in die Tunnels zwischen den abgesteppten Linien ein. Das Garn an den Ecken herausziehen und dort eine kleine Schlinge stehenlassen, damit die Wolle Spielraum hat und das Motiv sich nicht verzieht.

2

Dann wird der blaue Satin rechts auf rechts auf die gerippte Vorderseite gesteckt. Die beiden Schmalseiten abnähen, Nahtzugaben an den Ecken abschrägen und wenden. Die Seitennähte schließen. Einen Druckknopf als Verschluß annähen.

Gerippter Quilt

Bei dieser Quilt-Technik werden durch zwei Stofflagen hindurch jeweils zwei parallele Linien als Umriß für eine Rippe abgesteppt. Die entstehenden Zwischenräume bilden Tunnels und werden mit Wolle gefüllt. Sie können auch den gesamten Quilt nach dieser Methode durchgestalten.

Sie benötigen:

Schneiderschere

Satinstoff

Musselin

Seidenpapier und Bleistift

Stecknadeln

Nähnadel und Heftfaden

Nähmaschine und passenden Faden

eine flache, stumpfe Nadel

Wollgarn

Nesselstoff als Futter

Vorbereitung

Bestimmen Sie die Größe Ihres Quilts, und schneiden Sie dementsprechend die Satin- und Musselinteile zu. Übertragen Sie das Rippenmuster in der für die Randeinfassung notwendigen Anzahl auf Seidenpapier. Dann wird der Musselin auf der Rückseite des Satins festgeheftet und eng an der Außenkante entlang ringsum aufgenäht.

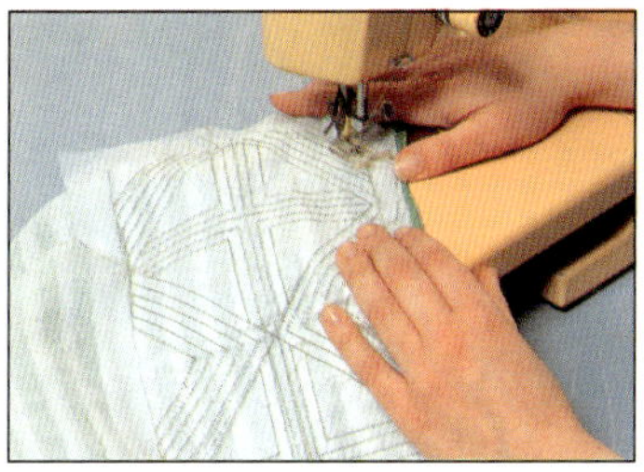

1

Stecken Sie nun das Muster auf den Musselin, und nähen Sie es in gleichmäßigen parallelen Linien ab. Fäden vernähen und abschneiden. Dann das Seidenpapier wieder entfernen.

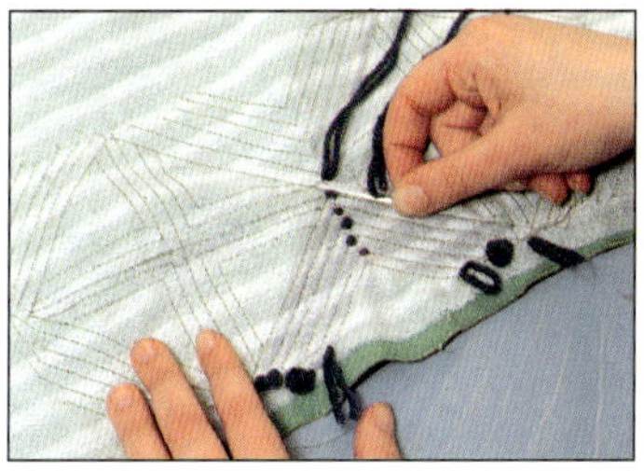

2

Nun ziehen Sie Wollgarn in die Tunnel zwischen den beiden Stofflagen ein. Bilden Sie dafür kleine Einschnitte am Anfang oder Ende der Tunnel. Um eine Ecke zu bilden, ziehen Sie die Nadel an dieser Stelle heraus, lassen eine kleine Schlinge stehen und führen sie dann in den anschließenden Tunnel weiter. Kreuzen sich zwei Rippen, schneiden Sie das Garn ab und arbeiten auf der anderen Seite weiter.

Fertigstellen

Satin und Musselin säumen und den Futterstoff passend zuschneiden. Dieser wird rechts auf rechts mit dem gequilteten Oberstoff an den Kanten zusammengenäht, wobei man eine Öffnung läßt. Den Quilt wenden und die Öffnung zunähen.

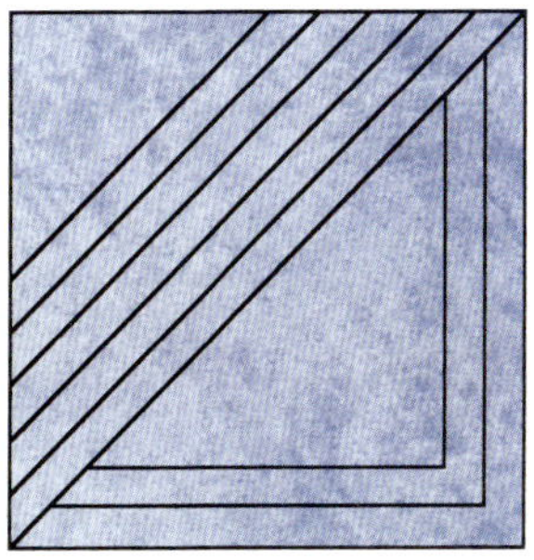

Ein Viertel des Rippenmusters. Für Ihren Quilt passend vergrössern.

Schattengequiltetes Stoffbild

Schattenquilten ist eine Variante des Trapuntoquiltens. Für dieses fröhliche Kinderbild werden zuerst die einzelnen Formen aus farbigem Material zugeschnitten. Anschließend überzieht man sie mit transparentem Stoff, wodurch die zarten Töne und Schatten entstehen.

25%

Sie benötigen:

Papier und Marker

Schneiderschere

Doppelklebeband

Filzquadrate in Weiß, Hell- und Dunkelorange, Hell- und Dunkelgrün

2 Musselinstücke, je 38 x 30 cm

Stecknadeln

Nähnadel und Heftfaden

Stickrahmen

Stickgarn in Weiß, Orange, Grün und Braun

Nadel für Stickwolle

Bügeleisen

Karton zum Aufziehen

Klebeband

Bilderrahmen

Vorbereitung

Vergrößern Sie das Motiv auf zwei Papierbögen; der Marienkäfer und das Innere der Blüten werden separat aufgezeichnet. Schneiden Sie die Formen eines Bogens sowie Käfer und Blüteninneres einzeln aus, und befestigen Sie die Teile mit Doppelklebeband auf den Filzstücken. Danach anzeichnen und ausschneiden.

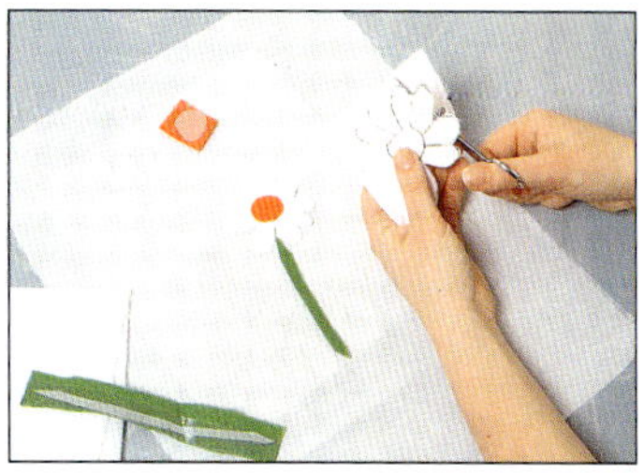

1

Ein Musselinstück breiten Sie nun über dem zweiten Blatt mit der Zeichnung aus. Die ausgeschnittenen Filzelemente plazieren und das Paspel abziehen. Darüber die zweite Musselinschicht legen. Die Stofflagen zusammenstecken und -heften.

2

Spannen Sie das Bild in einen Stickrahmen, und sticken Sie die Umrißlinien des Filzmotivs mit doppeltem Heftstich (siehe Grundtechniken, S. 23) und einfachem Faden nach. Die Details bei der Schnecke und dem Marienkäfer werden in kontrastierender Farbe ausgearbeitet.

Fertigstellen

Das Bild aus dem Rahmen nehmen und vorsichtig von der Rückseite bügeln. Wählen Sie für den Karton an der Rückseite eine komplementäre Farbe, durch die die Farbschattierungen des Quilts zusätzlich gesteigert werden. Abschließend das Bild über den Karton spannen, hinten mit Klebeband befestigen und einrahmen.

Kamee-Bild

Eine beliebte Applikationsidee, mit der Sie viel Freude haben werden. Als Vorlage kopieren Sie eine Ansicht im Profil aus einem Buch oder nach einem Porzellanmotiv. Und um das Plagiat schamlos auf die Spitze zu treiben, wählen Sie für den Grundstoff das Wedgwood-Blau. Auch ein Foto eignet sich bestens als Vorlage, sofern es die Person im Profil zeigt. Setzen Sie die fertige »Kamee« in einen Rahmen, oder machen Sie nach Anleitung auf S. 78 eine Brosche daraus.

Sie benötigen:

Marker

dünne Bügelvlieseline (Bügelgaze), weiß oder schwarz

Schneiderschere

Bügeleisen

blauen Grundstoff

Stickrahmen

Nähmaschine und passenden Faden

einen kleinen Bilderrahmen

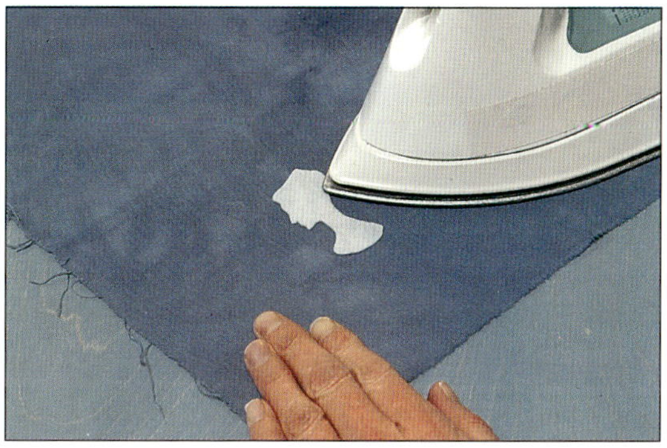

1

Übertragen Sie Ihr Profil auf die Bügelgaze. Dann ausschneiden und auf den Grundstoff aufbügeln.

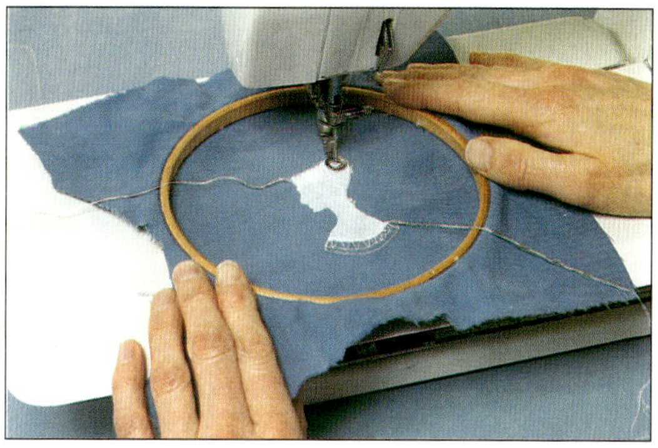

2

Nun spannen Sie den Stoff in einen Stickrahmen. Nehmen Sie das Füßchen an der Nähmaschine ab, und sticken Sie an der Umrißlinie entlang. Dekolleté und Haar reich mit gestickten Details versehen.

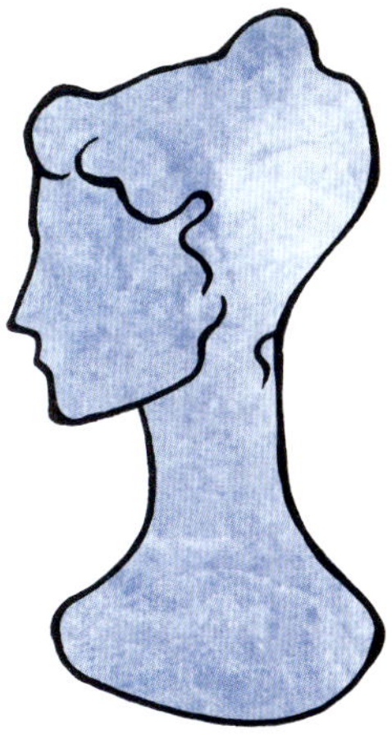

Fertigstellen

Das fertige Kamee-Bild aufziehen (siehe Grundtechniken, S. 25) und in einen Rahmen setzen.

Spiegelrahmen

Der Patchwork-Rahmen für diesen Spiegel wurde aus Seide, Satin und Organza in Bronzetönen gestaltet. Abgesteppte und handgestickte Motive sorgen für das dekorative Detail.

Sie benötigen:

Schneiderpapier und Bleistift

Schneiderschere

20 x 40 cm Satin, bronzefarben

114 x 90 cm Seide, bronzefarben

50 x 90 cm Organza, bronzefarben

dicken Karton

Stecknadeln

Nähmaschine und passenden Faden

Bügeleisen

Nähnadel und Heftfaden

50 x 90 cm Wattierung (Einlage)

Seidenpapier

Nadel für Stickwolle und goldenes Stickgarn

runden Spiegel, Ø 30 cm

Alleskleber

Vorbereitung

Vergrößern Sie die Vorlagen auf S. 242, und schneiden Sie damit die Schablonen in Papier aus. Aus den drei Stoffen schneiden Sie jeweils 40 cm lange Streifen zu. In der Breite wird leicht variiert, aber planen Sie so, daß die Gesamtbreite der zusammengenähten Streifen 50 cm beträgt. Nach Schablone Nr. 3 schneiden Sie den dicken Karton für die Rückseite zu. Übertragen Sie nochmals den Umriß von Nr. 3 auf Seide, und schneiden Sie ihn 10 cm breit für die Rückseite zu. Aus der restlichen Seide wird Stoffteil 2 zugeschnitten.

1

Nähen Sie die Seiden-, Satin- und Organzastreifen abwechselnd zusammen, und bügeln Sie die Nähte um. Aus der fertigen Patchwork-Fläche schneiden Sie zweimal Teil 1 aus.

2

Nun schneiden Sie Teil 2 in Seide aus und legen es mit der rechten Seite auf den Organza für das Mittelstück. An der Innenkante entlang abnähen. Dann die Nahtzugaben kürzen und einschneiden.

3

Das Mittelstück auf die rechte Seite wenden und bügeln, danach mit den Patchwork-Seiten rechts auf rechts stecken und zusammennähen. Am gebogenen Rand einschneiden und die Organza-Fläche in der Mitte ausschneiden.

4

Heften Sie den Stoff auf die Wattierung, und schneiden Sie sie zu. Dann werden die Quilt-Motive von Schablone Nr. 3 auf Seidenpapier übertragen. Stecken Sie diese auf den Stoff, und steppen Sie sie ab. Die Sterne werden ohne Vorlage mit Goldfaden gestickt. Jetzt wird der Seidenstoff für die Rückseite aufgesteckt und an der Außenkante festgenäht.

Fertigstellen

Der Spiegel wird auf dem Karton, der die Rückseite bildet, aufgeklebt. Ziehen Sie den Stoffrahmen über, falten Sie den Seidenstoff straff auf die Rückseite nach hinten um und kleben Sie ihn gut fest.

Pracht-Quilt

Für diesen nach mittelalterlichen Vorbildern gestalteten Quilt wurde eine harmonische Farbpalette aus Eisblau, hellen Gold- und warmen Cremetönen zusammengestellt. Glänzender Baumwoll- und Satinstoff, Brokat und Moiré unterstützen die vornehme Ausstrahlung des Stücks. Bei großen Projekten wie diesem empfiehlt es sich, die Patchwork-Teile einzeln zu quilten.

Sie benötigen:

Papier und Bleistift

Schneiderschere

glänzende Baumwoll-, Satin-, Brokat- und Moiréreste

Bügeleisen

Stecknadeln

Nähmaschine und passenden Faden

Nesselstoff

Wattierung (Einlage)

Nähnadel und Heftfaden

dünnen Karton

Cutter

Bügelgaze

Stoffreste in Metallic und schillerndem Organza

Nadel für Stickwolle und dickes Metallic-Garn

Perlen und Pailletten

Vorbereitung

Der Quilt ist aus 36 x 36 cm großen Quadraten zusammengenäht. Die Hälfte der Blöcke zeigt ein zentrales Rautenmotiv, die restlichen Quadrate sind viergeteilt und entweder mit vier kleinen Rauten oder zwei Rauten und zwei Quadraten gestaltet. Fertigen Sie für den Quilt einen Plan an. Dann nach dem Schema unten die Rauten- und Dreiecksschablonen sowie die Schablone für das kleine Quadrat aus Papier zuschneiden. Fertigen Sie damit die jeweils benötigte Anzahl an Stoffteilen mit einer Zugabe ringsum für den Umschlag an. Bügeln Sie diesen nach hinten um. Aus den Einzelelementen stecken Sie die quadratischen Patchwork-Blöcke erst zusammen, dann die Blockbestandteile mit Zickzackstich verbinden. Schneiden Sie dieselbe Anzahl an Patchwork-Quadraten aus dem Nesselstoff und der Einlage zu. Die Einlage wird jeweils zwischen das Patchwork-Teil und den Nesselstoff gelegt, dann heften Sie die drei Lagen zusammen. Die einzelnen Blöcke mit Zickzackstich quilten.

1

Vergrößern Sie die Tiermotive auf S. 243/244. Dann auf dünnen Karton übertragen und ausschneiden. Bügeln Sie die Gaze auf der linken Seite der schillernden Metallic-Stoffe auf. Danach schneiden Sie mit Hilfe der Schablonen für jeden Patchwork-Block mit großer Mittelraute ein Tiermotiv aus.

2

Ziehen Sie das Papier von der Rückseite ab, und bügeln Sie die Motive in den Patchwork-Quadraten auf. Sie werden zusätzlich mit Metallic-Garn, Perlen und Pailletten bestickt.

3

Dann steppen Sie mit dem dicken Metallic-Garn von Hand einige Details ab. Bei manchen Quadraten können Sie auch mit der Nähmaschine von der linken Seite quilten (Metallic-Garn als Spulenfaden, normaler Faden als Oberfaden).

Plan und Vorlagen 25%

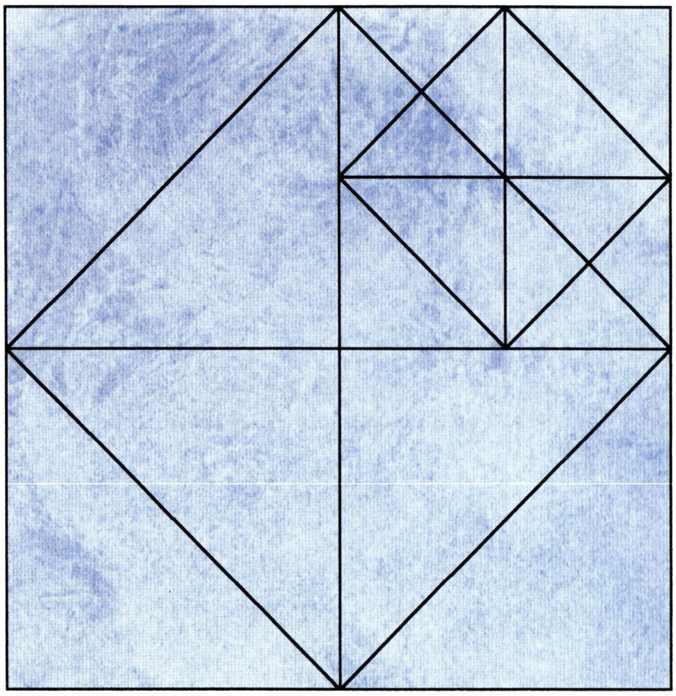

Fertigstellen

Biegen Sie die Schnittkanten der Patchwork-Blöcke an Vorder- und Rückseite nach innen um, und nähen Sie die Quadrate mit Zickzackstich von hinten zusammen. Dann schneiden Sie 5 cm breite Streifen aus Nesselstoff auf die Länge und Breite des Quilts zu. An den Längskanten der Streifen wird jeweils ein Rand umgebügelt. Stecken Sie die Streifen über den Verbindungsnähten der Patchwork-Blöcke fest, und nähen Sie sie mit Zickzackstich auf. Genauso können Sie den Quilt am Schluß noch mit einem breiteren Streifen einfassen.

Quilt-Weste

Das Paisley-Motiv stammt aus Indien und wurde durch die East India Company in Europa verbreitet. Auf die Vorderseite dieser Weste wurden die Ornamentformen zuerst aufgemalt und dann von Hand abgesteppt.

Sie benötigen:

fertiges Schnittmuster für eine Weste

Schneiderschere

Nesselstoff

schwarzen Futterstoff

Trickmarker

Gutta-Konturenfarbe in Gold

Seidenmalfarben in Schwarz, Grün und Violett

Pinsel

Wattierung (Einlage)

Nähnadel und Heftfaden

Nähmaschine und passenden Faden

Vorbereitung

Schneiden Sie Vorderteile und Rückenteil für die Weste aus dem Nessel- und dem Futterstoff zu. Dann vergrößern Sie die Vorlage von S. 244 und übertragen das Paisley-Muster mit dem Trickmarker auf die Vorderteile aus Nesselstoff.

1

Ziehen Sie die Linien mit dem Gutta-Konturenmaler in Gold nach. Über Nacht trocknen lassen.

2

Nun malen Sie die Details mit den Seidenmalfarben aus. Arbeiten Sie immer nur mit einer Farbe über die gesamte Fläche. Den Farbauftrag jeweils trocknen lassen. Zuletzt den Hintergrund in Schwarz ausmalen.

3

Legen Sie die Wattierung (Einlage) zwischen den Nessel- und den Futterstoff, und heften Sie die Lagen zusammen. Mit Ein- und Ausstich (siehe Grundtechniken, S. 23) die Motive absteppen, so daß sie plastisch hervortreten.

Fertigstellen

Die Weste nach der dem Schnittmuster beiliegenden Anleitung fertignähen.

Quilt-Tasche

Als Anfänger beginnen Sie das Quilten am besten mit einer kleinen Näharbeit wie dieser Tasche. Nähen Sie sie beispielsweise auf einer einfarbigen Bluse oder Pyjama-Jacke auf.

Sie benötigen:

2 pfirsichfarbene Stoffquadrate, 10 x 10 cm

2 hellblaue Stoffquadrate, 10 x 10 cm

Nähmaschine und passenden Faden

Bügelvlieseline

Marker

Stecknadeln

Wattierung (Einlage)

Nähnadel und Heftfaden

Schneiderschere

Stoffreste

Perlen und Pailletten

Nesselstoff

Vorbereitung

Vergrößern Sie das Muster für die Tasche. Anschließend nähen Sie die Stoffquadrate farblich versetzt zu einem Stück zusammen.

Tasche und Motiv 25%

1

Das vergrößerte Motiv übertragen Sie auf die Vlieseline. Stecken Sie diese mit Nadeln auf die Wattierung, und nähen Sie den Taschenumriß mit der Nähmaschine ab. Die vorbereitete Einlage links auf das Patchwork-Quadrat heften.

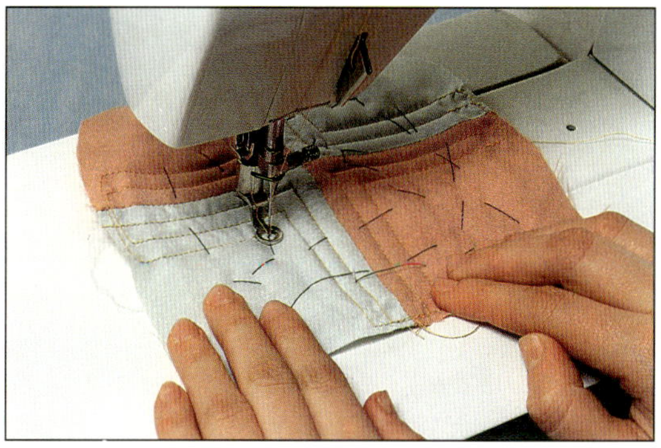

2

Steppen Sie die einzelnen Stoffquadrate an den Innenkanten entlang ab. Auch die Außenkante der Tasche ringsum abnähen und den Rand mit Nahtzugabe zuschneiden.

3

Auf der Vlieselineseite des Patchwork-Teils heften Sie jetzt die Umrisse des Applikationsmotivs ab. Schneiden Sie aus Stoffresten die entsprechenden Formen. Sie werden von Hand aufgenäht und mit Zierstichen und ausgewählten Perlen und Pailletten dekoriert.

Fertigstellen

Schneiden Sie ein passendes Teil aus dem Nesselstoff zu, und nähen Sie es rechts auf rechts mit der fertigen Taschenfront zusammen. Lassen Sie dabei eine kleine Öffnung. Dann die Ecken kürzen und einschneiden, die Tasche auf die rechte Seite wenden und bügeln. Zum Schluß die Öffnung zunähen. Nähen Sie die fertige Tasche auf Ihrem Kleidungsstück auf. Wenn Sie auch das Kleidungsstück selbst nähen, kann das Taschenfutter dabei schon mit aufgenäht werden.

Trapunto-Dose

Das Trapunto- oder Reliefquilten ist eine sehr alte Technik und gehört zu den am meisten bewunderten Quiltformen. Dabei wird ein Motiv im doppelten Stoff abgesteppt und von hinten mit Watte gefüllt.

Sie benötigen:

Schneiderschere

40 x 90 cm blauen Satin

30 x 90 cm Nesselstoff

sechseckige Dose, Ø 18 cm

Stecknadeln

Nähnadel und Heftfaden

Trickmarker

Filz mit selbstklebender Rückseite

Nähmaschine und goldenen Nähfaden

Wattierung (Einlage und Füllmaterial)

Stoffkleber

50 cm Fransenborte

Vorbereitung

Schneiden Sie ein 40 x 40 cm großes Satinquadrat zu sowie ein Nesselstück in der Größe des Deckels. Dieses heften Sie mittig auf der Rückseite des Satins fest. Nun vergrößern Sie die Vorlage für die Rose und übertragen die Zeichnung wiederum mittig mit dem Trickmarker auf die Vorderseite des Satins. Aus Filz schneiden Sie jeweils eine Fläche für Boden und Deckel der Dose zu, indem Sie deren Umrißlinien übertragen.

1

Mit goldenem Nähfaden steppen Sie die Umrißlinien der Tudor-Rose ab.

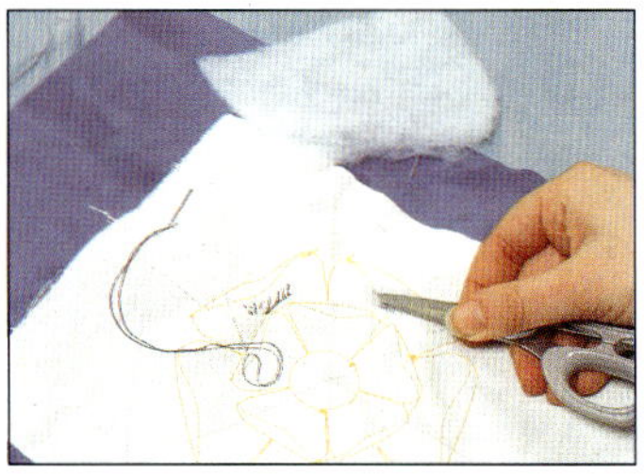

2

Machen Sie im Unterstoff an der Rückseite kleine Einschnitte innerhalb der Blütenformen, und füllen Sie diese mit der Watte. Die Öffnung wieder zunähen.

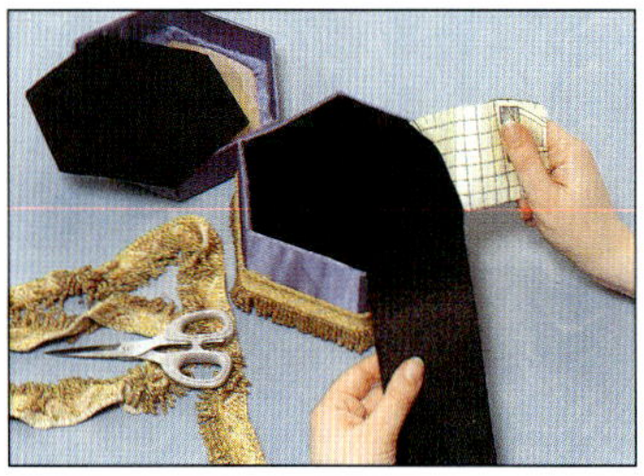

3

Plazieren Sie das gequiltete Motiv in der Mitte des Deckels, und kleben Sie es fest. Dann den Satin über Deckel und Deckelrand spannen und innen an der Rückseite festkleben. Überstehenden Stoff zuschneiden. Nun wird auch die Dose mit Satin bezogen. Kleiden Sie anschließend Boden und Deckel innen mit den vorgefertigten Filzflächen aus, und kleben Sie an der Seitenwand die Borte fest.

50%

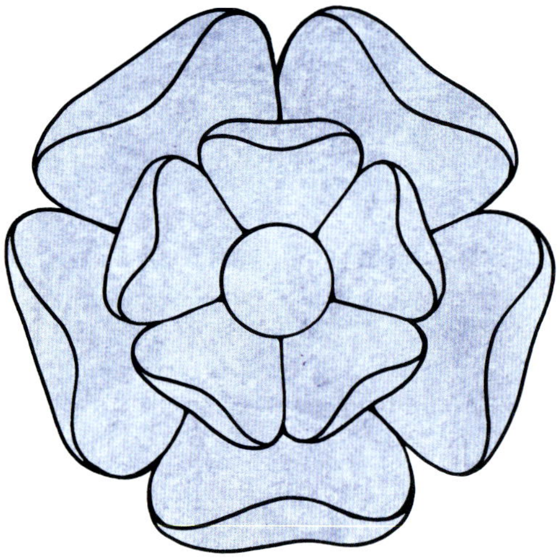

Bleistiftschachtel

Der Stoffbezug dieses Schachteldeckels ist normal mit der Nähmaschine gequiltet. Durch die abgestepp-te Umrißlinie der Rautenmotive und Fleurs de Lys (französische Lilien) wird die Wattierung fixiert.

Sie benötigen:

Trickmarker

50 x 90 cm goldenen Satinstoff

rechteckige Schachtel

Wattierung (Einlage)

Schneiderschere

Nähnadel und Heftfaden

Filz mit selbstklebender Rückseite

Nähmaschine und passenden Faden

Stoffkleber

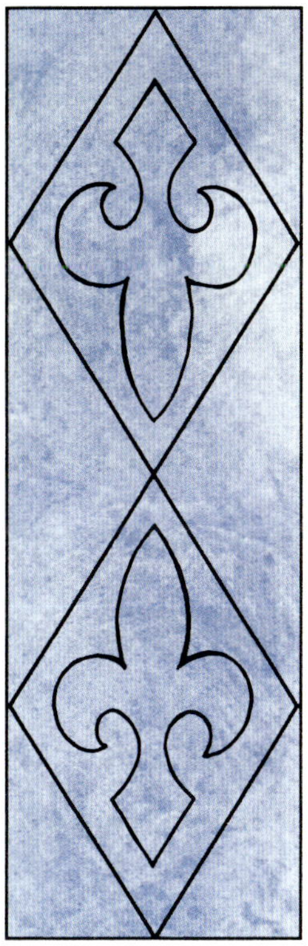

50%

Vorbereitung

Die Vorlage für das Quilt-Motiv entsprechend vergrößern und mit dem Trickmarker auf den goldenen Satin übertragen. Den Stoff ringsum einige Zentimeter größer als der Schachteldeckel zuschneiden. Dann schneiden Sie die Wattierung (Einlage) in der Größe des Deckels zu und heften sie auf die Satinrückseite. Mit den Umrissen von Schachtelboden und -deckel passende Stücke aus dem Filz zuschneiden.

1

Steppen sie die Umrißlinien des Deckelmotivs ab.

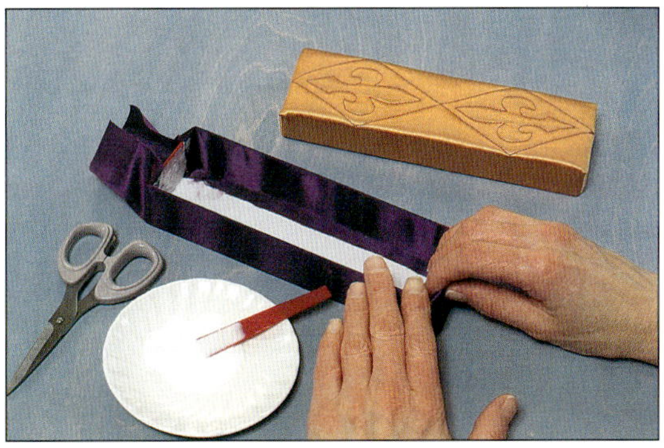

2

Danach wird der Satinstoff mit der Wattierung auf den Deckel geklebt. Falten Sie ihn über die Ränder nach innen um. Saubere Ecken bilden und festkleben. Anschließend die Schachtel beziehen.

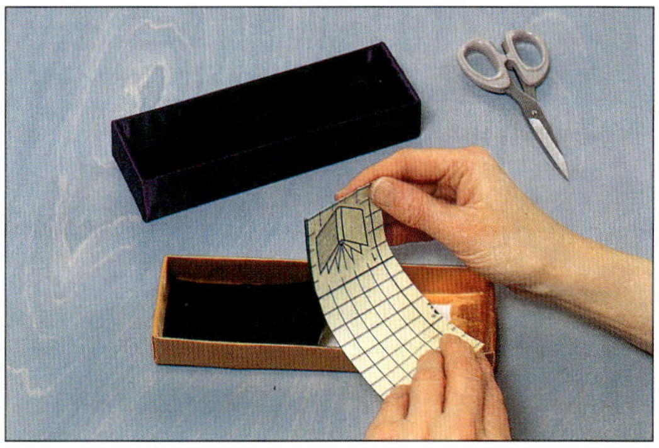

3

Schachtelboden und Deckel werden innen mit den Filzstücken beklebt.

Trapunto-Kappe

Die Kappe ist aus Wollstoff und Seide genäht und die Seitenwand mit reliefgequilteten Rauten gestaltet. Wenige Stiche mit bronzefarbenem Garn verfeinern den Dekor.

Sie benötigen:

dünnen Karton und Bleistift

Cutter

Schneiderpapier

Schneiderschere

50 x 90 cm Nessel

50 x 90 cm bronzefarbenen Wollstoff

50 x 90 cm bronzefarbene Seide

Nähmaschine und passenden Faden

Bügeleisen

Stecknadeln

Wattierung (Einlage)

Nadel für Stickwolle und bronzefarbenes Garn

100 x 90 cm Seide als Futterstoff

Nähnadel und Heftfaden

50 x 2,5 cm Hutband

Vorbereitung

Vergrößern Sie die Vorlagen für die Motive, und schneiden Sie danach die Kartonschablonen aus. Auch die Schnittmuster für die Kappe auf S. 244/245 vergrößern. Teil 1 aus Nessel und Wollstoff, Teil 2 aus Nessel und Seide, Teil 3 wieder aus Nessel und Wollstoff zuschneiden. Für das Seitenteil der Kappe nähen Sie nun zuerst die Nesselteile 1 und 2, dann die entsprechenden Woll- und Seidenstücke mit 1,5 cm Nahtzugabe zusammen. An den Rändern wie angegeben einschneiden und bügeln.

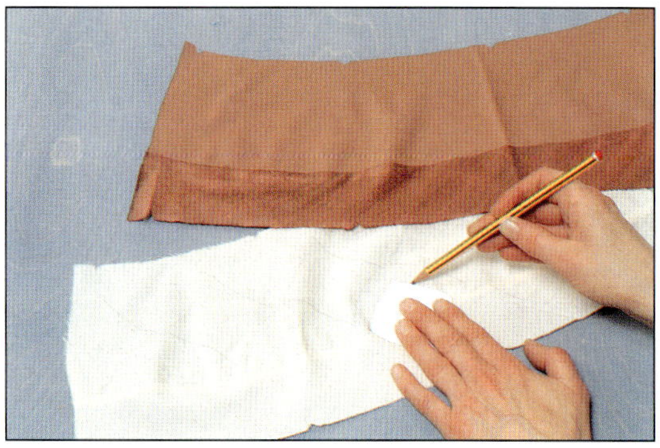

1

Die Motive abwechselnd und in gleichen Abständen auf den Nesselstoff übertragen. Dann die beiden Stoffteile für die Seite der Kappe jeweils an den Enden zusammennähen. Bügeln.

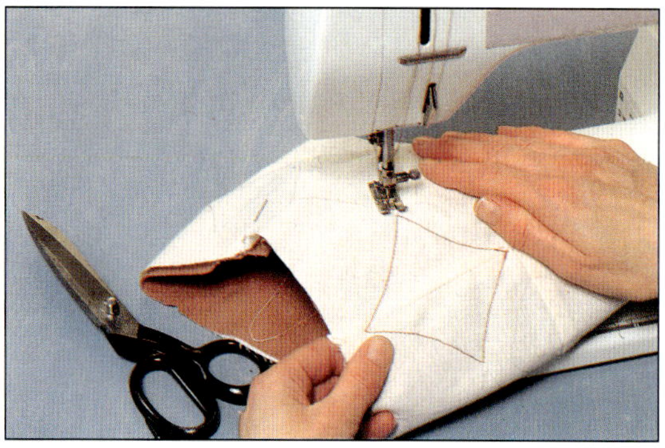

2

Danach stecken Sie die beiden Bänder links auf links zusammen und steppen die Motive durch beide Stofflagen hindurch ab.

3

Links auf links werden nun die beiden Stoffteile Nr. 3 zusammengesteckt und am Seitenteil festgenäht. Stülpen Sie die Kappe um, und steppen Sie noch einmal dicht neben der oberen Naht.

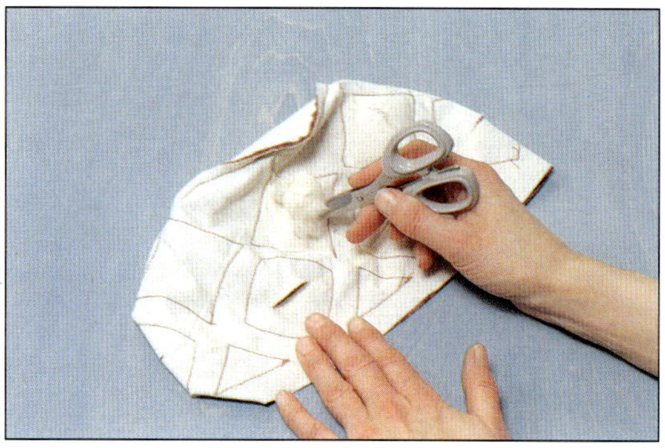

4

Die Kappe auf die Innenseite drehen und am Nesselstoff einen Schlitz in die abgesteppten Motivflächen schneiden. Mit Wattierung füllen und den Schlitz zunähen. Besticken Sie die Rauten mit bronzefarbenen Sternchen. Dann fertigen Sie mit demselben Schnittmuster das Seidenfutter für die Kappe an und nähen es fest.

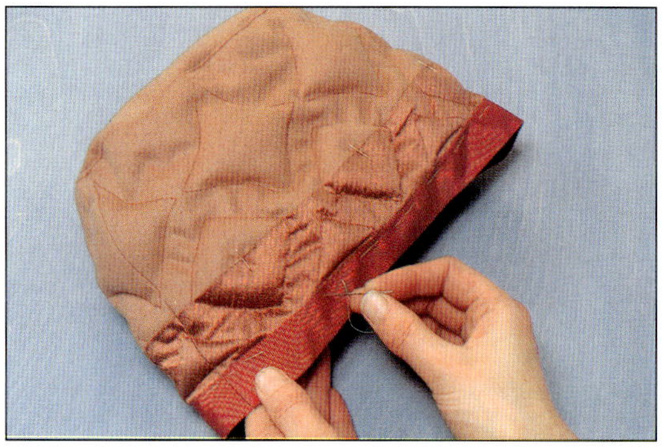

5

Zum Schluß heften Sie das Hutband an der Unterkante der Kappe an. Festnähen und umbügeln.

Rautenmotive
50%

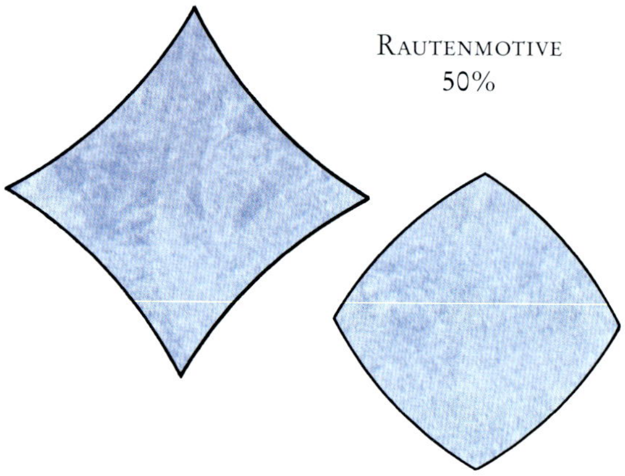

Baby-Quiltdecke

Solche Quilts wurden erstmals im 19. Jahrhundert genäht. Verwenden Sie verblichene Stoffe, damit das Stück älter aussieht. Zu neu wirkende Stoffe können auch mit der linken Seite verarbeitet werden. Vielleicht haben Sie auch die Möglichkeit, sich Stoffreste von Freunden oder Nachbarn zu besorgen.

Sie benötigen:

dünnen Karton und Bleistift

Cutter

ausgewählte Reste von Baumwoll- und Nesselstoffen

Schneiderschere

Nähnadel und Heftfaden

Bügeleisen

passenden Nähfaden

75 x 64 cm Wattierung (Einlage)

75 x 64 cm Nessel

Stecknadeln

Nadel für Stickwolle und Stickwolle in Écru

Nähfaden in drei kontrastierenden Farben

Vorbereitung

Schneiden Sie zwei quadratische Schablonen mit 8 cm und 4 cm Seitenlänge aus. Damit schneiden Sie 31 große und 128 kleine Kartonquadrate zu. Mit 1 cm Nahtzugabe werden nun die kleinen Stoffquadrate aus Resten, die großen aus Nesselstücken angefertigt. Heften Sie die Stoff- über die Kartonquadrate. Für die Einfassungen des Quilts werden zwei Stoffstreifen in drei verschiedenen Farben (5 x 80 cm) und zwei weitere in denselben Farben (5 x 65 cm) zugeschnitten. An den Längskanten der Streifen jeweils einen Rand umbügeln.

1

Nähen Sie die kleinen Quadrate zu Viererblocks zusammen. Sie werden abwechselnd mit den großen Quadraten zu einem 7 x 9 Patchwork-Quadrate großen Quilt zusammengenäht. Entfernen Sie danach die Heftfäden und die Kartonquadrate. Die Nähte ausbügeln.

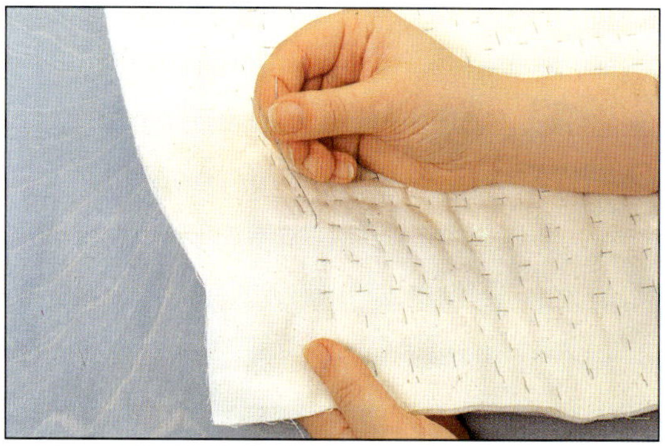

2

Breiten Sie über die linke Patchwork-Seite die Wattierung und den Nessel aus. Die Stofflagen, beginnend von der Mitte nach außen hin, mit Nadeln zusammenstecken. Dann mit Heftstichlinien abheften und dabei nach und nach die Nadeln herausziehen.

3

An den Ecken der Patchwork-Quadrate und in der Mitte der Viererblocks werden Schleifchen angebracht. Machen Sie hierfür mit der Stickwolle einen kleinen Stich, und schneiden Sie den Wollfaden jeweils auf 4 cm Länge zu. Fest verknoten und die Enden mit einer Nadel ausfransen.

4

Für die Einfassung werden jetzt die vorbereiteten Streifen mit Heftstichen in kontrastierender Farbe nach der Blockhaus-Methode festgenäht. An der Rückseite bilden Sie schräge Ecken. Die Schnittkanten des Quilts exakt zuschneiden, den Streifen um die Kante legen und ihn an der Rückseite mit Schlingstichen festnähen. An der Vorderseite wird der Stoff gerade über die Ecke geführt.

Bilderrahmen in Streifen-Patchwork

Streifen-Patchwork wird aus Stoffstreifen ähnlicher Länge, jedoch unterschiedlicher Breiten genäht. Besonders interessant wirkt das Muster, wenn Sie die Streifen in der Ecke passend als Winkel zusammensetzen.

Sie benötigen:

schwarzen und weißen Satin
Schneiderschere
Nähmaschine und passenden Faden
2 dünne Kartonquadrate
Cutter
Doppelklebeband
Bilderklebeband
Filz mit selbstklebender Rückseite
Nähnadel

1

Schneiden Sie die Satinstoffe in schmale Streifen, die in der Breite leicht variieren. Rechts auf rechts nähen Sie sie dann im Farbwechsel aneinander. Achten Sie auf gerade Nähte.

2

In der Mitte des ersten Kartonquadrats schneiden Sie nun ein Fenster aus. Den Patchwork-Stoff mit Zugabe in vier Streifen gleicher Breite schneiden. Mit Schrägkanten an den Ecken zusammennähen.

Fertigstellen

Befestigen Sie den Stoffrahmen mit Doppelklebeband auf dem Karton. Die Schnittkanten nach hinten umbiegen und mit Bilderklebeband fixieren. Dann wird das zweite Kartonquadrat auf der Rückseite mit selbstklebendem Filz überzogen. Vorderteil und Rückseite des Rahmens an Seiten und Unterkante mit Schlingstichen zusammennähen.

KISSENBEZUG NACH BUNTGLAS-METHODE

Dieser Bezug wird mit einer speziellen Rahmen-Applikationsmethode angefertigt. Wichtig dabei ist, daß das Motiv nicht zu kompliziert ist und die Einzelformen großzügig bemessen sind.

SIE BENÖTIGEN:

dünnen Karton und Marker

48 x 48 cm rote Seide

Stecknadeln

Schneiderschere

gelbe und blaugrüne Seidenreste

Bügeleisen

Bügelvlieseline

Nähmaschine und passenden Faden

Schneiderrädchen

Transparentpapier

Kopierpapier

2 schwarze Seidenquadrate, 48 x 48 cm

Cutter

ein Kissen, 45 x 45 cm

Nähnadel und passenden Faden

VORBEREITUNG

Nach der vergrößerten Vorlage eine Kartonschablone anfertigen und mit dem Schneiderrädchen den Umriß des Sterns entlang der gepunkteten Linie auf die rote Seide übertragen. Schneiden Sie dann den Stern an dieser perforierten Linie ringsum aus, und zwar so, daß die Außenflächen aus roter Seide unbeschädigt bleiben. Nun schneiden Sie entlang der gepunkteten Linie für die jeweiligen Rauten- und Rhombenformen des Sterns eine Schablone zu. Deren Umriß auf die farbige Seide übertragen und vier gelbe, vier blaugrüne und ein rotes Mittelstück zuschneiden. Auf der Rückseite des roten Rahmens wird ein durchgehendes Stück Vlieseline aufgebügelt.

1

Die Einzelteile setzen Sie nun im Rahmen zum Stern zusammen. Feststecken, aufbügeln und mit der Nähmaschine festnähen.

2

Dann übertragen Sie die Umrisse für den schwarzen Rahmen mit Kopierpapier auf Transparentpapier und bügeln sie auf ein zweites Vlieseline-Quadrat. Die Vlieseline wird auf die Rückseite eines der schwarzen Seidenquadrate gebügelt. Nun die Innenflächen des Sterns ausschneiden; dabei an den Seiten schmale Streifen stehenlassen, die umgebügelt werden.

3

Nun nähen Sie den Rahmen auf dem applizierten Stern an den Kanten entlang fest.

FERTIGSTELLEN

Rechts auf rechts wird der Stern mit Nahtzugabe von 1 cm am zweiten schwarzen Seidenteil festgenäht. Lassen Sie dabei an einer Stelle eine Öffnung. Dann die Ecken einschneiden, bügeln und auf die rechte Seite drehen. Das Kissen in den Bezug stecken und die Öffnung zunähen.

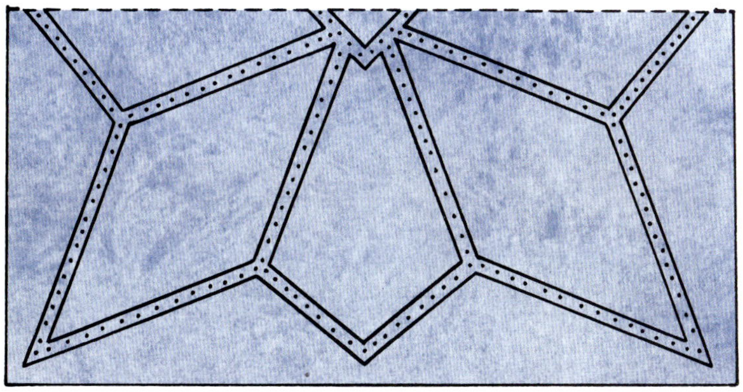

HÄLFTE DES STERNS 25%

Seidensäckchen

Dieses winzige Säckchen besitzt im unteren Teil einen gequilteten Dekor aus Herzen, Weinranken und einer Schleife. Rings um die Motive sind zahlreiche Heftstichlinien genäht.

Sie benötigen:

Schneiderschere

40 x 90 cm Seide als Futterstoff

40 x 90 cm Nessel

Transparentpapier und Bleistift

8 x 30 cm Wattierung (Einlage)

Nähnadel und Heftfaden

Nadel für Stickwolle und weißes Perlgarn

Nähmaschine und passenden Faden

50 cm cremefarbenes Seidenband

Vorbereitung

Schneiden Sie aus Nessel und Futterstoff jeweils zwei 23 x 30 cm große Stoffteile zu. Vergrößern Sie das Quilt-Motiv, und übertragen Sie es auf ein Stoffteil aus Seide. Legen Sie die Wattierung an der Stelle, an der das Motiv gequiltet werden soll, zwischen die Nesselteile. Die Seide mit der Zeichnung darüberlegen und die Stofflagen zusammenheften.

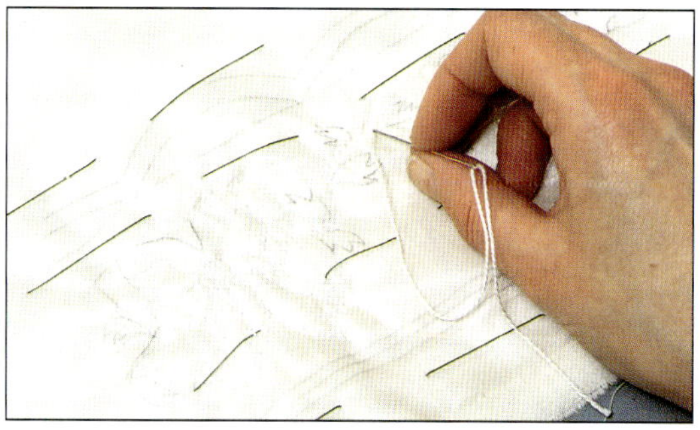

1

Steppen Sie die Umrißlinien von Herzen, Weinblättern und Schleife mit Ein- und Ausstich.

2

Dann setzen Sie winzige Heftstiche rings um die Motive, bis die ganze Fläche bedeckt ist.

Fertigstellen

Für den Boden des Säckchens schneiden Sie aus Nessel und Futterstoff einen Kreis mit 10 cm Durchmesser aus. Dann nähen Sie mit dem restlichen Futterstück, dem Boden und dem gequilteten Seitenteil ein kleines Säckchen mit einem Durchzug (siehe Grundtechniken, S. 25). Die zwei parallelen Stepplinien für den Durchzug liegen 1 cm unter der Oberkante und haben einen Abstand von wiederum 1 cm. Das Seidenband durchziehen und verknoten.

Servietten mit persischer Applikation

Diese ehemals sehr beliebte Technik sollte ursprünglich persische Stickereien imitieren. Mehr und mehr wurden später aber Stoffdruckmotive in die Gestaltung integriert. Für diese Servietten wurde eine Rose mit einer Gartengabel kombiniert.

Sie benötigen:

Transparentpapier und Bleistift

Reste von einfarbig grauem und floral gemustertem Chintz in Grün und Rosé

Schneiderschere

4 Leinenservietten

Stecknadeln

Nähnadel und Heftfaden

Nähmaschine und passenden Faden

Bügeleisen

Vorbereitung

Übertragen Sie die Vorlage für die Gabel von S. 245 mit einer schmalen Nahtzugabe auf den grauen Chintz. Dann ausschneiden. Anschließend auch das Blumenmotiv mit Stiel, gleichfalls mit schmaler Nahtzugabe, aus dem gemusterten Stoff ausschneiden.

1

Plazieren Sie die Blume auf der Serviette, und winden Sie den Stiel um die Zinken der Gabel. Feststecken und in der Mitte des Motivs abheften. Ringsum einen schmalen Rand umbiegen und festheften. An den Ecken dabei jeweils einschneiden.

2

Nun nähen Sie die Motive von Hand oder mit der Nähmaschine fest.

Fertigstellen

Gestalten Sie alle vier Servietten auf diese Weise, ziehen Sie die Heftfäden heraus, und bügeln Sie die applizierten Motive vorsichtig. Auf den Rosenstiel können noch winzige Dornen gestickt werden.

Tischtuch mit persischer Applikation

Die Methode, aus einem bedruckten Stoff Motive auszuschneiden und auf einen anderen Stoff zu applizieren, entstand einerseits aus der Notwendigkeit heraus, andererseits, um bestimmte Muster und Formen zu bewahren. Ein mit floralen Chintz-Motiven appliziertes Tischtuch verbreitet nostalgisches Flair.

Sie benötigen:

Schneiderschere

irisches Leinen

Stecknadeln

Nähnadel und Heftfaden

Nähmaschine und passenden Faden

Reste von floral gemustertem Chintz in Grün und Rosé

Bügeleisen

Nähnadel und passenden Faden

Vorbereitung

Schneiden Sie das Leinen in der gewünschten Form und Größe zu. Einen schmalen Saum umbiegen und festnähen.

1

Auf einem Chintz-Rest zeichnen Sie eine Vasenform auf und schneiden sie aus. Einen schmalen Saum umbügeln und das Motiv in einer Ecke des Tischtuchs feststecken und -heften.

2

Nun schneiden Sie aus einem anderen Rest ein Dekorband für die Vase zu. Wieder den Saum umbügeln und auf die Vase stecken und heften.

3

Schneiden Sie mehrere Blüten- und Blattformen aus. Sie werden in ansprechender Weise in und über der Vase arrangiert. Dann feststecken und abheften.

4

Beim Aufnähen der Motive schneiden Sie nach und nach die Ecken ein. Bei überlappenden Elementen darauf achten, daß zuerst die darunterliegende Applikation festgenäht wird.

Seidenkleid

Für dieses Kleid werden verschieden gemusterte Seidenreste ganz unregelmäßig mit französischen Nähten zu Patchwork-Blöcken zusammengenäht. Ist eine ausreichend große Fläche entstanden, kann das Muster für das Kleid zugeschnitten werden. Zum Schluß färbt man es mit einer kräftigen Farbe ein.

Sie benötigen:

Schneiderpapier und Bleistift

Schneiderschere

Reste dünner Seide oder von Seidenschals

Stecknadeln

Nähmaschine und passenden Faden

Bügeleisen

fertiges Schnittmuster

Stoffarbe zum Kaltfärben

Vorbereitung

Die Patchwork-Quadrate haben eine Seitenlänge von 26 cm und können entweder nach einem oder auch nach beiden der gezeigten Muster zusammengenäht werden. Vergrößern Sie die beiden Schemata entsprechend, und fertigen Sie damit für jede Einzelform eine Schablone an. Die Stoffteile dann jeweils mit 1 cm Nahtzugabe ringsum aus den Seidenresten zuschneiden.

1

Die kleinen Stoffteile links auf links paarweise zusammenstecken, Fahnen nähen. Die Nähte auf eine Seite umbügeln. Die französische Naht entsteht, indem Sie eine der Nahtzugaben knapp an der vorher genähten Naht abschneiden. Bügeln Sie die unbeschnittene Kante über die gekürzte Schnittkante einschlagen und flachbügeln. Parallel zur ersten Nahtlinie aufnähen.

2

Danach nähen Sie die einzelnen Stoffteile nach dem Schema zu Blöcken zusammen und diese wiederum auf dieselbe Weise zu einem großen Patchwork-Stoff.

Patchwork-Schemata

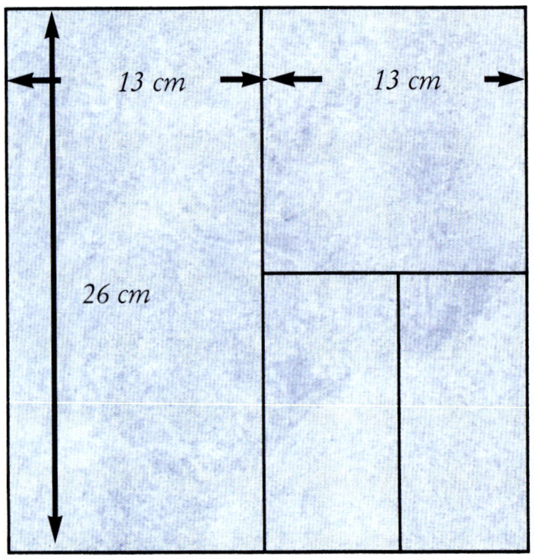

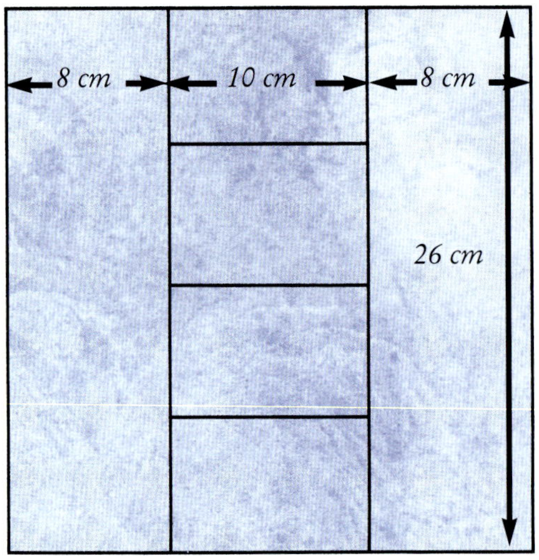

Fertigstellen

Schneiden Sie den Stoff nach dem gekauften Schnittmuster zu, und nähen Sie das Kleid nach Anleitung fertig. Nach Anweisung des Farbherstellers die Lösung zum Färben ansetzen, das Kleid zerknittern und einfärben.

Kinderröckchen

Aus unterschiedlich gemusterten Seidenstoffen und -streifen wird dieses Röckchen zusammengenäht. Die rings um die Saumkante applizierten Formen aus Seide steigern den nostalgischen Charakter.

Sie benötigen:

dünne Kunststoff-Folie und Marker

Cutter

Schneiderschere

120 x 115 cm Seidenstoff mit Blumenmuster

verschiedene Seidenreste

Bügeleisen

Stecknadeln

Nähmaschine und passenden Faden

Nähnadel und Heftfaden

6 Knöpfe

Vorbereitung

Vergrößern Sie die Vorlagen, und fertigen Sie aus der Folie die entsprechenden Schablonen an. Den geblümten Stoff der Länge nach halbieren und aus verschiedenen Seidenstoffen zwei Streifen zuschneiden (7 x 120 cm). An einer Längskante jeweils eine Nahtzugabe von 1 cm Breite umbügeln. Aus gleichem Stoff werden noch vier Streifen für die Seiten mit jeweils 5 x 55 cm zugeschnitten.

Fertigstellen

Mit dem halben Taillenmaß werden zwei Streifen für den Bund genäht. Überprüfen Sie die Rocklänge, und schneiden Sie an der Oberkante nach Bedarf noch etwas ab. Den Stoff am Bund anreihen, Knopflöcher nähen und die Knöpfe annähen.

1

Stecken Sie die Schablonen auf die Seidenreste. Ausschneiden und die Nahtzugaben umbügeln.

2

Nun nähen Sie auf der linken Seite der geblümten Stoffteile jeweils den langen Streifen rechts auf links auf. Auf die rechte Seite umbügeln und die schon umgebügelte Kante aufsteppen. Genauso werden die seitlichen Streifen festgenäht.

3

Plazieren Sie die Applikationsquadrate an der Unterkante des Rocks. Feststecken und -heften, dann ringsum aufnähen.

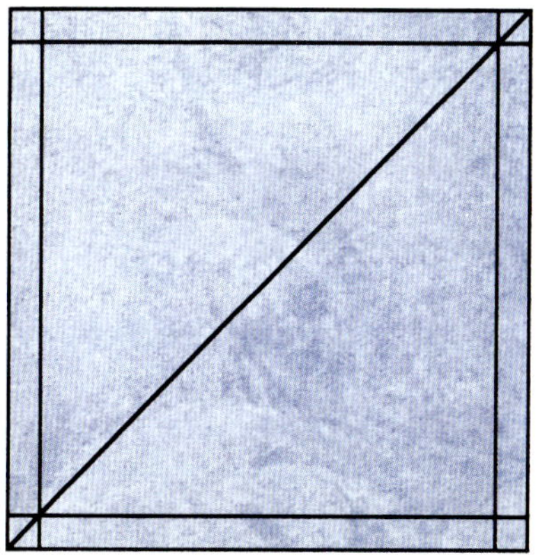

50%

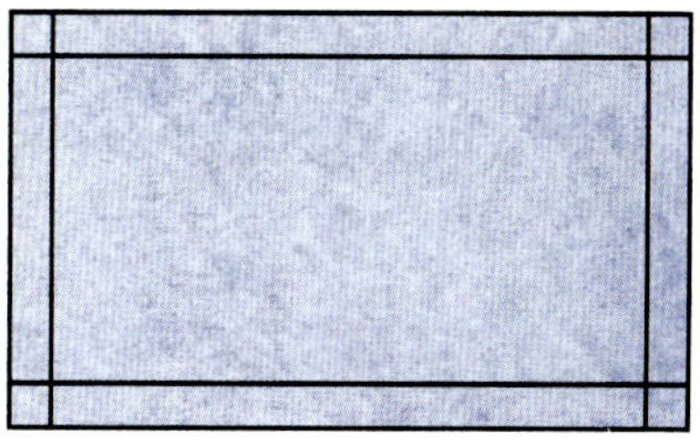

Handtasche aus Satin

Eine klassische Handtasche aus gequiltetem Satin. Sie besitzt einen gequilteten Boden als Versteifung, und auch die Griffe sind selbstgenäht. Suchen Sie einen ungewöhnlichen Messingknopf als Verschluß aus.

Sie benötigen:

40 x 60 cm kräftige Einlage
Trickmarker
Schneiderschere
40 x 60 cm Wattierung
40 x 60 cm Satin
46 x 30 cm Futterstoff
Stecknadeln
Nähmaschine und passenden Faden
Nähnadel und Heftfaden
Bügeleisen
Messingknopf

Vorbereitung

Übertragen Sie den vergrößerten Schnitt für die Tasche (siehe S. 245) auf die Einlage. Dann schneiden Sie in gleicher Größe ein Stück aus der Wattierung zu sowie den Satin- und Futterstoff, jeweils ringsum mit Nahtzugabe. Legen Sie die Wattierung zwischen die Einlage mit der Zeichnung und den Satin, stecken Sie die Lagen fest, und nähen Sie sie rings an der Außenkante entlang zusammen. Mit der Nähmaschine steppen Sie jetzt das Gittermuster ab. Schneiden Sie dann noch zwei Seitenteile, je zweimal aus Satin und dem Futterstoff, und die Griffe jeweils mit Nahtzugabe zu. Aus dem Material für die Einlage einen 7 x 16 cm großen Boden anfertigen.

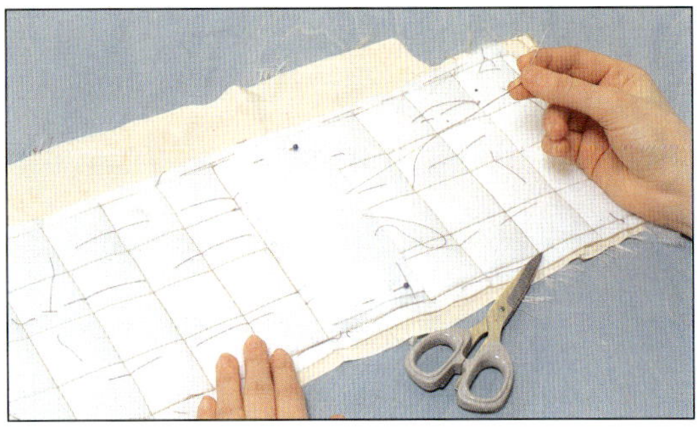

1

Stecken und heften Sie den Boden auf die Einlage der Tasche.

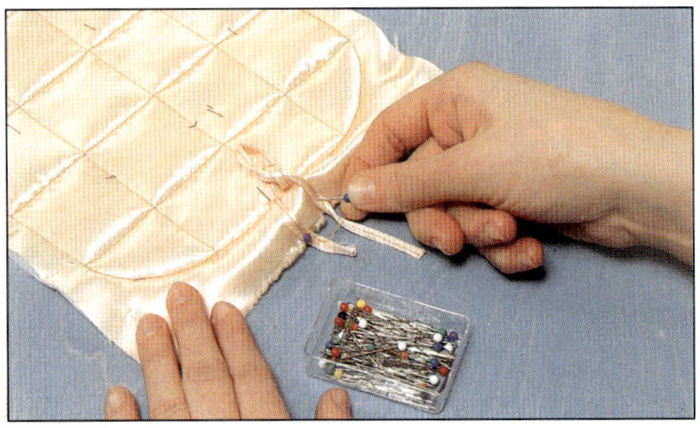

2

Nähen Sie aus einem Seidenstreifen (5 x 20 cm) ein schmales Band, das Sie auf der rechten Seite der Taschenklappe aufnähen. Die Schlaufe muß nach außen zeigen. Rechts auf rechts stecken Sie den Futterstoff auf die Tasche und nähen knapp innerhalb der Außennaht entlang; dabei eine Öffnung lassen. Auf die rechte Seite wenden und die Öffnung mit Schlingstich verschließen.

3

Satin und Futterstoff für die Seitenteile paarweise rechts auf rechts an drei Seiten zusammennähen und an einer Längskante die Oberseite nach außen stülpen. Bügeln Sie die offene Schnittkante nach innen um, und nähen Sie bis zum Abstand von 4 cm von der Unterkante die Naht ab.

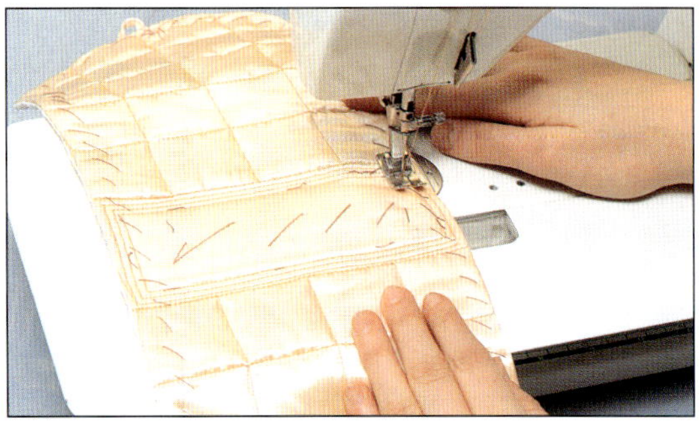

4

Jetzt werden von der Vorderseite Boden, Klappe und obere Kante der Tasche abgesteppt.

5

Legen Sie die Satinstreifen für die Griffe jeweils längs zusammen, bügeln Sie an den Längskanten einen Falz nach innen um, und nähen Sie die Streifen bis auf einen Abstand von 2,5 cm von beiden Enden zusammen. Die Enden aufbiegen und an der Tasche festnähen.

Fertigstellen

Die Seitenteile mit Schlingstichen von Hand in die Tasche einsetzen und den Knopf annähen.

Gotisch gefasster »Juwelenbesatz«

Aus einem einfarbigen Samthut wird mit einem textilen Juwelenschmuck eine extravagante Kopfbedeckung. Die eingefaßten »Edelsteine« sind ziemlich zeitaufwendig in der Anfertigung, aber das Ergebnis rechtfertigt alle Mühen.

Sie benötigen:

Marker

Reste wasserlöslichen Gewebes

Stickrahmen

dickes und dünnes Metallic-Garn

Nähmaschine

Flitterreste

Füllwatte

Stecknadeln

Einlage

Schneiderschere

Nähnadel und Faden

Glasperlen und irisierende Perlen

Vorbereitung

Übertragen Sie die Vorlagen mit dem Marker auf das Gewebe, und stellen Sie mit Hilfe Ihres Handbuchs die Nähmaschine auf Maschinenstickerei ein.

1

Spannen Sie das Gewebe mit der Zeichnung in den Stickrahmen. Dann sticken Sie mit dem dicken Metallic-Garn als Spulenfaden und dem dünnen als Oberfaden die Umrißlinie nach. Bis auf die Stecklöcher wird die ganze Fläche bestickt. Fertigen Sie auf diese Weise ein großes und mehrere kleine Stücke an.

2

Lösen Sie das Gewebe in Wasser auf, und lassen Sie die Stickerei trocknen. Dann legen Sie sie auf ein Flitterstückchen und drücken von hinten so viel Watte in die Stecklöcher, bis sich der Flitterstoff nach oben wölbt. Zum Fixieren stecken Sie die Stickerei auf einem Stück Einlage fest.

3

Jetzt werden die mit Watte gebildeten »Juwelen« ringsum festgenäht. Den überstehenden Stoff schneiden Sie an der Umrißlinie entlang ab und nähen von Hand eine Einfassung aus Glas- und irisierenden Perlen rings um die »Steine« auf.

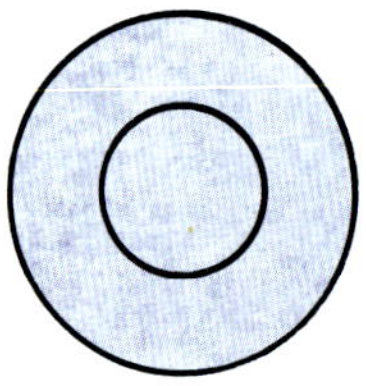

4

Die gefaßten Juwelen oben und an der Hutkrempe von Hand festnähen.

Landhaus-stil

Schaffen Sie mit Textilien in ländlichem Stil eine nostalgische Atmosphäre, in der die Erinnerung an das natürliche und einfache Leben auf dem Land mitschwingt. Antike Patchwork-Quilts wurden meist von der Landbevölkerung angefertigt, und oft erzählen sie eine Geschichte: von den Jahreszeiten, von Vögeln und Blumen, Hochzeiten und Geburten. Solche Arbeiten verbreiten eine behagliche und gastfreundliche Stimmung. Scheuen Sie sich nicht, blumengemusterte Baumwoll-, Karo- und Streifenstoffe ungezwungen zu kombinieren – genau wie in einem altmodischen Bauerngarten.

EINFÜHRUNG

RECHTS: Diese herrlichen Quilts in sanften Farben sind Paradebeispiele für den Landhausstil. Links ein Beispiel für ein französisches Quilt-Muster, rechts ein englisches.

UNTEN: Zweifarbige Quilts sind einfach und doch (oder gerade deswegen?) eindrucksvoll. Sowohl das Ananas- als auch das Kirschkorb-Motiv sind traditionelle Patchwork-Muster.

In ländlichen Näharbeiten spiegelt sich das einfache Leben vergangener Zeit wider, das vom Rhythmus der Jahreszeiten geprägt war. Derartige Quilts sind sehr ausdrucksstark und wecken nostalgische Sehnsüchte nach einem gemächlicheren Leben, verbunden mit dem Sinn für Gemeinschaft und ruhigem Zusammenleben. Das meist stark detaillierte Patchwork läßt erahnen, wie viel Zeit an langen Winterabenden selbst für einfache Stücke aufgebracht wurde. Hier liegt, neben der behaglichen Atmosphäre, die sie verbreiten, der Wert alter Patchwork- und Applikationsarbeiten. Textilien sind vergänglich, und daher können sich wohl die meisten von uns nicht zu den glücklichen Besitzern eines so wertvollen Stücks zählen. Aber es kann auch eine tiefe Befriedigung sein, einen Quilt im Landhausstil neu anzufertigen.

Der ländliche Charakter eines neuen Quilts kann durch Übernahme einfacher Motive, bestimmter Verarbeitungstechniken und Muster entstehen. Auf dieser Grundlage sind auch die im folgenden Kapitel vorgestellten Modelle entworfen, mit denen jeweils unterschiedliche Voraussetzungen angesprochen werden – von minimal oder überhaupt nicht erforderlichen Nähkenntnissen bis hin zu aufwendigen Techniken für Fortgeschrittene. Die traditionellen Motive und Muster sind häufig von der Natur inspiriert oder stammen aus dem religiösen Umfeld. Sie hatten oft eine symbolische Bedeutung oder Funktion als Talisman. So sollten bestimmte Tiere und Pflanzen das Haus oder eine Person vor bösen Geistern schützen und als Glücksbringer fungieren. Selbst offensichtlich abstrakte Muster können hochstilisierte Darstellungen eines Symbols sein. Das bekannteste dieser Symbole ist wohl das Herz, mit dem überall auf der Welt Freundschaft und Liebe assoziiert werden.

Mit zu den beliebtesten Gestaltungsprinzipien gehört das Blockmuster, bei dem aus verschiedenen Stoffteilen große Quadrate zusammengesetzt werden. Diese »Blöcke« können wiederum zu einer Fläche aneinandergereiht und mit einer Einfassung um das gesamte Stück oder mit Rahmen, die zwischen den Quadraten liegen, versehen werden. Durch die ersten Siedler gelangte diese Technik nach Nordamerika, wo sie besonders verbreitet war. Natürlich entwickelten sich die Motive und Muster durch amerikanische Tradition und Bräuche weiter, und so ist das »Log Cabin« (Blockhaus-Patchwork) zwar nach einer amerikanischen Methode zum Hausbau benannt, entstand aber ursprünglich in England. Bei dieser Technik wird das Patchwork-Teil durch rings um ein Stoffquadrat angelegte schmale Streifen langsam vergrößert und aufgebaut – genau wie es mit den Balken für ein Blockhaus rings um den zentralen Herd gemacht wurde. Traditionell ist der Patchwork-Block zudem diagonal in dunkle und helle Töne unterteilt, wodurch die vom Kaminfeuer geschaffenen Lichtverhältnisse im Raum versinnbildlicht werden.

Die Anfertigung eines Quilts war eine willkommene Gelegenheit für sozialen Kontakt. Von ihren entlegenen Wohnstätten und Höfen kamen die Siedler so zum Essen, zum Gespräch und Quilten zusammen. Häufig brachten sie vorgefertigte Patchwork-Teile mit, die dann in Gemeinschaftsarbeit zusammengenäht wurden. Der Anlaß war meist eine Familienfeier, beispielsweise eine Hochzeit oder Geburt, aber auch zur Erinnerung an politische Ereignisse oder militärische Siege wurden Quilts hergestellt. Daher trugen sie oft gestickte Signaturen bzw. Initialen und auch Jahreszahlen.

Mit ihrem streng geometrischen Patchwork aus großflächigen Einzelteilen und in kräftigen Farben, die meist auch ungewöhnlich kombiniert sind, nehmen die Quilts der Amish eine Sonderstellung ein. Diese Gemeinschaft hält bis heute an ihren alten Traditionen fest.

Der Schlüssel für eine gelungene Arbeit im Landhausstil ist die Wahl geeigneter Stoffe. Reine Baumwollstoffe sind robust, lassen sich gut waschen und einfach verarbeiten und bieten zudem den Vorteil eines breiten Spektrums an Stoffmustern. Auch Baumwollsatin mit seinem sanften Glanz war schon immer besonders beliebt für Quilts. Um eine möglichst vielfältige Gestaltung mit Farben und Mustern zu erzielen, sollten Sie Kariertes mit Streifenstoffen oder winzigem Blümchenmuster kombinieren, das bei großformatigen Arbeiten nur noch als interessanter Farbton wahrgenommen wird. Einfarbige Stoffe sollten sorgfältig zusammengestellt werden, am besten in Anlehnung an historische Beispiele oder in Naturtönen. Helles, leuchtendes Krapprot war eine für Patchwork-Arbeiten äußerst beliebte Farbe, die insbesondere in Kombination mit Weiß noch eindrucksvoller zur Geltung kommt. Traditionell wurde das Kirschkorb-Motiv (Cherry Basket) in dieser Farbkonstellation angefertigt. Aber wie auch immer Sie sich entscheiden: Wichtig ist, daß Sie nicht ängstlich sind beim Kombinieren, denn alte Quilts in ländlichem Stil zeigen eine völlig unkomplizierte Mischung an Farben und Mustern. Hinzu kommt, daß mit Alter und Gebrauch die Farben verblassen. Diese »Alterspatina« können Sie leicht damit erzielen, daß Sie die Stoffe in Tee-Aufguß färben.

Mit den folgenden Schritt für Schritt beschriebenen Modellen haben Sie die Möglichkeit, Ihre individuellen Familien-Erbstücke anzufertigen. In Handarbeit entstandene Textilien sind immer eng mit der Person verbunden und werden daher hochgeschätzt; als Geschenk werden sie den Beschenkten immer an die Person erinnern, die den Quilt genäht hat.

OBEN: Sogar mit den gewöhnlichsten Stoffen des 20. Jahrhunderts läßt sich der »Country-Look« eines Patchworks erzielen. Hier wurden alte Arbeitshemden und Pyjamas verarbeitet.

RECHTS: Zwei amerikanische Quilts in sanften Farben, die den harmonischen Gesamteindruck bestimmen. Das Muster links (um 1940) ist appliziert; rechts ein Patchwork aus dem 19. Jahrhundert.

LÄNDLICHER ÜBERWURF

In diesem phantasievollen Baumwoll-Überwurf wechseln Karostoffe mit einfarbigen ab. Für schlichte, ländliche Applikationsmotive bieten sich diese Felder geradezu an.

SIE BENÖTIGEN:

60 x 90 cm Nessel

60 x 90 cm karierten Baumwollstoff

Schneiderschere

Transparentpapier und Bleistift

20 x 90 cm Bügelgaze

Bügeleisen

passende Stoffreste

Trickmarker

Nadel für Stickwolle und farblich abgestimmtes Stickgarn

kleine Glasperlen

Nähmaschine und passenden Faden

100 x 115 cm Baumwoll-Drell

Steck- oder Sicherheitsnadeln

Nähnadel und Heftfaden

Hemdenknöpfe

VORBEREITUNG

Fertigen Sie 13 Nessel- und 12 Karostoff-Rechtecke an (17 x 19 cm). Dann vergrößern Sie die Applikationsmotive auf S. 246 und übertragen deren Umrisse auf die Bügelgaze. Schneiden Sie Stoffreste für vier Herzen, drei Vögel, zwei Hände und jeweils ein Birnen-, Erdbeer-, Trauben- und Blumenmotiv zu.

1

Schneiden Sie die Motive grob aus der Gaze aus, und bügeln Sie sie auf den Applikationsstoffen auf. Dann exakt ausschneiden, das Papier von der Rückseite abziehen und auf die einfarbigen Rechtecke aufbügeln.

2

Auf der Applikation mit Trickmarker Details anzeichnen, die noch ausgearbeitet werden müssen. Fassen Sie nun die Umrißlinien der Einzelformen beliebig ein. Für die Vogelaugen und Stechpalmen-Beeren Glasperlen aufnähen.

3

Die applizierten Rechtecke setzen Sie in fünf Reihen à fünf Blöcke abwechselnd mit den karierten Stoffteilen zusammen. Aus den Blöcken Fahnen nähen, dann die Reihen aneinanderfügen.

4

Plazieren Sie den fertigen Patchwork-Stoff in der Mitte des Baumwollstoffs für die Rückseite. Stecken und heften Sie die beiden Stofflagen auf der Innenfläche und entlang der Außenkanten zusammen. An den Ecken der Patchwork-Quadrate kleine Glasperlen oder Knöpfe aufnähen.

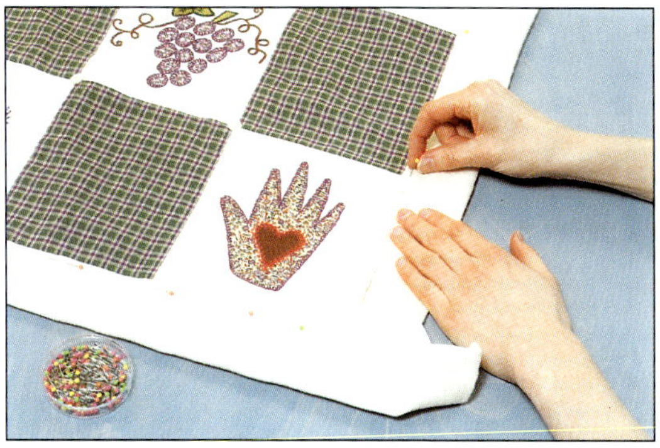

5

An der Außenkante des Grundstoffs einen 1 cm breiten Saum nach oben umbügeln. Dann falten Sie den Stoff für die Einfassung zur Hälfte um. Auf der Patchwork-Seite feststecken, mit Schlingstich von Hand annähen und die Ecken schräg abnähen (siehe Grundtechniken, S. 20). Zum Schluß auch an der Einfassung die Knöpfe aufnähen.

Mappe im Amish-Stil

In der Gemeinschaft der Amish wurde bereits gequiltet, bevor sie in Amerika siedelten. Typisch für diese Arbeiten sind streng geometrische Formen und ungewöhnlich dichte Quiltlinien. Diese Patchwork-Mappe ist im Stil der Amish gestaltet.

Sie benötigen:

Schneiderschere

50 x 90 cm dunkelblauen Stoff

50 x 90 cm hellblauen Stoff

50 x 90 cm dunkelgrünen Stoff

50 x 90 cm Wattierung (Einlage)

Stecknadeln

Nähmaschine und passenden Faden

Nähnadel und Heftfaden

roten und grünen Nähfaden

2 m langen Schrägstreifen

Druckknopf

Vorbereitung

Aus dem dunkelblauen Stoff schneiden Sie ein 18 x 18 cm großes Quadrat sowie vier Streifen (24 x 6 cm) zu. In Hellblau werden zwei Quadrate mit 13 cm Seitenlänge zugeschnitten und diagonal in Dreiecke halbiert. In gleicher Farbe kommen vier kleine Quadrate (6 x 6 cm) hinzu. Die Einfassung fertigen Sie aus dunkelgrünem Stoff an, und zwar mit zwei 16 x 32 cm großen sowie zwei 16 x 60 cm großen Streifen.

1

Stecken und nähen Sie die Dreiecke mit 1 cm Nahtzugabe am Mittelquadrat fest.

2

Anschließend werden die vier Streifen und die kleinen Eckquadrate ringsum angenäht.

3

Nun nähen Sie die dunkelgrünen Einfassungsstreifen an den Kanten des Patchwork-Teils an (siehe Grundtechniken, S. 20).

4

Die Einlage und den Futterstoff passend zuschneiden, dann die drei Stofflagen zusammenstecken und -heften. In Wellenlinien wird nun die gesamte Oberfläche mit rotem und grünem Faden mit der Nähmaschine gequiltet.

Fertigstellen

Die Außenkanten werden jetzt mit einem Schrägstreifen eingefaßt (siehe Grundtechniken, S. 25). Falten Sie drei Ecken wie bei einem Briefumschlag zur Mitte hin um. Dann stecken Sie die Seiten am Schrägstreifen zusammen und verbinden sie mit Schlingstichen. In der Spitze der offenen Seite einen Druckknopf als Verschluß annähen.

Patchwork-Bilderrahmen

Für den Bezug dieses hübschen Bilderrahmens werden kleine Patchwork-Quadrate zu Streifen verbunden. Durch die karo- und rautengemusterten Stoffe gewinnt der Rahmen seinen naiven Charakter.

Sie benötigen:

2 dicke Kartonstücke, DIN A4

Cutter

Stoffmarker

Reste von Wattierung (Einlage)

Schneiderschere

Doppelklebeband

20 x 90 cm Baumwoll-Nessel

Stoffkleber

karo- und rautengemusterte Stoffreste

Stecknadeln

Nähmaschine und passenden Faden

Bügeleisen

Nähnadel und passenden Faden

Vorbereitung

Schneiden Sie aus einem Kartonstück ein Fenster aus; es soll ein 5 cm breiter Rand stehenbleiben; der zweite Karton bildet die Rückseite. Übertragen Sie den Umriß des Kartonrahmens auf die Wattierung, schneiden Sie diese entsprechend zu, und kleben Sie Wattierung und Rahmen mit Doppelklebeband zusammen. Den Umriß des Kartons für die Rückseite zeichnen Sie auf dem Nessel an und schneiden diesen mit Nahtzugabe zu. Die Nahtzugaben über die Kanten des Kartons nach links umschlagen und an der Rückseite festkleben. Fertigen Sie nun ein Nessel-Futter für den Rahmen an. Die Karo- und Rautenstoff-Reste in 3,5 cm große Quadrate schneiden.

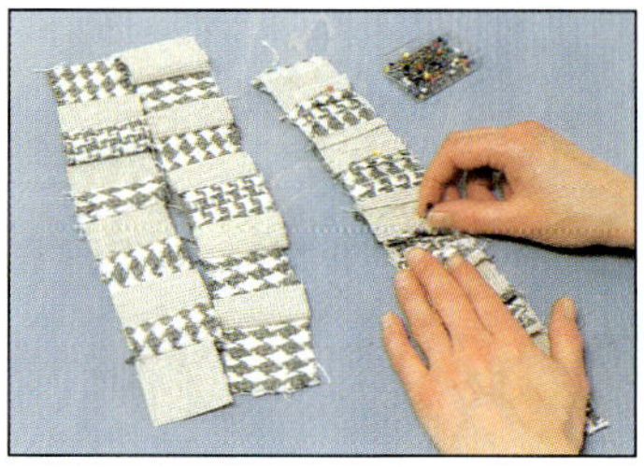

1

Stecken Sie die kleinen Quadrate paarweise zusammen, und nähen Sie mit 5 mm Nahtzugabe Fahnen daraus (siehe Grundtechniken, S. 20). Bilden Sie vier Streifen zu je zehn Quadraten und vier Streifen mit jeweils drei Quadraten. Die fertigen Streifen an der Längskante zu Paaren verbinden, bügeln und dann kurze und lange Stoffteile zum Rahmen zusammennähen.

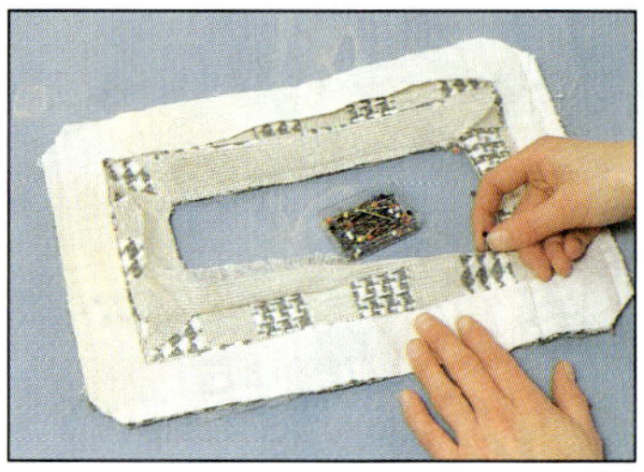

2

Rechts auf rechts nähen Sie nun das Futter am Patchwork-Rahmenstoff fest. Die Ecken schräg abschneiden, Kanten versäubern und bügeln.

Fertigstellen

Nun legen Sie den Bezug auf den Kartonrahmen, ziehen das Futter nach hinten und kleben den Bezug mit Doppelklebeband fest. Setzen Sie Vorder- und Rückseite des Rahmens zusammen, und verbinden Sie die beiden Teile an drei Seiten mit Schlingstichen.

APPLIZIERTER WOLLSCHAL

Ein einfarbiger Schal aus Wollstoff wird mit ungewöhnlichen Materialien appliziert: feines Wildleder, Wolle und Feinkord. Erdige Farbtöne schmeicheln den organischen Formen des Motivs.

SIE BENÖTIGEN:

Transparentpapier und Bleistift

dünnen Karton

Cutter

Schneiderkreide

Wildleder-, Kord- und Wollstoff-Reste

Schneiderschere

Rollschneider

Nähnadel und Heftfaden

30 x 150 cm Wollstoff

Nähmaschine und passenden Faden

Nadel für Stickwolle und Stickgarn in kontrastierender Farbe

VORBEREITUNG

Vergrößern Sie die vier Einzelelemente der Motivvorlage. Dann auf Karton übertragen und die entsprechenden Schablonen anfertigen.

MOTIVE 25%

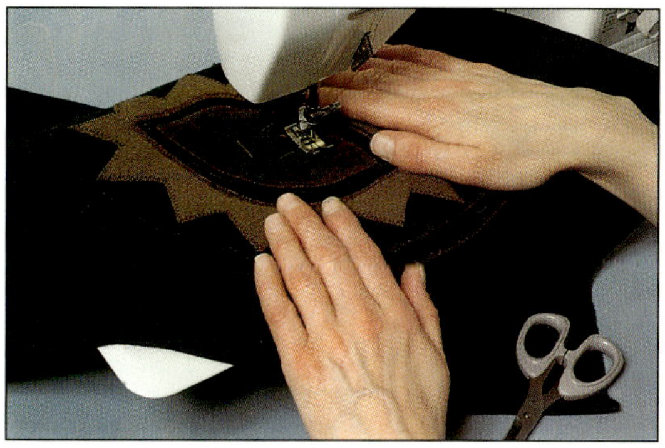

1

Mit Schneiderkreide übertragen Sie den Umriß der Schablonen auf die Materialreste für die Applikation. Die Formen werden mit der Schere, dem Rollschneider oder einem scharfen Cutter ausgeschnitten. Heften Sie die Motive an einem Ende des Schals fest. Mit Zickzackstich aufnähen.

2

An den Längskanten des Schals einen Saum umbiegen und von der Vorderseite aus festnähen. Die beiden Schmalseiten fassen Sie mit großen Festonstichen in kontrastierender Farbe ein (siehe Grundtechniken, S. 23). Auch das Applikationsmotiv wird mit einigen Stickstichen verziert.

REGALBORTE MIT SONNENBLUMEN

Borten für die Fachbretter von Küchenbüfetts waren früher auf dem Land sehr verbreitet. Auf diese Zackenborte wurden farbenfrohe Sonnenblumen-Motive appliziert.

SIE BENÖTIGEN:

dünnen Karton und Bleistift

Cutter

16 x 90 cm Nessel oder anderen Baumwollstoff

Trickmarker

Bügelgaze

Schneiderschere

Bügeleisen

Stoffreste in Gelb, Grün und braun kariert

Nähnadel und beigen Nähfaden

Sprühstärke

Zackenschere

VORBEREITUNG

Vergrößern Sie die Vorlage, und übertragen Sie die Linien auf Karton. Anschließend mit dem Cutter das Motiv ausschneiden.

1

Ihre Schablone legen Sie jetzt an einem Ende des Baumwollstreifens an. Die Umrißlinie aneinandergereiht über die Gesamtlänge des Streifens anzeichnen.

2

Nun übertragen Sie fünf Blumen, zehn Blätter und fünfmal das Blüteninnere auf die Bügelgaze. Bügeln Sie die Motive entsprechend auf die Stoffreste auf, und schneiden Sie sie dann aus.

3

Das Papier abziehen und zunächst zwei Blätter im ersten Dreieck der Borte plazieren. Die Sonnenblume mit der Blütenmitte überlappend darüberlegen und das Motiv festbügeln. Auf diese Weise auf sämtliche Dreiecke, immer ausgehend von der Spitze, Sonnenblumen applizieren.

4

Bügeln Sie an der geraden Oberkante einen 1 cm breiten Saum nach hinten um. Danach die Borte mit Sprühstärke einsprayen und entlang der angezeichneten Linie mit der Zackenschere zuschneiden.

50%

Nackenrolle

Eine mit Patchwork-Stoff bezogene Nackenrolle setzt einen stilvollen Akzent im Raum und sorgt für Bequemlichkeit. Durch den Knopfverschluß kann der Bezug leicht abgenommen und gewaschen werden.

Sie benötigen:

Schneiderpapier und Bleistift

Schneiderschere

Bügelgaze

Bügeleisen

50 x 90 cm Baumwollstoff

ausgewählte Stoffreste aus Baumwolle

Nähmaschine und passenden Faden

2 Knöpfe

Nackenrolle, 45 x 18 cm

Applikationsrechteck 50%

Seitenteil 25%

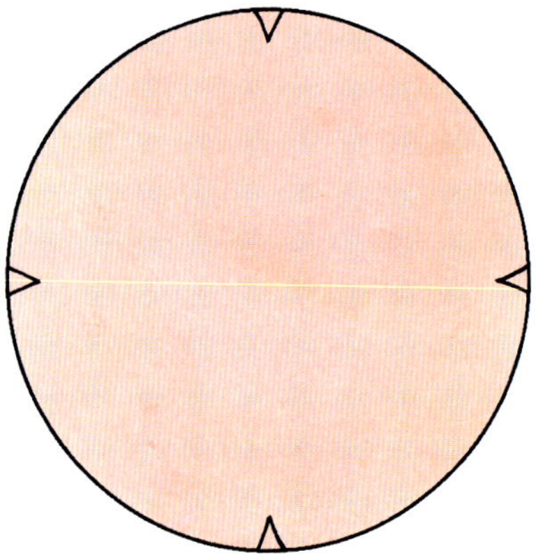

Vorbereitung

Aus dem Grundstoff ein 47 x 70 cm großes Rechteck und – nach der Vorlage – zwei runde Seitenteile zuschneiden. Mit der anderen Schablone acht Patchwork-Teile auf die Bügelgaze zeichnen. Die Gazestücke auf die Stoffreste bügeln und die Stoffstreifen zuschneiden. An den Schmalseiten des Grundstoffs wird dann ein Saum umgebügelt und abgenäht. An einer der gesäumten Kanten zwei Knopflöcher machen, die rechteckigen Stoffteile an einer Längskante entlang aufbügeln. Für die Patchwork-Seitenteile schneiden Sie aus den Stoffresten kleine Rechtecke (7 x 4,5 cm) zu und nähen sie zu kurzen Streifen zusammen.

1

Stellen Sie die Nähmaschine auf Zickzackstich, und fassen Sie die applizierten Rechtecke mit Plattstich ein.

2

Nähen Sie die Patchwork-Streifen zu einer Fläche für das runde Seitenteil zusammen. Das Patchwork-Teil auf eines der Grundstoffteile legen, ringsum aufnähen und zuschneiden.

Fertigstellen

Stecken Sie den Grundstoff zu einer Rolle zusammen. Die Knopflochseite über die andere legen. Dann die runden Teile einsetzen, annähen, an mehreren Stellen einschneiden und den Bezug bügeln. Wenden und die Knöpfe annähen.

KISSENBEZUG MIT BLUMENKRANZ

Kleine Sträußchen aus Blüten und Blättern zieren diesen Bezug aus gestreifter Baumwolle. Die Blumen werden aus verschiedenen Baumwollstoffen zugeschnitten und ringförmig appliziert.

SIE BENÖTIGEN:

Transparentpapier und Bleistift

Bügelgaze

Bügeleisen

farblich passende Stoffreste

Schneiderschere

45 x 95 cm gestreiften Baumwollstoff

einen großen Teller

Trickmarker

passendes Stickgarn in verschiedenen Farben

Nadel für Stickwolle

Nähmaschine und passenden Faden

45 x 45 cm großes Kissen

VORBEREITUNG

Zuerst die Vorlagen entsprechend vergrößern, Schablonen anfertigen und acht Blüten, 18 Blütenmitten und 24 Blätter auf die Bügelgaze übertragen. Grob ausschneiden und auf die Stoffreste aufbügeln, dann die Formen genau ausschneiden. Um die Mitte zu bestimmen, legen Sie den gestreiften Stoff doppelt zusammen; anschließend plazieren Sie mittig einen Teller darüber und zeichnen den Umriß mit Trickmarker an.

1

Legen Sie die Blüten gleichmäßig verteilt auf dem Kreis aus, und übertragen Sie deren Umriß mit Trickmarker. Dann das Papier von der Rückseite abziehen.

2

Unter die Blüten schieben Sie jeweils Blätter in unterschiedlichen Farben und Winkeln. Blüten und Blätter, dann noch das Blüteninnere aufbügeln. Die übrigen Stoffpunkte werden rings um den Kranz verteilt.

3

Mit dreifädigem Stickgarn in kräftigen Farben sticken Sie nun die Umrißlinien der Motive mit Festonstichen (siehe Grundtechniken, S. 23) nach.

FERTIGSTELLEN

An den Schmalseiten des Kissenbezugs wird ein 1 cm breiter Saum umgebügelt und festgenäht. Messen Sie von einer Kante aus 25 cm nach innen, klappen Sie diesen Einschlag über die applizierte Vorderseite, und wiederholen Sie dies von der anderen Seite aus. Die beiden offenen Seiten zusammennähen, die Ecken einschneiden und den Bezug auf die rechte Seite wenden. Kissen hineinstecken.

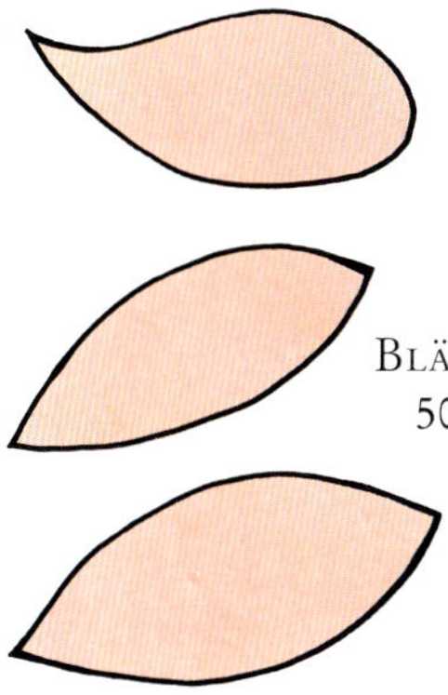

BLÄTTER 50%

BLÜTE UND BLÜTENMITTE 50%

STOFFPUPPE MIT KLEIDCHEN

Aus Baumwoll-Nessel und anderen Stoffresten ist schnell eine kleine Puppe mit Patchwork-Kleid genäht. Sie können die Puppe mit derselben Schablone auch aus einem Patchwork-Stoff anfertigen.

SIE BENÖTIGEN:

Transparentpapier und Bleistift

Schneiderschere

20 x 50 cm Baumwoll-Nessel

Stecknadeln

Nähmaschine und passenden Faden

Polyester-Füllwatte für Spielzeug

Nähnadel

Nadel für Stickwolle und Stickgarn in Schwarz, Weiß, Blau und Rot

ungiftigen Farbstift in Pink

1 Rolle gelbes Baumwoll-Häkelgarn

18 x 18 cm dünnen Karton

schmales Band

bunte Stoffreste

Bügeleisen

ein Stück Baumwollspitze

VORBEREITUNG

Vergrößern Sie die Schablone von S. 247. Dann auf den Stoff aufzeichnen und mit 1 cm Nahtzugabe ringsum zweimal die Körperform ausschneiden.

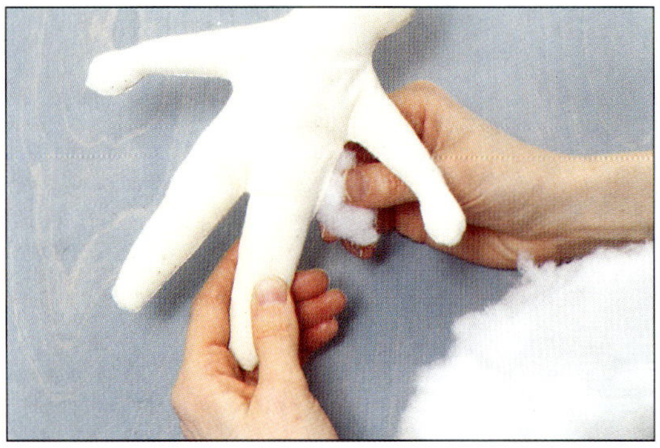

1

Nähen Sie die beiden Teile mit kleinen Stichen zusammen. Lassen Sie dabei unter einem Arm eine 4 cm breite Öffnung. An den Rundungen die Nahtzugaben einschneiden, überflüssigen Stoff abschneiden und die Puppe auf die rechte Seite wenden. Sie wird mit Polyester-Füllwatte ausgestopft. Danach nähen Sie die Öffnung zu.

2

Sticken Sie das Gesicht, und malen Sie mit dem Farbstift rosige Wangen auf. Für die Zöpfe wickeln Sie das Häkelgarn über den Karton. An einer Kante mit einer Rückstichlinie den Scheitel bilden, dann das Garn vom Karton schieben und am anderen Ende die Baumwollfäden aufschneiden. Am Kopf festnähen und die Zöpfe flechten.

3

Für Vorder- und Rückenteil des Patchwork-Kleidchens schneiden Sie 78 kleine Quadrate (3 x 3 cm) aus den Stoffresten aus. Nähen Sie diese nach der Fahnenmethode (siehe Grundtechniken, S. 20) zu Sechserblöcken zusammen. Und aus diesen bilden Sie wiederum eine Gesamtfläche mit 13 Reihen (13 x 6 Quadrate). Für die Ärmel benötigen Sie weitere 32 Quadrate, wobei jeder Ärmel aus vier Viererblocks besteht. Die Teile bügeln und knapp auf jeder Seite der Naht abheften. Nähen Sie schließlich die Seiten- und Ärmelnaht zusammen, und säumen Sie die Teile an der Unterkante ein. Dann schneiden Sie schräg an den Seiten des Kleids und am oberen Teil der Ärmel eine gleich große Öffnung zu. Die Ärmel einsetzen und annähen.

4

Ziehen Sie der Puppe das Kleid an. Der Halsausschnitt wird angereiht und mit Baumwollspitze verziert. Zum Schluß bekommt die Puppe noch ein Unterröckchen, das aus einem zusammengenähten Stück Spitze (11 x 22 cm) angefertigt wird. Ziehen Sie an der Oberkante einen Faden zum Einreihen durch, und nähen Sie das Röckchen um die Taille der Puppe fest.

Bilderbuch aus Stoff

Über all die Jahre hinweg haben Bilderbücher aus Stoff als ungefährliches und praktisches Spielzeug für Babys ihren Wert behalten. Dieses bunte Buch hat zehn Seiten mit hübschen Applikationsmotiven.

Sie benötigen:

Transparentpapier und Bleistift

Bügeleisen

Bügelgaze

verschiedene Stoffreste

Schneiderschere

60 x 90 cm Baumwoll-Nessel

20 x 90 cm geblümten Baumwollstoff

Nähmaschine und passenden Faden

Stecknadeln

Vorbereitung

Für Ihr Buch zeichnen Sie einige einfach zu erkennende Motive in klaren Formen, Buchstaben und Zahlen. Übertragen Sie diese auf die Bügelgaze. Auf der Rückseite der Stoffreste aufbügeln und die jeweiligen Formen ausschneiden. Aus dem Nessel schneiden Sie dann zehn Stoffquadrate mit 20 cm Seitenlänge und ein 14 x 17 cm großes Rechteck zu. Zwei weitere Quadrate (20 x 20 cm) aus dem geblümten Stoff anfertigen.

1

Ziehen Sie das Papier von der Rückseite der Applikationsmotive ab, und bügeln Sie sie nach Belieben jeweils auf einer Seite der Stoffquadrate auf.

2

An der Nähmaschine Zickzackstich einstellen und die Motive ringsum mit Plattstich aufnähen. Das Motiv für die Vorderseite des Buches nähen Sie auf dem Nessel-Rechteck auf und dieses wiederum auf eines der geblümten Stoffquadrate.

3

Stecken und nähen Sie die applizierten Stoffquadrate für die Buchseiten rechts auf rechts zusammen. Die Seiten 1 und 10 werden mit den geblümten Flächen von Vorder- und Rückseite verbunden. Die Seiten nach rechts wenden und in der richtigen Reihenfolge zusammensetzen.

4

Zum Schluß schneiden Sie aus dem Blümchenstoff einen breiten Schrägstreifen für den Rücken des Buches zu. Diesen links an der Buchkante aufstecken und festnähen.

5
6

T-SHIRT MIT APPLIKATION

Blumentopf und Blumen aus bedruckten Stoffen in leuchtenden Farben sind einfach anzufertigen. Das Applikationsmotiv wird auf der Vorderseite eines Kinder-T-Shirts aufgenäht.

SIE BENÖTIGEN:

Transparentpapier und Bleistift

Bügelgaze

Bügeleisen

bunt gemusterte Stoffreste

Schneiderschere

Nähnadel und Heftfaden

Stecknadeln

einfarbiges T-Shirt

passenden Nähfaden

1

Übertragen Sie die Einzelelemente des Motivs von der Vorlage auf die Bügelgaze. Die Stücke auf den Stoffresten aufbügeln und mit schmaler Nahtzugabe ausschneiden. Ecken und Rundungen werden eingeschnitten, die Nahtzugaben umgeheftet.

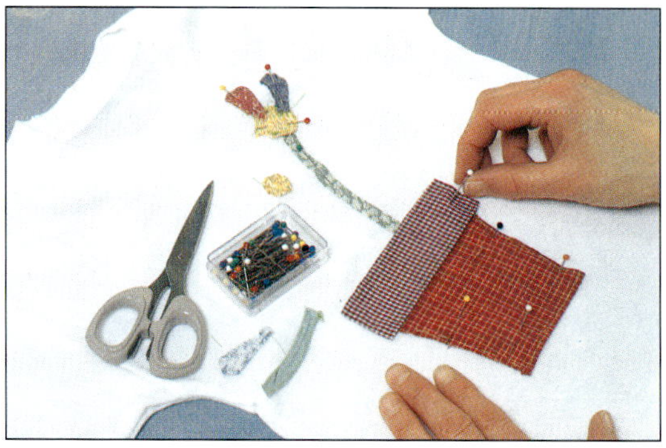

2

Das Blumentopf-Motiv auf dem T-Shirt zusammensetzen, dabei feststecken und anschließend von Hand aufnähen.

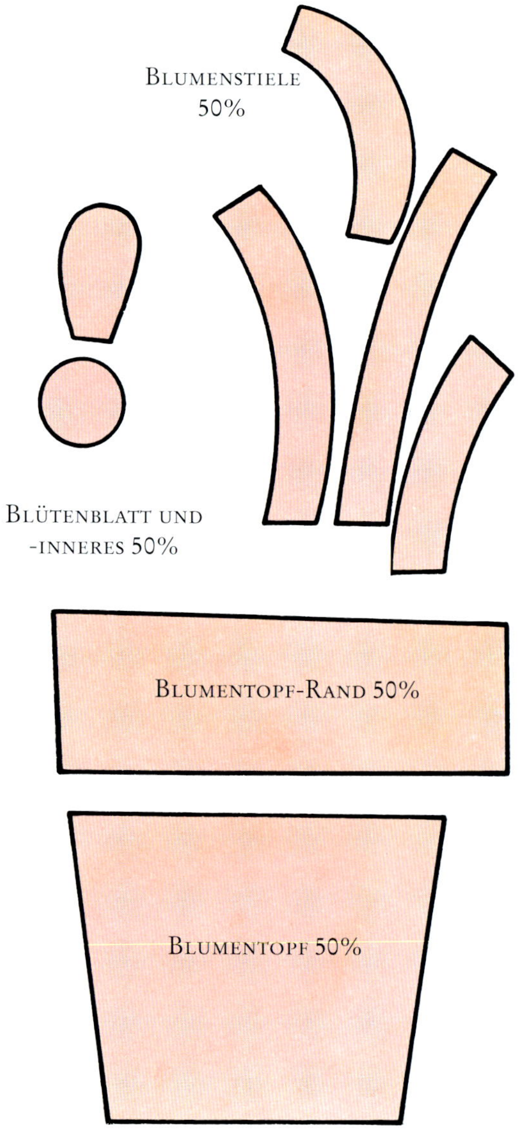

Schuhsäckchen mit Herbstblättern

Hier wurden Blätter in leuchtenden Herbstfarben mit Plattstich auf einem Beutel appliziert. Das Säckchen ist so hübsch, daß es auch sichtbar, z. B. an einer Tür, aufgehängt werden kann.

Sie benötigen:

Transparentpapier und Bleistift

20 x 50 cm Bügelgaze

Schneiderschere

Bügeleisen

ausgewählte Stoffreste

50 x 56 cm Baumwoll-Waffelpikee

Nähmaschine

Nähfaden, rot und cremefarben

1 m schmales Stoffband

Sicherheitsnadel

Vorbereitung

Vergrößern Sie die Vorlagen, und übertragen Sie den Umriß der Motive auf die Bügelgaze. Dann werden die Formen grob ausgeschnitten und auf den Stoffresten aufgebügelt.

1

Die Blätter jetzt exakt aus dem Stoff ausschneiden. Ziehen Sie das Papier von der Rückseite ab, arrangieren Sie die Motive auf dem Pikee, und bügeln Sie sie auf.

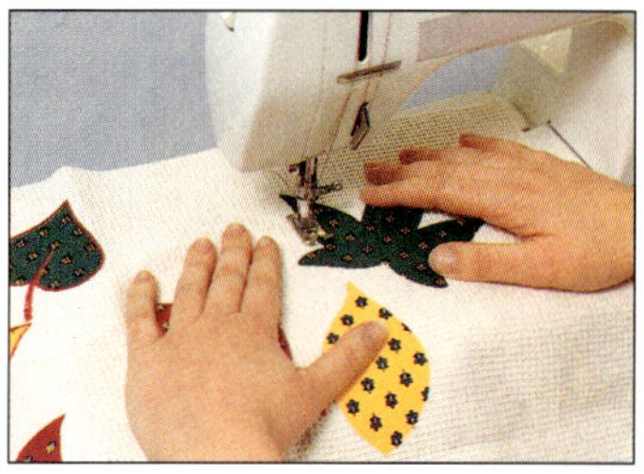

2

An der Nähmaschine Zickzackstich einstellen und die Umrisse der Blätter in Rot mit Plattstich abnähen. Für die Stiele eine gerade Plattstich-Linie nähen.

Blätter 50%

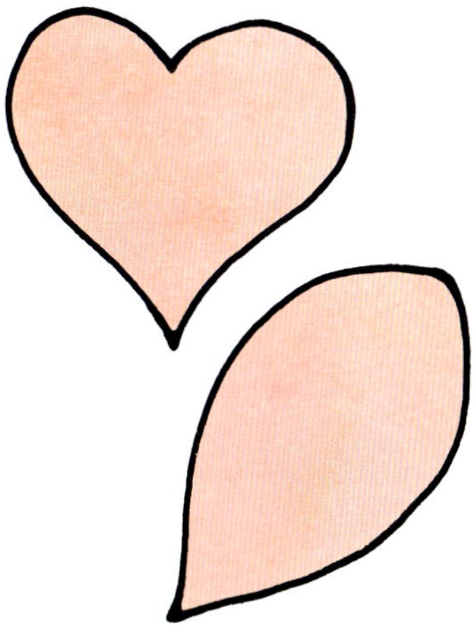

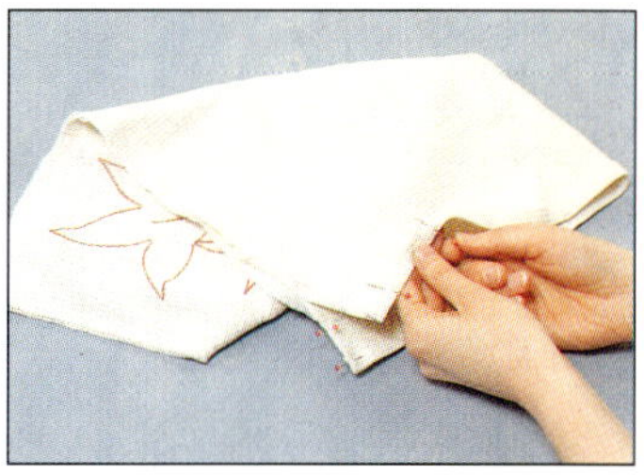

3

Legen Sie nun den Grundstoff für das Säckchen rechts auf rechts zusammen, und nähen Sie den Beutel fertig (siehe Grundtechniken, S. 25). Die Seitennaht 7 cm unterhalb der Oberkante enden lassen. Oben einen schmalen Rand umbügeln und 3 cm tief innen aufsteppen.

Fertigstellen

Ziehen Sie das Stoffband mit Hilfe einer Sicherheitsnadel durch den Tunnel. Die Enden miteinander verknoten, überstehendes Band abschneiden.

SCHLÜSSELANHÄNGER MIT KLEINEM HAUS

An einem Ring mit hübschem Anhänger können Sie Ihre Schlüssel praktisch und auf ansprechende Weise unterbringen. Das kleine Haus besteht aus winzigen, applizierten Patchwork-Teilen.

SIE BENÖTIGEN:

Transparentpapier, Papier und Bleistift

Schneiderschere

gewebten Karostoff in Rot und Blau

Stoffrest in Rot

Nähnadel und Heftfaden

Bügeleisen

10 x 32 cm cremefarbenen Baumwollstoff

10 x 15 cm Wattierung (Einlage)

roten, blauen und cremefarbenen Nähfaden

Schlüsselring

1

Übertragen Sie das Applikationsmotiv auf Papier, und schneiden Sie zwei Fenster, Hauswände, zwei Kamine, ein Dach und eine Tür aus. Dann fertigen Sie die Einzelelemente aus den Stoffresten mit 5 mm Nahtzugabe ringsum an. Stecken Sie das Papier auf die linke Seite der Stoffteile. Den Stoffrand festheften und bügeln.

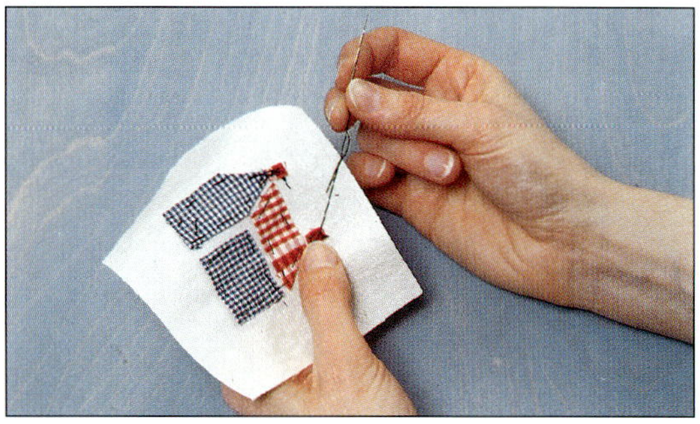

2

Schneiden Sie aus dem Grundstoff für den Anhänger zwei Teile und aus der Wattierung einen Teil zu. Heften Sie die einzelnen Bestandteile des Hauses auf einem Grundstoff-Teil fest, und ziehen Sie dabei nach und nach das Papier an der Rückseite heraus. Von Hand aufnähen.

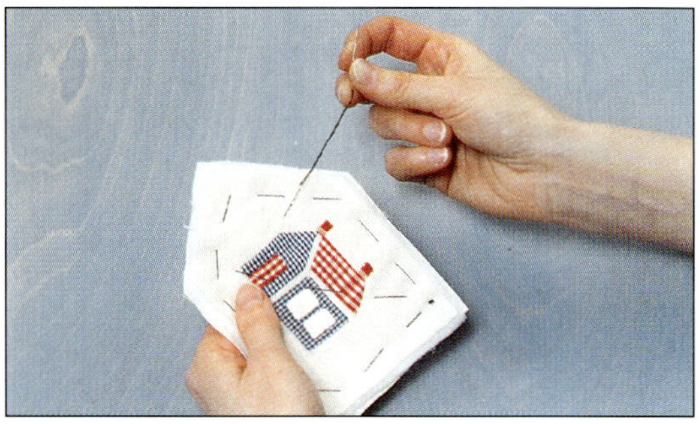

3

Nun legen Sie die Wattierung zwischen die Stoffteile und heften die drei Schichten zusammen.

4

Schneiden Sie drei Schrägstreifen aus Karostoff zu. Die Kanten bügeln Sie 5 mm breit um. Mit den Streifen fassen Sie den Anhänger ein. Beide Streifen an der Spitze 2,5 cm verlängern. Enden durch den Schlüsselring ziehen, mit Schlingstich zusammennähen.

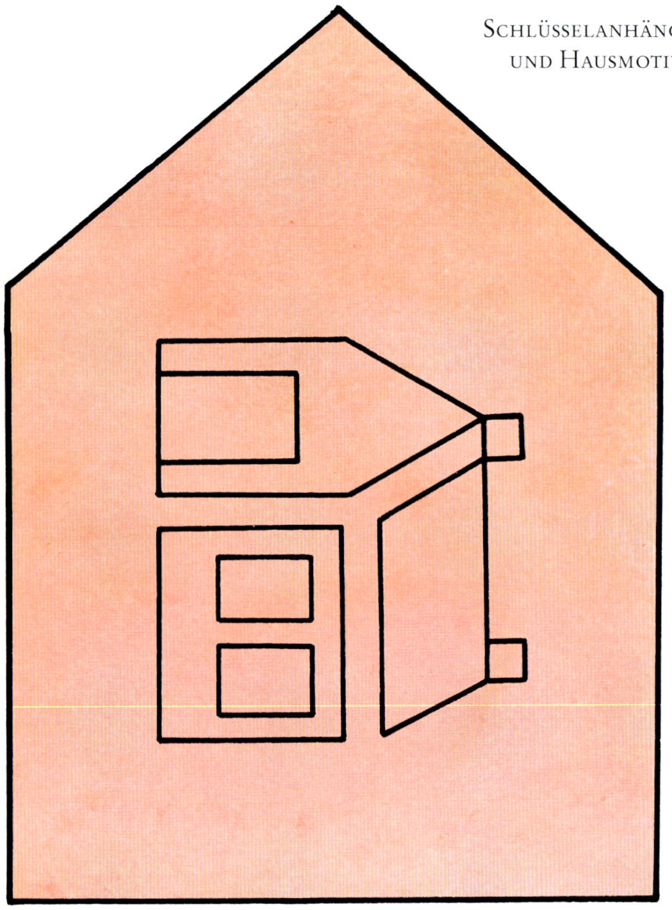

SCHLÜSSELANHÄNGER UND HAUSMOTIV

Herzsäckchen mit Aufhänger

Mit Lavendel gefüllte Säckchen haben nichts an Beliebtheit eingebüßt. Der Duft, den sie in Schränken oder Schubladen verströmen, weckt die Erinnerung an lange, heiße Sommertage.

Sie benötigen:

Schneiderpapier und Bleistift

Reste von Baumwollstoff

Schneiderschere

Stecknadeln

Nähnadel und passenden Faden

Bügeleisen

getrockneten Lavendel

50 farbige Glasperlen

50 Stecknadeln mit farbigen Glasköpfchen

schmalen Bandrest

Vorbereitung

Mit angefertigten Papierschablonen die Einzelformen aus Stoffresten zuschneiden.

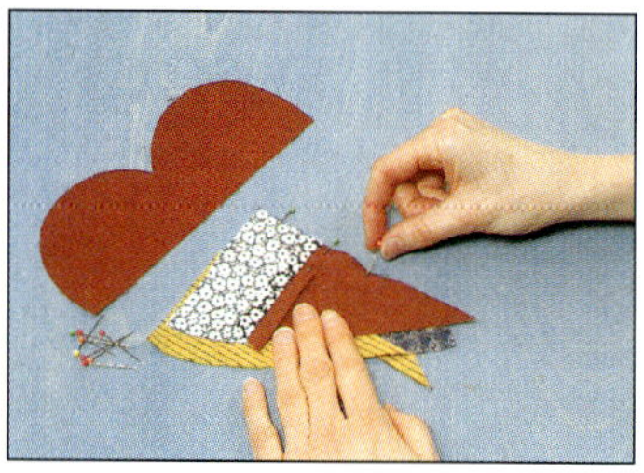

1

Rechts auf rechts stecken und die Patchwork-Teile mit schmaler Nahtzugabe zur Herzform zusammennähen. Gegebenenfalls korrigieren. Das Patchwork-Herz verwenden Sie als Schablone für das zweite Herz aus einfarbigem Stoff.

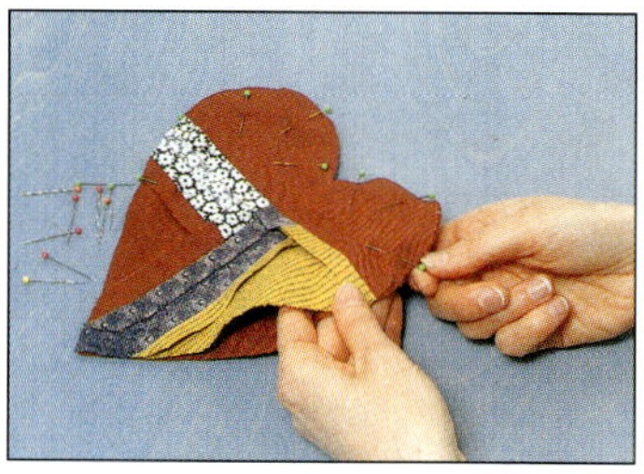

2

Nähen Sie beide Teile rechts auf rechts zusammen, aber lassen Sie an einer Seite eine 5 cm breite Öffnung. An den Rundungen einschneiden, bügeln und das Herz auf die rechte Seite wenden. Mit Lavendel füllen und die Öffnung zunähen.

3

Fädeln Sie auf jede farbige Stecknadel eine Perle auf. Die Nadeln werden dann in gleichmäßigen Abständen an der Außenkante in das Herz gesteckt. Eine Bandschlaufe als Aufhänger annähen.

50%

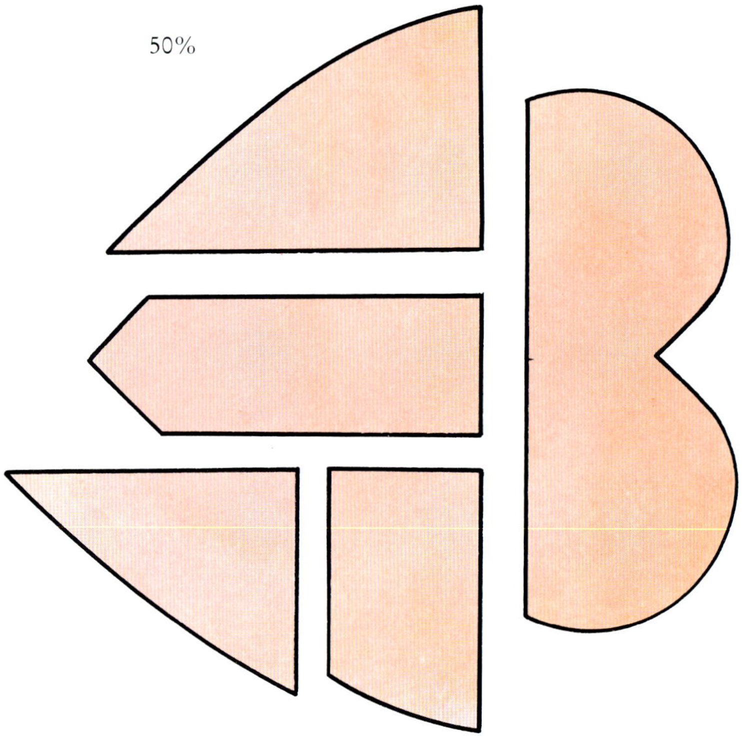

KOPFKISSENBEZUG MIT HERZ-APPLIKATIONEN

Bringen Sie mit Herz-Applikationen auf Ihrer Bettwäsche ländliche Atmosphäre auch ins Schlafzimmer. Die Einfassung aus vielfarbigen Heftstichlinien betont die Motive und läßt sie noch stärker hervortreten.

SIE BENÖTIGEN:

Bleistift und Papier
25 x 25 cm Bügelvlieseline
Schneiderschere
Bügeleisen
einfarbige Baumwollreste in leuchtenden Farbtönen
Nähnadel und Heftfaden
Kopfkissenbezug
Stecknadeln
passenden Nähfaden
verschiedenfarbiges Stickgarn
Nadel für Stickwolle

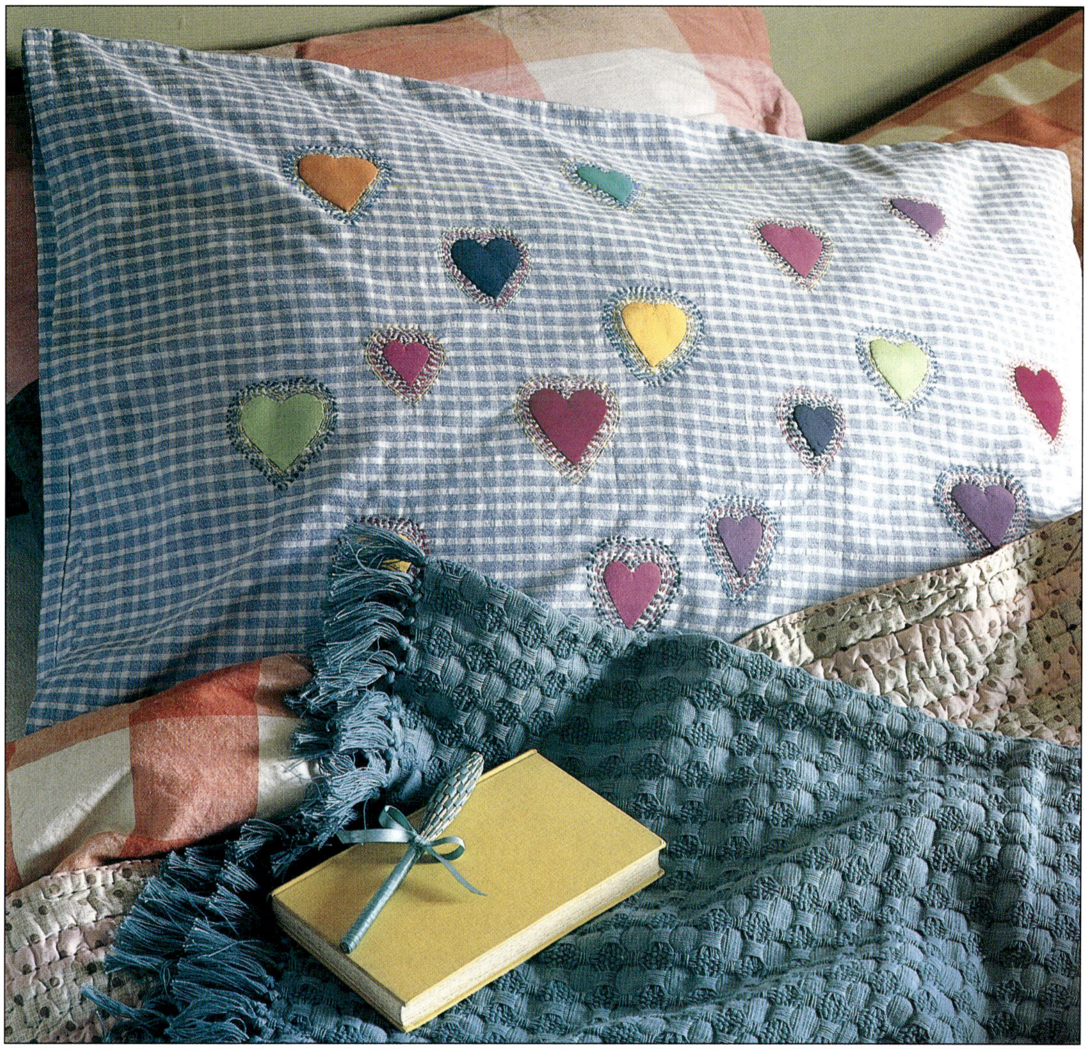

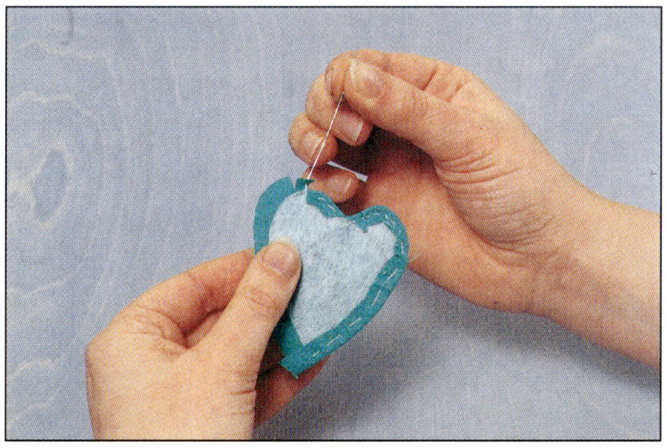

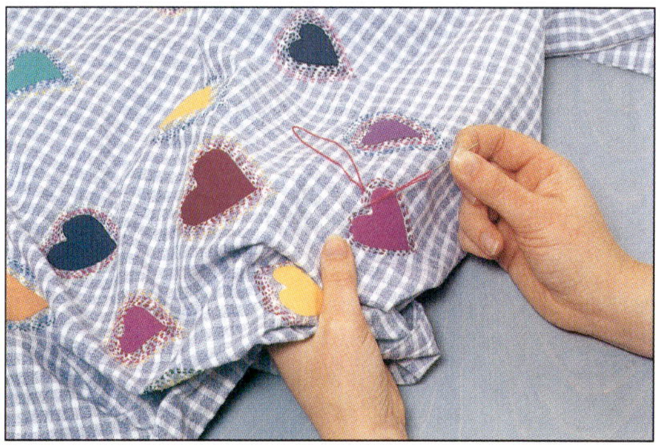

1

Zeichnen Sie 17 Herzen in verschiedenen Größen auf der Bügelvlieseline an, und schneiden Sie sie aus. Die Vlieseline-Herzen werden auf den Stoffresten aufgebügelt und mit 5 mm Nahtzugabe ausgeschnitten.

2

Schneiden Sie die Nahtzugaben an den Rundungen ein. Dann diese auf die Rückseite umbiegen und abheften.

3

In beliebiger Anordnung stecken Sie die Herzen auf dem Kissenbezug fest. Sie werden aufgeheftet und mit Schlingstichen festgenäht. Mit verschiedenfarbigen Stickgarn-Fäden sticken Sie rings um jedes Herz einen »Hof« aus Heftstichlinien. Zum Schluß gut bügeln.

KINDERRUCKSACK IN STREIFEN-PATCHWORK

In diesem praktischen Rucksack nehmen Kinder mit Liebe ihre Brotzeit mit in den Kindergarten. Karo- und blumengemusterte Stoffstreifen werden zum Patchwork verarbeitet und zusätzlich gequiltet.

SIE BENÖTIGEN:

Schneiderpapier und Bleistift

Schneiderschere

60 x 100 cm Wattierung (Einlage)

100 x 90 cm Karostoff

passende Baumwollstoff-Reste mit Blümchen- und Karomuster

Nähmaschine und passenden Faden

Nähnadel und Heftfaden

Stecknadeln

1 m Durchzugskordel

Knebelknopf aus Holz

VORBEREITUNG

Die Vorlagen für Boden und Klappe des Rucksacks vergrößern und auf Papier übertragen. Für die Riemen fertigen Sie eine Papierschablone mit 50 x 4 cm an. Aus Wattierung und Karostoff schneiden Sie dann jeweils ein 36 x 85 cm großes Rechteck, einen Boden, eine Klappe und zwei Riemen. Als Durchzug für die Kordel benötigen Sie einen karierten Streifen von 100 x 10 cm. Außerdem fertigen Sie einen Schrägstreifen von 150 x 4 cm an. Dann werden die Stoffreste in Streifen geschnitten (6 x 36 cm) und mit 5 mm Nahtzugabe zum Patchwork zusammengenäht. Aus der fertigen Patchwork-Fläche werden ein Rechteck (Seitenwand), ein Boden und eine Klappe zugeschnitten. Legen Sie die Patchwork-Oberseite für den Rucksack auf die zugehörigen Wattierungs- und Karostoff-Teile. Dann die drei Stofflagen zusammenheften und an den Patchwork-Nähten entlang absteppen. Nähen Sie die Rucksackwand an den Schmalkanten zusammen. Anschließend wird die Wattierung für die Riemen mittig auf den zugehörigen Streifen aus Karostoff aufgelegt. Den Stoff um die Wattierung biegen, die Schnittkanten nach innen falten und mit einer Mittelnaht festnähen. Dann das Patchwork-Teil, Wattierung und Karostoff für Boden und Klappe zusammenlegen und diagonal absteppen.

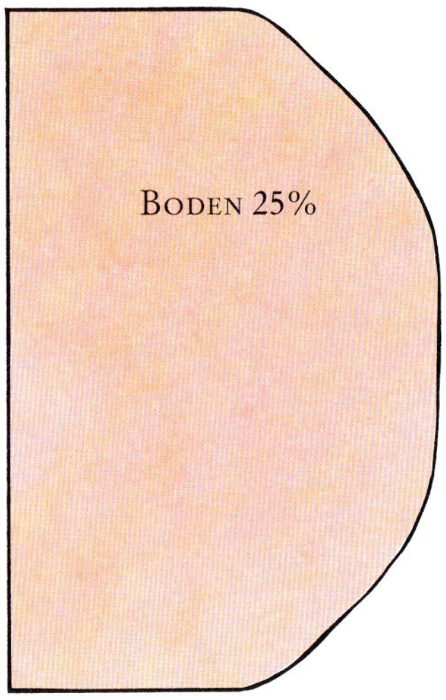

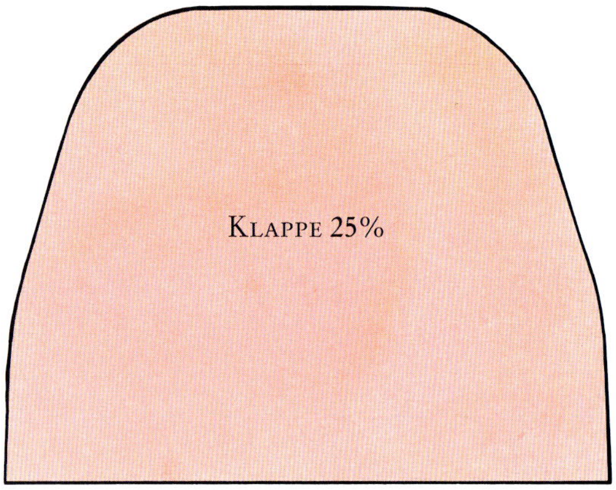

FERTIGSTELLEN

Ziehen Sie die Kordel in den Tunnel ein. An den Enden verknoten. Eine schmale Stoffschlaufe anfertigen und an der Unterseite der Klappe festnähen. Zum Schluß den Knebelknopf annähen.

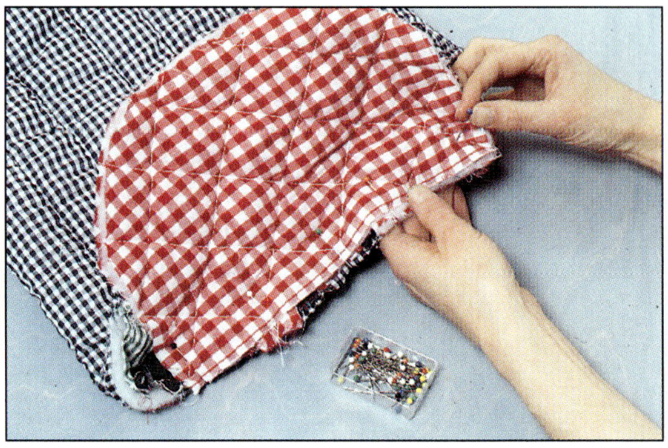

1

Links auf links stecken Sie jetzt den Boden an der Rucksackwand fest. Setzen Sie dabei die Enden der Riemen jeweils im Abstand von 5 cm zur Mitte an der Unterkante mit ein. Die Schnittkanten werden mit dem Schrägstreifen eingefaßt.

2

An der Oberkante des Rucksacks nähen Sie den Streifen für den Durchzug so an, daß die Enden in der Mitte vorn aufeinandertreffen. Den Streifen nach rechts falten, einen Saum einbiegen und unterhalb der vorigen Naht aufnähen.

3

Fassen Sie nun die gebogene Kante der Klappe mit dem Schrägstreifen ein. Die Riemen am Rucksackrücken anstecken. Dann die Klappe mit den Riemen unterhalb des Durchzugs an der Rückseite im Abstand von 1 cm zweimal feststeppen.

BEUTEL FÜR SPIELZEUG

Ein Beutel mit Kordelverschluß ist hervorragend zum Verstauen all der winzigen Spielzeugteile Ihres Kindes geeignet. Auf den beiden Taschen sind kleine Stoffpüppchen appliziert.

SIE BENÖTIGEN:

Transparentpapier und Bleistift

Bügelgaze

Bügeleisen

rote, grüne und cremefarbene Stoffreste

Schneiderschere

70 x 115 cm gestreiften Baumwollstoff

20 x 90 cm karierten Baumwollstoff

Nähmaschine und passenden Faden

kleinere Menge braunes Garn

Spitzenreste

Stickgarn in Blau und Rot

Nadel für Stickwolle

Stecknadeln

3 m Kordel

VORBEREITUNG

Übertragen Sie die Vorlagen für die beiden Püppchen auf die Bügelgaze. Die Teile bügeln Sie dann auf den entsprechenden Stoffresten auf und schneiden Sie exakt zu. Aus dem Streifenstoff schneiden Sie ein 70 x 100 cm großes Rechteck, aus dem Karostoff zwei Taschen von jeweils 20 x 25 cm.

1

Die Stoffpüppchen aus den Einzelteilen zusammensetzen und auf die Taschenfronten bügeln. Mit Zickzackstich festnähen. Für das Haar werden Garnstücke aufgenäht, ein Spitzenrest wird als Kleidersaum appliziert. Blaue Knötchenstiche als Augen und einen roten Mund sticken.

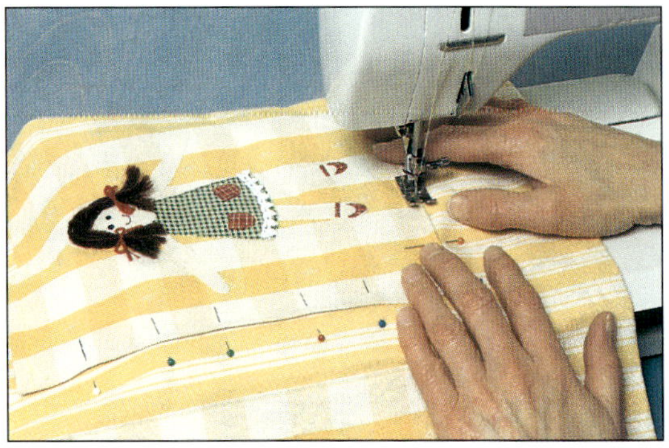

2

Eine Längskante des Streifenstoffs einsäumen, dann zur Hälfte zusammenlegen und bügeln. Auch die Oberkante der Taschen einsäumen, an den anderen drei Kanten die Nahtzugaben umbügeln. Die Taschen an der Vorderseite feststecken und -nähen.

3

Jetzt wird der Beutel an der Schmalseite und Unterkante zusammengenäht. An der Oberkante den Stoff 10 cm breit umschlagen und bügeln.

4

An den Seitennähten machen Sie außen 8 cm unterhalb der Bügelkante jeweils ein Knopfloch. Unter- und oberhalb des Knopflochs steppen Sie ringsum eine Naht ab. Die Kordel halbieren, durch die Knopflöcher einziehen und verknoten.

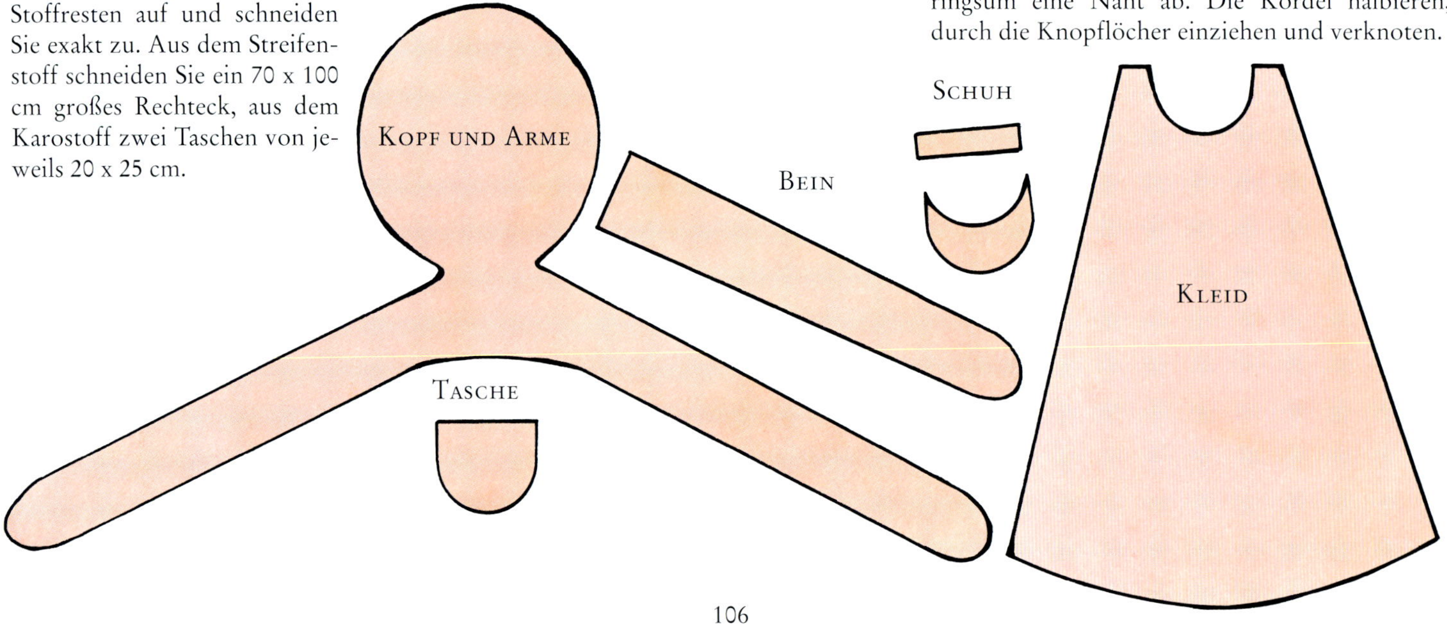

Patchwork-Kinderweste

Diese Weste ist aus Patchwork-Streifen angefertigt, für die Sie lange und schmale Stoffreste von vorausgegangenen Näharbeiten sinnvoll verwenden können. Falten Sie die Überbleibsel wie eine Ziehharmonika, und schneiden Sie sie auf diese Weise zu.

Sie benötigen:

gekauftes Westen-Schnittmuster

geblümte Stoffreste

Schneiderschere

Nähmaschine und passenden Faden

Bügeleisen

85 x 90 cm einfarbigen Stoff

Stecknadeln

Nähnadel

4 Knöpfe

Vorbereitung

Die angegebenen Stoffmaße beziehen sich auf eine Oberweite von 64 cm. Zunächst nähen Sie den Patchwork-Stoff aus fünf Streifen à 6 x 90 cm mit je 5 mm Nahtzugabe zusammen. Dann legen Sie die fertige Fläche doppelt und schneiden die beiden Vorderteile der Weste daraus zu. Hinzu kommen zwei Rückenteile, zwei Vorderteile und dafür zwei Einlagen aus einfarbigem Baumwollstoff.

1

Von rechts die Einlage an die Vorderteile nähen, diese an der Schulter mit dem Rückenteil verbinden. Ebenso die Futterteile zusammennähen und an der Weste feststecken. Beide Teile, bis auf die Seitennähte, an den Kanten entlang zusammennähen. Kanten versäubern und einschneiden.

2

Die Weste auf die rechte Seite wenden und bügeln. Stecken und nähen Sie dann Vorder- und Rückenteil an den Seiten zusammen. Dabei eine kleine Öffnung lassen. Die Nahtzugaben einschneiden und ausbügeln. Öffnung mit kleinen Stichen zunähen.

3

An der rechten Vorderkante fertigen Sie in gleichmäßigen Abständen fünf Knopflöcher an, links werden entsprechend die Knöpfe aufgenäht.

PATCHWORK-MÄDCHENROCK

Passend zur Weste ist auch dieser angereihte Rock aus Streifen-Patchwork angefertigt. Den unteren Abschluß bilden zwei zum Patchwork zusammengesetzte, verschieden gemusterte Streifen.

SIE BENÖTIGEN:

Schneiderschere

blumen- und streifengemusterte Stoffreste

Nähmaschine und passenden Faden

40 x 160 cm einfarbigen Futterstoff

Bügeleisen

Nähnadel

Stecknadeln

Gummiband

VORBEREITUNG

Die angegebenen Stoffmaße beziehen sich auf eine Taillenweite von 58 cm und eine Länge von 50 cm. Für den Patchwork-Stoff schneiden Sie 32 Streifen (6 x 40 cm) aus dem blumen- und streifengemusterten Stoff zu. Die Streifen mit 5 mm Nahtzugabe zusammennähen. Dann fertigen Sie einen gestreiften und einen gemusterten Stoffstreifen von jeweils 6 x 160 cm für den Saum an und nähen sie an einer Längskante zusammen. Rechts auf rechts nähen Sie den Rocksaum mit einer Längskante am Patchwork-Stoff, mit der anderen am Futterstoff für den Rock fest. Bügeln und nach rechts wenden. Für den Bund schneiden Sie ein 12 x 80 cm großes Stoffteil zu.

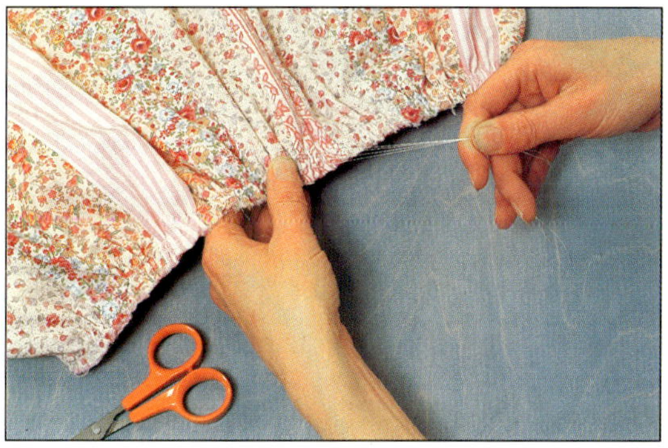

1

Nähen Sie zwei Heftstichreihen in 0,5 cm und 1,5 cm Abstand von der Oberkante des Rocks ab. Die Fäden anziehen, um den Rock auf die Länge des Taillenbundes zu bringen.

2

Den Bund links an die angereihte Oberkante des Rocks annähen. Die rechte Seite nach außen umbiegen und feststecken. Jetzt wird die zweite Kante von rechts unmittelbar unterhalb der vorigen Naht festgenäht. Eine kleine Öffnung lassen, das Gummiband einziehen und befestigen.

LOG-CABIN-DECKE

Das Log Cabin ist eine traditionelle Patchwork-Technik. Obwohl Sie beliebig viele Farben und Muster für das Motiv verwenden können, empfiehlt es sich doch, eine Auswahl zu treffen, um die Arbeit optisch zusammenzubinden.

SIE BENÖTIGEN:

Schneiderschere

20 x 90 cm blauen Feinkord

100 x 90 cm roten Feinkord

verschieden gemusterte Stoffreste in Rot- und Blautönen

200 x 250 cm einfarbigen blauen Stoff

Stecknadeln

Nähmaschine und passenden Faden

Bügeleisen

2 x 2,5 m rot geblümten Stoff für die Rückseite

VORBEREITUNG

Die fertige Decke ist 1,8 x 2,3 m groß und aus zwölf Blöcken mit blauen, sechs Blöcken mit roten Mittelquadraten und aus 17 einfarbig blauen Quadraten zusammengesetzt. Die Patchwork-Fläche ist mit drei Streifen ringsum eingefaßt. Schneiden Sie die zwölf blauen und sechs roten Mittelquadrate (10 x 10 cm) zu. Hinzu kommen 4 cm breite Streifen aus den gemusterten Stoffresten und einige aus dem blauen und roten Feinkord. Außerdem schneiden Sie 17 einfarbig blaue Quadrate mit 32 cm Seitenlänge zu. Für die Einfassung benötigen Sie vier gemusterte Stoffstreifen in rotem Grundton und vier aus blauem Feinkord, jeweils 8 cm breit. Die Patchwork-Blöcke werden von innen nach außen angefertigt.

1

Nähen Sie ein Mittelquadrat aus blauem Feinkord an einem rot gemusterten Stoffstreifen an, diesen auf die Quadratlänge zuschneiden, einen zweiten rot gemusterten Streifen über die gesamte Breite der anschließenden Kante aufnähen und wieder zuschneiden.

2

Auch den dritten Streifen auf diese Weise an der Linkskante annähen. Mit einem vierten rot gemusterten Streifen, den Sie an der Unterkante festnähen und wieder bündig abschneiden, vervollständigen Sie das Quadrat. Anschließend bügeln.

3

Auf diese Weise fügen Sie rings um die Mitte Streifen um Streifen hinzu. Auf den roten Rahmen folgen blau gemusterte Stoffstreifen, dann wieder rote, und den äußeren Abschluß des Blocks bildet ein Rahmen aus blauem Feinkord. Das Patchwork-Quadrat bügeln und auf 32 cm Seitenlänge zuschneiden. Auf diese Weise die zwölf Blöcke mit blauem und sechs mit rotem Mittelquadrat anfertigen; dabei immer in der Farbfolge abwechseln.

4

Nähen Sie nun drei Blöcke mit blauem Mittelquadrat in Fahnen mit einem einfarbig blauen Quadrat zusammen. Die Zweierblöcke verbinden Sie zur Reihe und nähen zum Schluß noch einen Patchwork-Block an, so daß vier Patchwork- durch drei einfarbig blaue Quadrate getrennt sind. Genauso nähen Sie noch zwei weitere blaue Reihen, dann folgen zwei Reihen mit drei roten Patchwork-Blöcken, die mit vier einfarbig blauen abwechseln. Die Reihen so zusammennähen, daß sich die Farben der Blöcke ablösen.

FERTIGSTELLEN

Rings um den Patchwork-Stoff nähen Sie nun die Einfassung an (siehe Grundtechniken, S. 20). Dann legen Sie den fertigen Oberstoff auf den Stoff für die Rückseite und heften die beiden Lagen von der Mitte aus zusammen. Steppen Sie die Patchwork-Blöcke an den Außenkanten entlang ab. Anschließend schneiden Sie den Futterstoff so zu, daß er ringsum etwa 13 cm übersteht. Falten Sie ihn nach vorn, biegen Sie die Schnittkanten nach innen um, und nähen Sie so die Außeneinfassung auf der Vorderseite an. Nach Wunsch an den Ecken schräge Kanten bilden (siehe Grundtechniken, S. 20).

PATCHWORK-TEEKANNEN- UND EIERWÄRMER

Dieses passende Frühstücks-Set ist aus Stoffstreifen mit verschiedenen Schottenmustern angefertigt. An den Patchwork-Nähten sind die Lagen gequiltet.

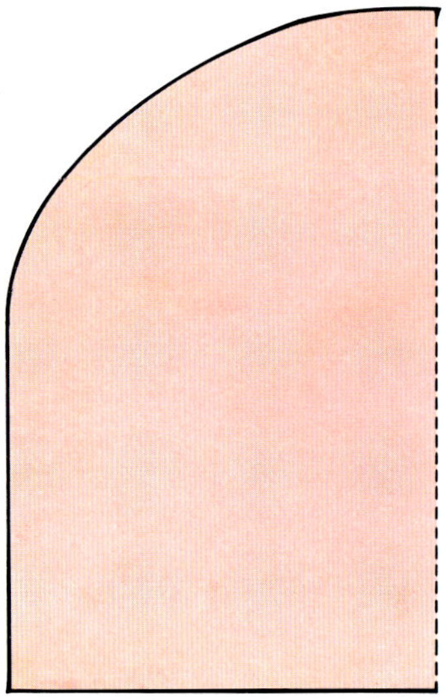

VORLAGEN 25%

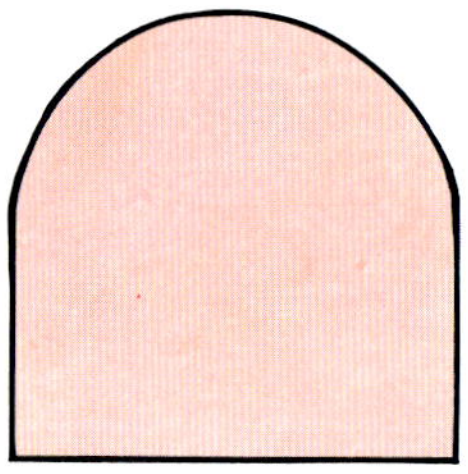

SIE BENÖTIGEN:

Schneiderpapier und Bleistift

Schneiderschere

51 x 90 cm Wattierung (Einlage)

Baumwollstoff-Reste mit verschiedenen Schottenmustern

Nähmaschine und passenden Faden

30 x 90 cm Futterstoff aus Baumwolle

Stecknadeln

12 cm kariertes Stoffband, 1 cm breit

VORBEREITUNG

Die angegebenen Stoffmengen sind für einen Teekannen- und zwei Eierwärmer berechnet. Vergrößern Sie die Vorlagen, und schneiden Sie damit zwei große und vier kleine Teile aus der Wattierung zu. Die Stoffreste schneiden Sie in 12 cm breite Streifen und nähen Sie mit 5 mm Nahtzugabe zum Patchwork zusammen. Dann werden vier kleine und zwei große Teile jeweils aus Patchwork- und Futterstoff angefertigt. Stecken Sie eine Patchwork-Oberseite auf die Wattierung, und steppen Sie sie an den Nähten entlang ab. Die Kanten versäubern und genauso die zweite Seite anfertigen. An der Spitze eines Teils eine Bandschlaufe annähen.

1

Rechts auf rechts stecken Sie nun die beiden Seiten zusammen und nähen sie an der gebogenen Kante entlang ab. Dann nähen Sie die Futterteile mit einer Öffnung an der Spitze zusammen.

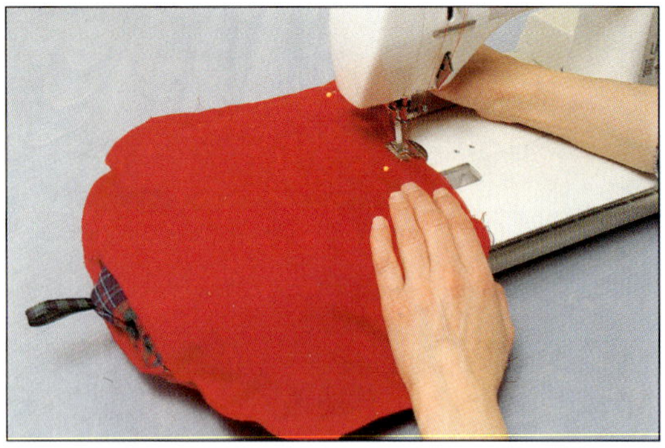

2

Den Wärmer rechts auf rechts in den Futterstoff stecken und das Futter entlang der Unterkante aufnähen. Auf die rechte Seite wenden und die Öffnung verschließen.

3

Den Futterstoff in den Wärmer stecken und dabei an der Außenseite einen Streifen stehenlassen. An der Naht entlang von außen festnähen.

SERVIETTE UND SERVIETTENRING

Mit applizierten Stoffresten und ein paar großen Holzknöpfen schaffen Sie aufeinander abgestimmt Accessoires für Ihren Mittagstisch. Denkbar wäre auch noch ein passendes Tischtuch.

SIE BENÖTIGEN:

Bügeleisen

Bügelgaze

blaue und blau-weiß gemusterte Stoffreste

Schneiderschere

Nähmaschine und passenden Faden

Leinen- oder Baumwoll-Serviette

Streifen aus Nesselresten

dunkelblaues Stickgarn

Nadel für Stickwolle

Nähnadel und passenden Faden

5 Holzknöpfe

VORBEREITUNG

Für die Serviette bügeln Sie zuerst die Gaze auf Ihren blau-weißen Stoffresten auf. Dann schneiden Sie aus diesen 6 cm große Quadrate zu. Schneiden Sie auch vier einfarbig blaue Stoffquadrate aus (6 x 6 cm), und nähen Sie diese rechts auf rechts entlang der beiden Außenkanten jeweils in die Ecken der Serviette. Dann schneiden Sie vier 6 cm breite Nesselstreifen in der Länge der Serviette zu. Anschließend die gemusterten Stoffquadrate darauf aufbügeln.

1

Über die Verbindungsnähte sticken Sie mit blauem Garn Ein- und Ausstiche (siehe Grundtechniken, S. 23). Rechts auf rechts nähen Sie die vier Streifen dann mit der Nähmaschine an den Außenkanten der Serviette fest. Auf die rechte Seite umbügeln.

2

Sticken Sie nun mit blauem Garn auch an der Innenkante entlang, und nähen Sie einen Knopf in jede Ecke. Den Serviettenring stellen Sie genauso aus zwei Patchwork-Streifen her. An einer Schmalkante nähen Sie ein Knopfloch, an der anderen wird ein Knopf angenäht.

Rüschenkissen mit Dresdener Motiv

Hauptmotiv dieses kleinen Kissens ist eine ringförmige Patchwork-Arbeit, mit der ein Dresdener Porzellan-Teller imitiert wird. Füllen Sie das Kissen mit getrockneten Kräutern oder Lavendel.

Sie benötigen:

100 x 90 cm Baumwoll-Nessel

Schneiderschere

Bleistift und Papier

dünnen Karton

Cutter

verschieden gemusterte Stoffreste in Blau, Violett und Weiß

Stickschere

Nähnadel und Heftfaden

31 x 31 cm Wattierung (Einlage)

blaß- und dunkelviolettes Stickgarn

Nadel für Stickwolle

2 m fliederfarbenes Band, 5 mm breit

Nähmaschine und passenden Faden

100 x 90 cm Musselin

getrocknete Kräuter oder Lavendel

Vorbereitung

Schneiden Sie ein 33 x 33 cm großes Stoffquadrat aus dem Nessel zu.

1

Fertigen Sie nach der Vorlage für das Motiv (S. 247) Papierschablonen für sämtliche Einzelformen an. Dann schneiden Sie aus den Stoffresten die benötigte Anzahl an Elementen mit jeweils 5 mm Nahtzugabe aus. Die Stoffstücke über die Papiersegmente heften, die Nahtzugaben umbiegen und sie mit Überwendlingstich zusammennähen (siehe Grundtechniken, S. 23). Heftfäden und Schablonen anschließend entfernen.

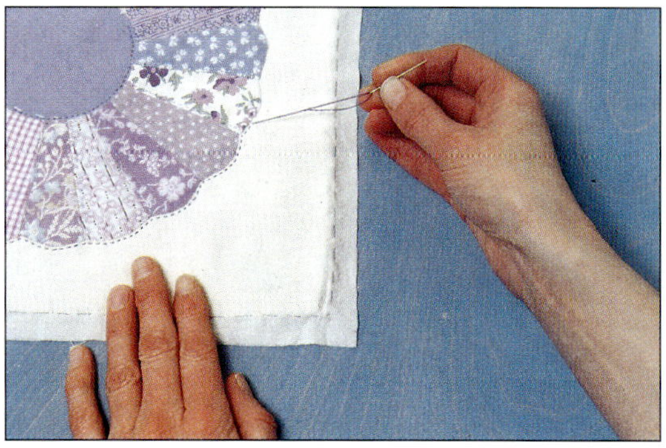

2

Das fertige Patchwork-Motiv plazieren Sie auf der rechten Seite in der Mitte des Nessel-Quadrats. Die Wattierung dazwischenlegen und alle drei Schichten zusammenheften. Dann wird das Motiv aufgestickt und mit Heftstichen in jeweils einem der Violett-Töne nachgestickt.

3

Stecken Sie das Band rings um die quadratische Kissenfläche fest, und nähen Sie es mit schräg ausgebildeten Ecken (siehe Grundtechniken, S. 25) an beiden Kanten entlang von oben auf.

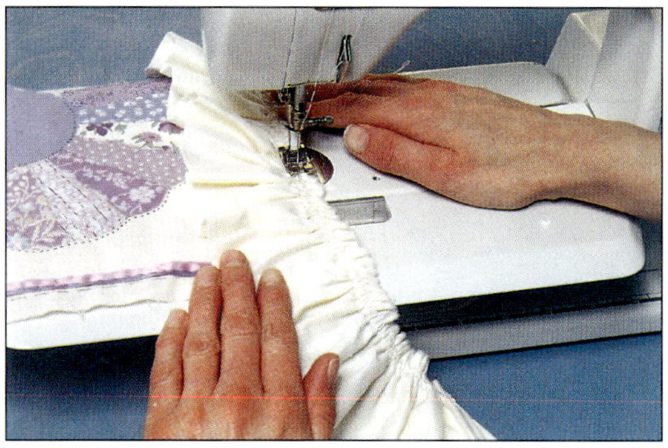

4

Jetzt schneiden Sie einen 13 x 300 cm langen, falls notwendig zusammengenähten Nesselstreifen zu und säumen eine Längskante ein. An der gegenüberliegenden Kante steppen Sie zwei parallele Nähte mit großen Stichen und ziehen an den Fäden, um die Rüsche einzureihen. Rechts auf rechts stecken und nähen Sie die Rüsche nun rings um den Kissenrand fest.

Fertigstellen

Für die Rückseite schneiden Sie zwei 33 x 18 cm große Nesselteile zu und nähen den Kissenbezug wie auf S. 25 beschrieben fertig. Dann werden zwei etwas kleinere Musselin-Quadrate angefertigt und an drei Seiten zusammengenäht. Mit Kräutern oder Lavendel füllen, die Öffnung zunähen und das Kräuterkissen in den Bezug stecken.

PATCHWORK-GESCHENKKARTEN

Kleine Patchwork-Motive wie dieser Stern können auch für selbst angefertigte Geschenkkarten verwendet werden.

SIE BENÖTIGEN:

Transparentpapier und Bleistift

Lineal

Bügelgaze

Bügeleisen

farblich abgestimmte Stoffreste

Schneiderschere

farbigen Karton

Metallic-Stift

VORBEREITUNG

Entwerfen Sie ein Motiv auf Papier, übertragen Sie es auf die Bügelgaze, und schneiden Sie die Einzelformen aus.

1

Die Einzelformen auf die Rückseite der Stoffreste bügeln. Ohne Nahtzugabe ausschneiden und auf dem Karton zusammensetzen.

2

Legen Sie ein sauberes Tuch darüber und bügeln Sie sie auf. Um das Motiv mit Metallic-Stift noch eine dekorative Linie ziehen.

FOTORAHMEN

Blau-weiß karierte Stoffe bilden einen frischen Rahmen für Ihr Lieblingsfoto. Applizieren Sie eine hübsche Blume in den Ecken.

SIE BENÖTIGEN:

2 dicke Kartonquadrate, 22 x 22 cm

Cutter

Reste von blau-weißem Streifen- und Karostoff

Schneiderschere

cremefarbene Stoffreste

Bügeleisen

Bügelgaze

Stoffreste für die Blumen

grünes und dunkelblaues Stickgarn

Nadel für Stickwolle

Stecknadeln

Nähnadel und passenden Faden

Stoffkleber

Doppelklebeband

VORBEREITUNG

Aus einem Kartonstück schneiden Sie in der Mitte ein quadratisches Fenster aus. Ringsum soll ein 5 cm breiter Rand stehenbleiben. Dann schneiden Sie vier Streifen (27 x 10 cm) aus dem Karostoff zu. Hinzu kommen vier cremefarbene Stoffquadrate von 7 cm Seitenlänge. Bügeln Sie deren Schnittkanten um, so daß eine Grundfläche von 5 x 5 cm entsteht. Auf der Rückseite der Stoffreste für die Blümchen Gaze aufbügeln und die Einzelformen ausschneiden.

1

Ziehen Sie das Papier von der Rückseite der Gaze ab, und bügeln Sie Blüten und Blätter jeweils wie abgebildet in eine Ecke der cremefarbenen Quadrate. Die Stiele werden mit grünem Garn gestickt. Nun schneiden Sie vier schmale Streifen aus dem streifengemusterten Stoff zu (27 cm lang) und bügeln die Längskanten um. Stecken und nähen Sie diese auf die Karostoff-Streifen auf.

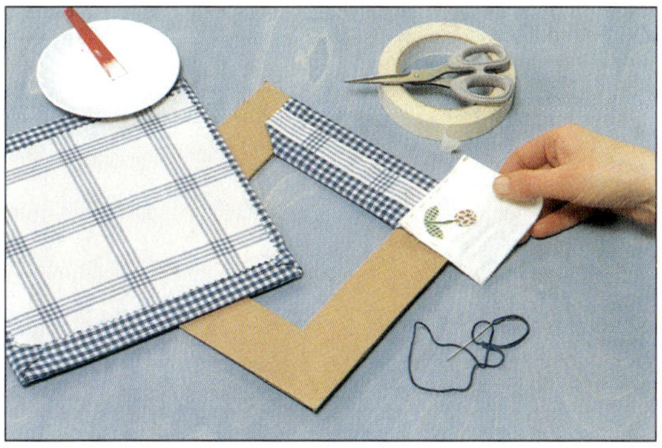

2

Legen Sie die Stoffstreifen über den Kartonrahmen, biegen Sie die Kanten nach hinten um, mit Doppelklebeband befestigen. In die Ecken werden die Quadrate mit den applizierten Blümchen geklebt. Dann sticken Sie große Ein- und Ausstiche (siehe Grundtechniken, S. 23) in Blau über die Innenkanten. Das Kartonquadrat für die Rückseite mit Stoff beziehen, die beiden Rahmenteile an Seiten- und Unterkante mit Schlingstichen zusammennähen, Foto von oben in den Rahmen schieben.

»Diamant-im-Quadrat«-Quilt

In Blockhaus-Technik (Log Cabin) wird für diesen Quilt ein Mittelquadrat mit vier Dreiecken zusammengesetzt. Der Überwurf ist mit einer dekorativen Sägezahn-Borte eingefaßt.

Sie benötigen:

verschieden gemusterte Baumwollstoffe in Rot- und Blautönen

Schneiderschere

300 x 90 cm einfarbig roten Baumwollstoff

450 x 115 cm einfarbig blauen Baumwollstoff

Stecknadeln

Nähmaschine und passenden Faden

Bügeleisen

9 m blaues Band, 2 cm breit

Nähnadel und Heftfaden

Vorbereitung

Endmaße des Wandbehangs: 2 x 2,5 m. Aus den bedruckten Stoffen werden 93 rote und 94 blaue Quadrate ausgeschnitten (15 x 15 cm). Schneiden Sie 8 cm breite, rot und blau gemusterte Streifen zu, die Sie für die Blöcke benötigen. Fertigen Sie einen einfarbig blauen Streifen für die Einfassung an (8 m x 8 cm). Für die Sägezahn-Borte brauchen Sie einen roten Stoffstreifen (9 m x 20 cm), den Sie längs zur Hälfte aufeinanderbügeln. An der Oberkante bügeln Sie einen 5 mm breiten Saum um; dann markieren Sie im Abstand von jeweils 7 cm einen Punkt 4,5 cm unterhalb vom Falz, den nächsten 3 cm unterhalb der Oberkante. Nähen Sie von Punkt zu Punkt eine Zickzacklinie ab. Anschließend werden an der Falzkante und dicht an der Naht entlang Dreiecke ausgeschnitten. Schneiden Sie in die Ecken, wenden Sie die Borte nach rechts, und bügeln Sie sie.

1

Nähen Sie drei Stoffquadrate zur Reihe und dann drei Reihen zum Neunerblock zusammen. Ringsum einen blauen Streifen als Rahmen aufnähen und noch vier rote Streifen ringsum hinzufügen. Nähen Sie nun zwei Reihen aus je fünf Quadraten zusammen und diese an zwei Seiten des Mittelblocks fest. Nähen Sie zwei weitere Reihen aus je sieben Quadraten. An diese Reihe werden nun auf den gegenüberliegenden Seiten je sieben und neun Quadrate angesetzt. Dann stecken und nähen Sie einen roten Streifen als Einfassung um den fertigen Mittelblock fest. Nähen Sie noch zwei weitere, identische Blöcke.

2

Nun bügeln Sie die beiden gleichen Patchwork-Blöcke diagonal zum Dreieck. An der Falzkante durchschneiden. Auf diese Weise entstehen vier Dreiecke. Sie werden an den Seiten des Mittelquadrats festgesteckt und -genäht, wodurch ein neues Quadrat entsteht. Nähen Sie zwei Reihen aus jeweils 14 Einzelquadraten, und setzen Sie diese an beiden gegenüberliegenden Seiten an.

3

Das blaue Band an beiden Kanten entlang etwas oberhalb der Zacken auf die Borte nähen.

Fertigstellen

Rechts auf rechts nähen Sie den blauen Streifen als Einfassung um die fertige Patchwork-Fläche (siehe Grundtechniken, S. 20). Aus dem einfarbig blauen Stoff wird die Rückseite passend zugeschnitten und das Patchwork darübergelegt. Heften Sie nun von der Mitte aus die Lagen zusammen; dann nähen Sie den Quilt ringsum mit der Nähmaschine zusammen. Die Sägezahn-Borte wird an der Rückseite aufgenäht, nach vorn umgeklappt und auf der Vorderseite nochmals festgenäht.

»Kirschkorb«-Kissenbezug

Das Kirschkorb-Motiv ist ein traditionelles Patchwork-Muster. Mit einfarbigen Stoffen wirkt es besonders eindrucksvoll, aber auch hübsche, gemusterte Materialien ergeben ein reizvolles Bild.

Sie benötigen:

Papier und Bleistift

dünnen Karton

Cutter

Baumwollstoff-Reste in Rot und Weiß

Schneiderschere

38 x 90 cm Baumwoll-Popeline

38 x 38 cm Wattierung (Einlage)

Nähnadel und Heftfaden

Stecknadeln

Nähnadel und passenden Faden

25 x 25 cm Bügelvlieseline

Bügeleisen

Futterstoff

Nähmaschine und passenden Faden

quadratisches Kissen

Vorbereitung

Vergrößern Sie das Dreieck auf S. 248, und fertigen Sie 18 Kartonschablonen an. Damit schneiden Sie dann mit je 5 mm Nahtzugabe zwölf Dreiecke aus rotem und sechs aus weißem Stoff zu. Aus Baumwoll-Popeline werden zwei 38 x 38 cm große Quadrate zugeschnitten. Auf die Rückseite eines Quadrats heften Sie die Einlage.

1

Die Stoffdreiecke paarweise zusammennähen. Zuerst verbinden Sie zwölf Dreiecke zu Quadraten, dann nähen Sie mit vier weiteren Dreiecken den Korb zu einer großen Dreiecksform zusammen.

2

Stecken Sie den Korb auf das wattierte Popeline-Teil, biegen Sie die Nahtzugaben nach innen, und nähen Sie das Motiv ringsum mit Schlingstichen fest. Zum Schluß werden noch die beiden übrigen roten Dreiecke für den Korbboden aufgenäht.

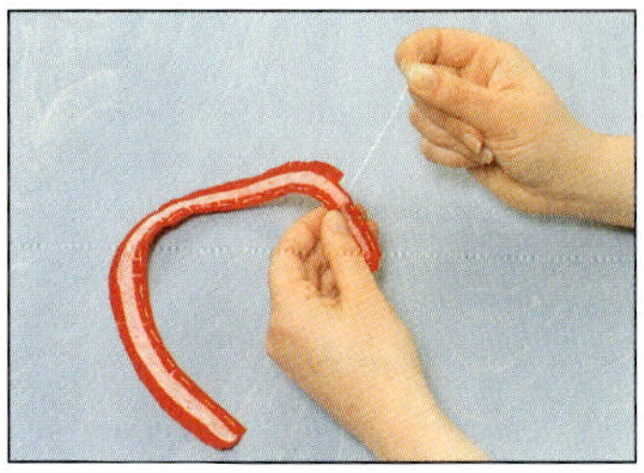

3

Zeichnen Sie nun einen Halbkreis mit einem Durchmesser von 25 cm auf die Bügelvlieseline, und schneiden Sie daraus einen 1 cm breiten Streifen zu. Bügeln Sie die Form auf einem Rest des roten Baumwollstoffs auf, und schneiden Sie sie mit 5 mm Nahtzugabe aus dem Stoff aus. Die Nahtzugaben umbiegen und als Henkel oben am Korb aufnähen.

Fertigstellen

Die einzelnen Dreiecke und der Korbhenkel werden von Hand abgesteppt. Dann nähen Sie den Kissenbezug fertig (siehe Grundtechniken, S. 25). Das Kissen in den Bezug stecken.

NADELKISSEN AUS SECHSECKEN

Ein klein gemustertes Nadelkissen in klassischem Dunkelblau und Weiß, das durch seine ungewöhnliche Form zum »Schmuckstück« wird.

SIE BENÖTIGEN:

einfarbig dunkelblaue und weiß bedruckte Stoffreste

Transparentpapier und Bleistift

dünnen Karton

Cutter

Stecknadeln

Nähnadel und Heftfaden

passenden Nähfaden

Füllwatte

VORBEREITUNG

Vergrößern und übertragen Sie das Sechseck von der Vorlage auf Karton. Fertigen Sie damit 14 Sechsecke aus Papier an. Aus dem Stoff werden zwei einfarbig dunkelblaue und jeweils vier weitere Sechsecke aus drei verschieden gemusterten Resten zugeschnitten. Stecken und heften Sie die Einzelteile auf die Sechsecke aus Papier.

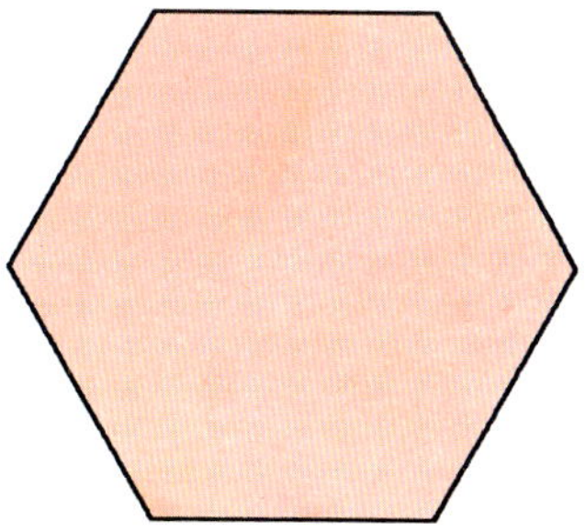

50%

1

Setzen Sie die Sechsecke so zusammen, daß sechs davon um ein einfarbig dunkelblaues gruppiert sind. Die Patchwork-Teile sauber zusammennähen und auf diese Weise zwei gleiche Nadelkissen-Hälften anfertigen.

2

Rechts auf rechts stecken und heften Sie nun die beiden Teile zusammen. Das Kissen an den Außenkanten mit Schlingstich zusammennähen und dabei eine kleine Öffnung lassen. Papier-Sechsecke entfernen, wenden, mit der Watte füllen und die Öffnung verschließen.

BABY-SCHÜHCHEN MIT CRAZY PATCHWORK

Diese kleinen Schuhe haben ein Oberteil aus winzigem Crazy Patchwork. Das Futter aus Karostoff und ein Gummiband als Verschluß sorgen für Wärme und Bequemlichkeit.

SIE BENÖTIGEN:

Papier und Bleistift

Papierschere

20 x 90 cm kräftigen Baumwollstoff in Blau

20 x 90 cm Karostoff

Schneiderschere

einen Rest Vlieseinlage

ausgewählte blaue Stoffreste

Stecknadeln

Nähnadel und Heftfaden

Nähmaschine und passenden Faden

Gummiband

50 cm Schrägstreifen

VORBEREITUNG

Vergrößern Sie die Schnittmuster unten und auf S. 248. Aus dem Baumwollstoff schneiden Sie zwei Oberteile, zwei Sohlen und zwei Vorder- bzw. Seitenteile zu. Hinzu kommen zwei Sohlen und vier Futterteile aus Karostoff sowie zwei Vliesstücke für die Sohlen.

1

Die blauen Stoffreste schneiden Sie in kleine Stückchen, biegen Sie an den Kanten um und heften Sie auf die Oberteile. Mit Zickzackstich aufnähen.

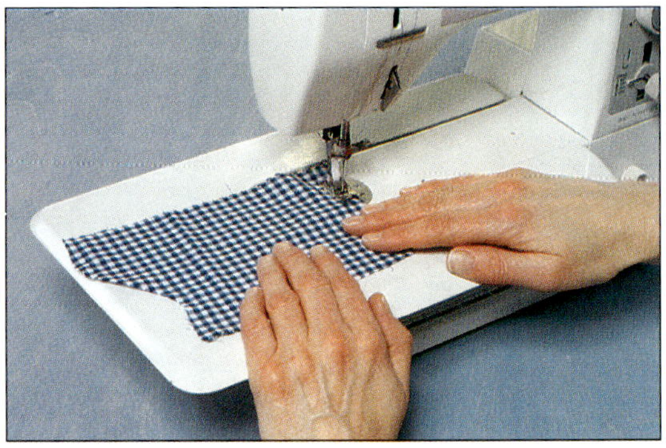

2

Jetzt nähen Sie je zwei Futterstoffteile an der hinteren Seite zusammen.

3

Rechts auf rechts werden dann die Patchwork-Oberteile in die Seitenteile eingesetzt. Stecken Sie das Gummiband an der Oberkante entlang fest. Festnähen und die Naht an der Rückseite schließen. Rechts auf rechts nähen Sie nun den Futterstoff an der Oberkante entlang fest. Die Nahtzugaben einschneiden.

4

Das fertige Schuhoberteil mit dem Futter nach außen wenden. Dann die Einlage zwischen die beiden Stoffteile für die Sohlen legen. Durch alle drei Lagen hindurch abheften und an der Innenseite des Oberschuhs feststecken und -nähen. Die Naht mit einem Schrägstreifen versäubern.

FUTTER 50%

VORDER- UND SEITENTEIL 50%

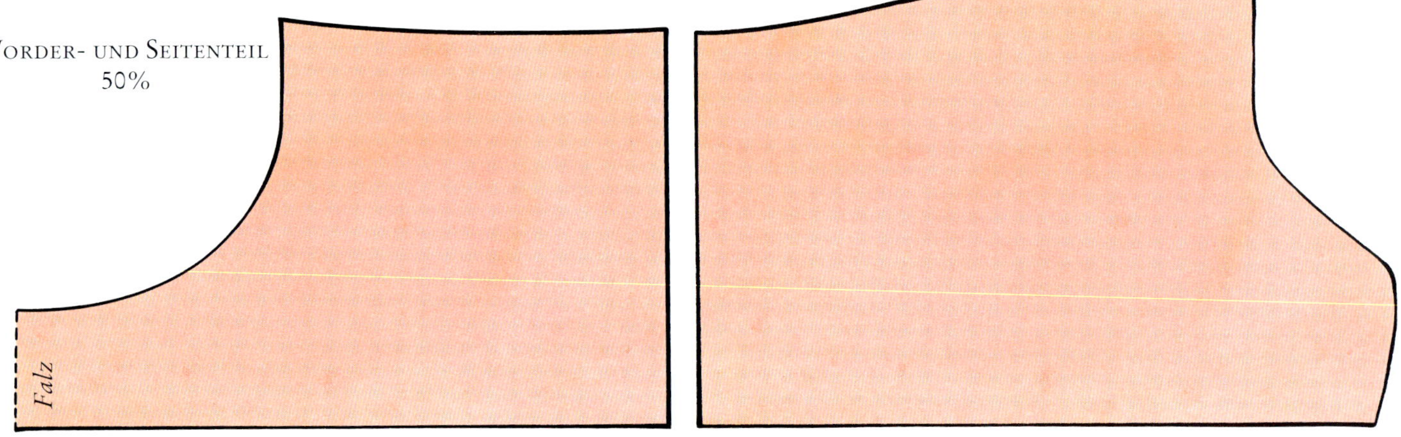

KLEINE QUILT-DECKE

Ein farbenfroher Quilt, der für ein Puppenbett paßt, aber auch groß genug für ein Baby-Körbchen oder eine Wiege ist. Außerdem erfahren Sie, wie man die Applikationsteile geschickt zusammenfügt, ohne daß sie verrutschen.

SIE BENÖTIGEN:

50 x 90 cm Stoff für die Einfassung in kontrastierender Farbe

Schneiderschere

Nähmaschine und passenden Faden

50 x 65 cm Grundstoff für die Applikation

Papier und Bleistift

dünnen Karton

Papierschere

ausgewählte Stoffreste

Bügelvlieseline

Seidenpapier

Bügeleisen

Nähnadel und Heftfaden

50 x 50 cm grünen Baumwollstoff (oder etwa 3 m fertigen Schrägstreifen)

passenden Nähfaden

50 x 65 cm Wattierung (Einlage)

50 x 65 cm Stoff für die Rückseite

VORBEREITUNG

Schneiden Sie für die Einfassung des Quilts zwei 50 cm lange und zwei 90 cm lange Stoffstreifen (13 cm breit). Die Streifen nähen Sie am Grundstoff fest (siehe Grundtechniken, S. 20). Von den entsprechend vergrößerten Motiven fertigen Sie Kartonschablonen an. Dann die die Formen mehrfach aus den verschiedenen Stoffresten zuschneiden.

1

Legen Sie die aus den einzelnen Stoffteilen zusammengesetzten Vögel auf die Bügelvlieseline, breiten Sie Seidenpapier darüber, und bügeln Sie es auf. So werden die Teile zusammengehalten. Alle Vögel so vorbereiten, dann ausschneiden.

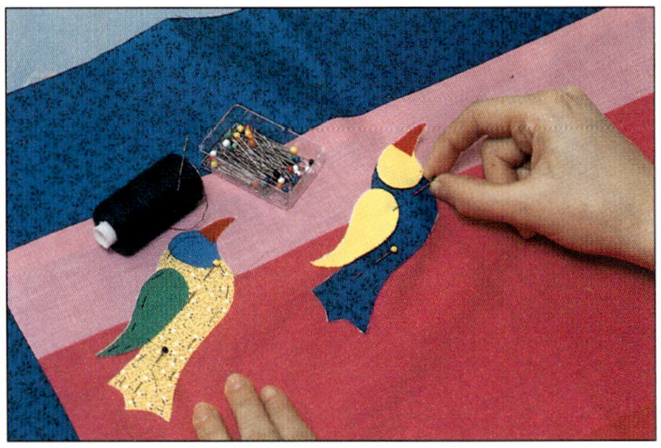

2

Die Vögel in Reihen auf dem Quilt auslegen und feststecken. Heften Sie die Einzelteile, und nähen Sie sie jeweils mit kleinem Zickzackstich auf.

3

Aus dem grünen Baumwollstoff schneiden Sie einen 2 cm breiten Schrägstreifen zu. Bügeln Sie die Kanten von beiden Seiten nach innen, und nähen Sie dann am Falz entlang. Knapp an der Nahtlinie den Rand abschneiden.

4

Die Nähte wieder umbügeln, so daß sie verdeckt sind, und den Streifen verschlungen um die Vögel herum auslegen. Feststecken und mit Schlingstichen an beiden Kanten entlang aufnähen.

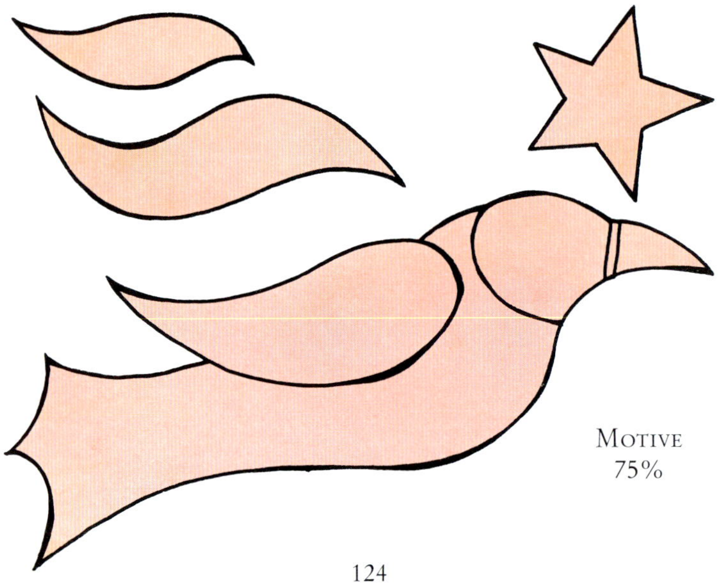

MOTIVE 75%

FERTIGSTELLEN

An den Ästen werden die Bätter appliziert, und in größere Lücken setzen Sie noch die Sterne. Heften Sie die Einlage unter das Quiltteil. Dann heften Sie den Rückseitenstoff links auf links mit der Oberseite zusammen. Die Vögel mit kleinen Stichen verzieren und den Quilt fertigstellen (siehe Grundtechniken, S. 25).

KINDERKISSEN MIT APPLIKATION

Auf dieses kleine Kissen sind naive Vogel- und Sternmotive appliziert. Das Mittelfeld ist mit Karo- und Streifenstoff doppelt gerahmt.

SIE BENÖTIGEN:

Papier und Bleistift

Bügelvlieseline

ausgewählte Stoffreste

Bügeleisen

Schneiderschere

46 x 90 cm Baumwollnessel

Nähmaschine und passenden Faden

blaues und braunes Stickgarn

Nadel für Stickwolle

kleinen Knopf (nach Wunsch)

Reste von blau kariertem Stoff

Reste von blau gestreiftem Stoff

45 x 45 cm großes Kissen

Nähnadel und passenden Faden

VORBEREITUNG

Übertragen Sie die Applikationsmotive von S. 248 auf die Vlieseline. Bügeln Sie diese auf den Stoffresten auf, und schneiden Sie die Formen aus. Aus dem Nessel schneiden Sie zwei Quadrate mit 26 cm und 46 cm Seitenlänge zu. Dann nähen Sie die Motive mit Zickzackstich auf dem kleinen Stoffquadrat auf. Verzieren Sie sie mit Stickstichen, und nähen Sie nach Wunsch den Knopf auf. Anschließend vier Streifen aus dem Karostoff (6 x 36 cm) und vier aus dem gestreiften Stoff (6 x 46 cm) zuschneiden.

1

Rechts auf rechts nähen Sie jetzt die Einfassung aus Karostoff. Nähen Sie schräge Kanten an den Ecken.

2

Stecken und nähen Sie die Streifen für die Einfassung rings um das applizierte Quadrat fest. Genauso fertigen Sie die Einfassung aus dem gestreiften Stoff an und nähen sie an der karierten fest. Die Ecken einschneiden und das Vorderteil bügeln.

FERTIGSTELLEN

Rechts auf rechts nähen Sie dann die beiden Stoffquadrate zusammen, lassen dabei aber eine kleine Öffnung. Die Ecken einschneiden und bügeln. Nach rechts wenden, das Kissen in den Bezug stecken und die Öffnung mit Schlingstichen zunähen.

Patchwork-Würfel

Eine ideale Aufgabe für Patchwork-Anfänger ist dieser Spielzeug-Würfel. Experimentieren Sie mit Variationen im Muster für jede Seite des Würfels.

Sie benötigen:

5 Stoffstreifen in verschiedenen Farben, je 7 x 91 cm

Schneiderschere

Stecknadeln

Nähmaschine und passenden Faden

Füllwatte

Nähnadel und passenden Faden

Vorbereitung

Schneiden Sie jeden Streifen in 13 Quadrate (7 x 7 cm). Setzen Sie daraus sechs quadratische Blöcke für die Seiten des Würfels zusammen. Orientieren Sie sich an der Abbildung, und schneiden Sie die Stoffquadrate auch in Dreiecke oder Rechtecke. Wenn Sie wollen, können Sie jede Seite des Würfels in einem anderen Patchwork-Muster gestalten.

1

Nähen Sie die Quadrate zu Fahnen (siehe Grundtechniken, S. 20), dann stecken und nähen Sie sie zu sechs Patchwork-Blöcken zusammen. Rechts auf rechts stecken und nähen Sie anschließend die vier Würfelseiten an einem Mittelblock fest. Die Oberseite des Würfels nähen Sie an einem Seitenquadrat an.

2

Dann nähen Sie die Seitenteile paarweise zusammen und lassen bei der letzten Naht eine schmale Öffnung. Den Bezug wenden, mit Watte füllen und die Öffnung mit Schlingstichen verschließen. Eine schmale Stoffschlaufe anfertigen und an einer Ecke annähen.

Sitzkissen mit Eichenblättern

Ein appliziertes Patchwork-Kissen in kräftigen, kontrastierenden Farben. Die Blätter sind ringsum mit Stepplinien gequiltet, so daß sie sich plastisch vom Grundstoff abheben.

Sie benötigen:

Lineal und Bleistift

dünnen Karton

Cutter

30 x 90 cm roten Baumwollstoff

46 x 90 cm weißen Baumwollstoff

Schneiderschere

Trickmarker

Stecknadeln

Nähnadel und Faden

rotes Stickgarn

Nadel für Stickwolle

Nähmaschine und passenden Faden

Füllwatte

Vorbereitung

Fertigen Sie eine 15 x 15 cm große Kartonschablone an, und schneiden Sie damit fünf rote und vier weiße Stoffquadrate zu. Dann zeichnen Sie freihändig ein Eichenblatt auf Karton und schneiden es aus.

1

Übertragen Sie den Umriß des Blattes mit 5 mm Nahtzugabe ringsum auf Reste des roten Stoffs. Das Eichenblatt an der gezeichneten Linie entlang ausschneiden, an den Rundungen einschneiden und die Kanten nach innen biegen.

2

Anschließend heften Sie die Blätter wie gezeigt jeweils auf ein weißes Stoffquadrat. Sie werden mit rotem Stickgarn aufappliziert.

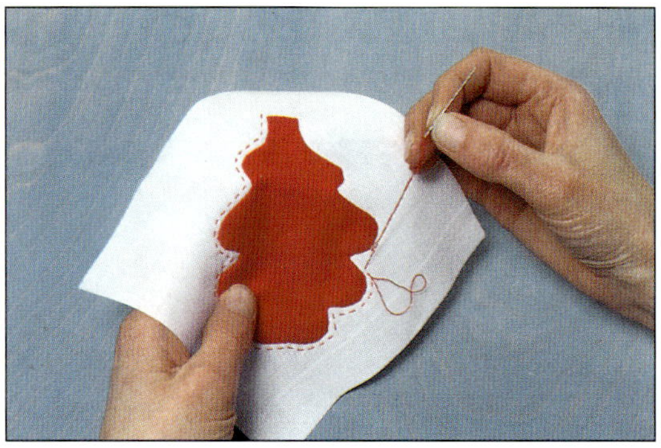

3

Rings um das Blatt sticken Sie mehrfach rote Heftstichlinien.

Fertigstellen

Die Quadrate nähen Sie nach der Fahnenmethode (siehe Grundtechniken, S. 20) zum Neunerblock zusammen. Aus je 4 cm breiten weißen Stoffstreifen nähen Sie dann zwei Stoffbänder. Sie werden rechts auf rechts gefaltet, genäht und gewendet. Das offene Ende vernähen. Für die Rückseite schneiden Sie zwei 42 x 28 cm große Teile und nähen damit den Bezug fertig (siehe Grundtechniken, S. 25). Die Bänder werden an den rückseitigen Ecken des Bezugs festgenäht. Das Kissen mit der Watte füllen.

POTPOURRI-HERZEN

Diese duftenden Patchwork-Herzen sind mit getrockneten Blüten gefüllt.

SIE BENÖTIGEN:

Papier und Bleistift

dünnen Karton

Cutter

verschiedene Stoffreste

Schneiderschere

Stecknadeln

Nähmaschine und passenden Faden

15 x 15 cm Stoff für die Rückseite

Bügeleisen

Potpourri

ein Stück Band

Hemdenknöpfe

VORBEREITUNG

Vergrößern Sie das Herz von der Vorlage, und schneiden Sie es aus Karton aus. Dann schneiden Sie aus Ihren Stoffresten zwölf Quadrate mit 5 cm Seitenlänge zu.

33,33%

FERTIGSTELLEN

Schneiden Sie die Nahtzugaben an den Rundungen ein, bügeln Sie das Stoffherz, und wenden Sie es auf die rechte Seite. Mit Potpourri füllen und die Öffnung zunähen. An der Vorderseite mit aufgenähten Hemdenknöpfen verzieren.

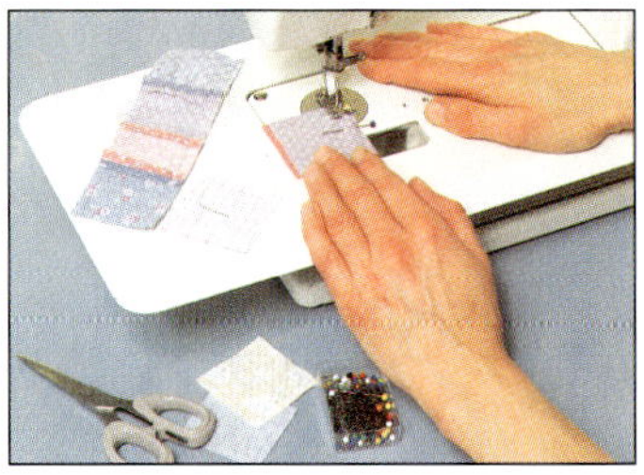

1

Die Stoffquadrate nähen Sie mit einer jeweils 5 mm breiten Naht zu Fahnen zusammen (siehe Grundtechniken, S. 20). Daraus wird ein Block mit drei Reihen zu vier Quadraten genäht.

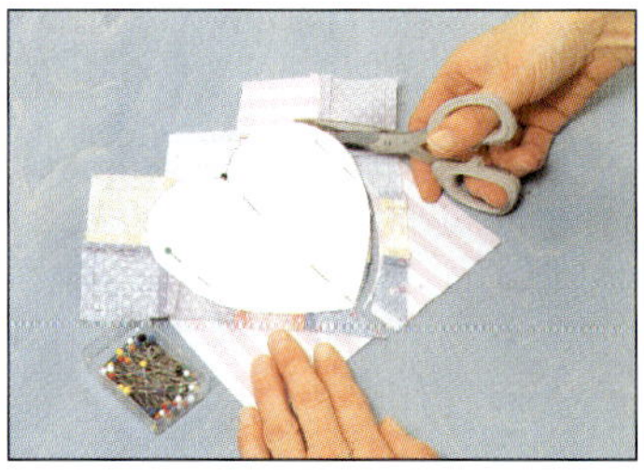

2

Stecken Sie Ihre Herzschablone auf den Patchwork-Stoff, und schneiden Sie die Form aus. Ein zweites Herz aus dem Stoff für die Rückseite ausschneiden.

3

Rechts auf rechts werden jetzt die beiden Stoffteile zusammengenäht. An einer Seite dabei eine kleine Öffnung lassen und oben eine Bandschlaufe mitnähen.

Potpourri-Fächer

Eine Variante des Potpourri-Säckchens in Fächerform.

Sie benötigen:

Papier und Bleistift

dünnen Karton

Cutter

5 x 5 cm weißen Filz

Schneiderschere

15 x 15 cm Stoff für die Rückseite

verschiedene Stoffreste

Stecknadeln

Nähnadel und passenden Faden

farbigen Nähfaden

Nähmaschine und passenden Faden

Bügeleisen

Potpourri

ein Stück Band

Vorbereitung

Fertigen Sie nach der Vorlage die Kartonschablone für den Fächer an. Schneiden Sie mit dieser Form den Stoff für die Rückseite, plus 5 mm Nahtzugabe, zu. Nun trennen Sie von der Schablone die angezeichnete Spitze ab. Dieses Teil schneiden Sie aus dem Filz mit 5 mm Zugabe aus. Die Fächersegmente aus Papier ausschneiden, dann mit 5 mm Zugabe aus den Stoffresten.

50%

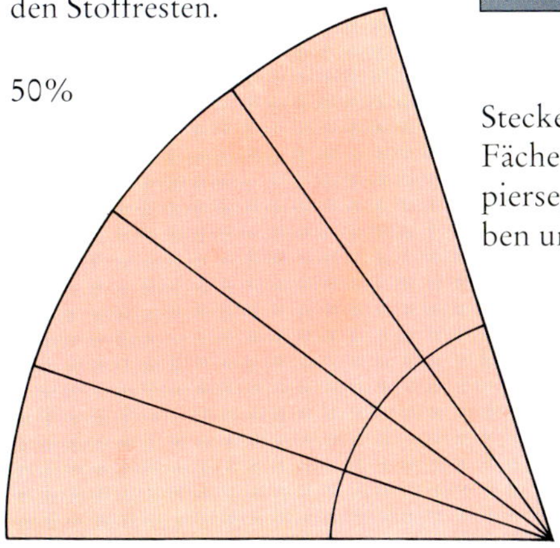

1

Stecken Sie die Stoffteile für den Fächer auf die jeweiligen Papiersegmente. Die Nahtzugaben umbiegen und abheften.

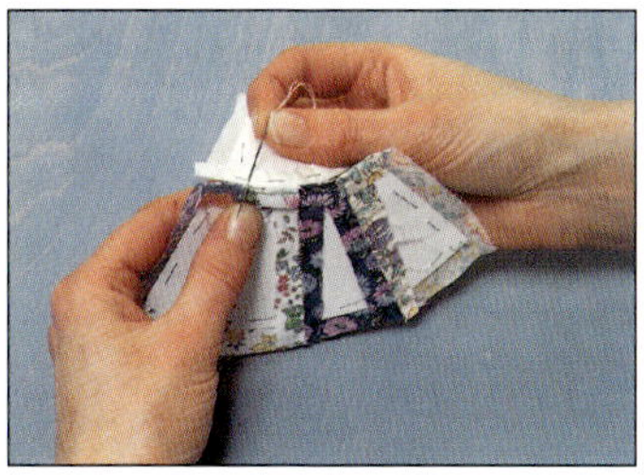

2

Dann nähen Sie die Einzelelemente des Fächers mit Überwendlingstich zusammen (siehe Grundtechniken, S. 20 und 23). Mittig legen Sie anschließend das Filzstück auf der Rückseite des Patchwork-Stoffs auf und heften es fest. An der Vorderseite nähen Sie um die einzelnen Fächersegmente farbige Heftstichlinien.

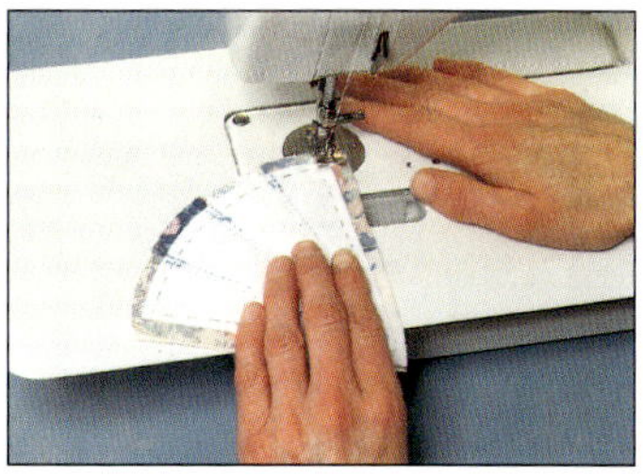

3

Das Patchwork-Teil mit dem Rückseitenstoff rechts auf rechts zusammennähen. Dabei eine kleine Öffnung lassen.

Fertigstellen

An Rundung und Ecken die Nahtzugaben einschneiden und den Stoff wenden. Mit Potpourri füllen, die Öffnung mit Schlingstichen verschließen.

PUPPENWESTE MIT ROSETTEN

Diese hübschen, angereihten Stoff-Rosetten werden auch als Bonbons oder Jo-Jos bezeichnet. Sie sind kreisförmig, ähnlich wie beim Patchwork, zusammengesetzt.

SIE BENÖTIGEN:

Papier und Bleistift

50 x 90 cm dunklen, gemusterten Baumwollstoff

Zirkel

dünnen Karton

Cutter

Baumwollstoff-Reste in Pastelltönen, gemustert und einfarbig

Nähnadel und passenden Faden

Nähmaschine und passenden Faden

Zackenschere

Nähnadel und Heftfaden

Bügeleisen

Stecknadeln

3 Knöpfe

passendes Stickgarn

Nadel für Stickwolle

VORBEREITUNG

Die angegebenen Maße beziehen sich auf eine Oberweite von 51 cm. Vergrößern Sie das Schnittmuster auf S. 248, und geben Sie ringsum 1 cm für die Nahtzugabe hinzu. Schneiden Sie dann zwei Stoffteile für den Rücken und vier Vorderteile aus dem gemusterten Stoff zu. Aus dem Karton fertigen Sie eine Kreisschablone mit 8 cm Durchmesser an. Mit der Zackenschere schneiden Sie danach 14 Kreise aus den Stoffresten aus.

1

An jedem Kreis biegen Sie einen schmalen Saum um und nähen an der Kante entlang eine Heftstichlinie.

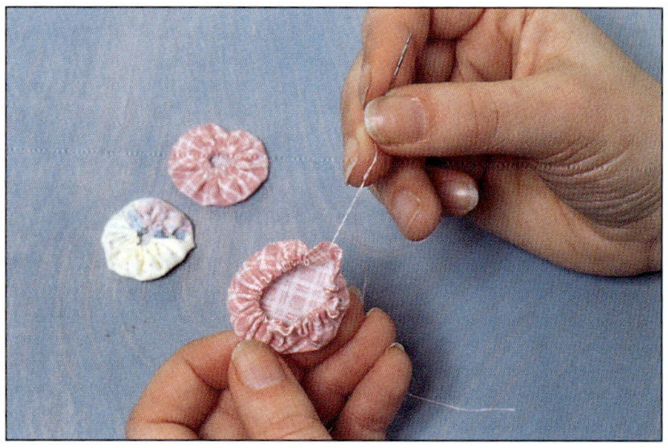

2

Ziehen Sie dann den Faden fest an, so daß der Stoff angereiht und zusammengezogen wird. Das Fadenende gut vernähen. Auf diese Weise sämtliche Rosetten anfertigen.

3

Jeweils sieben Rosetten nähen Sie mit Überwendlingstichen zur Kreisfläche zusammen.

4

Nähen Sie nun ein linkes und rechtes Vorderteil der Weste an der Schulternaht mit einem Rückenteil zusammen. Genauso verbinden Sie die Stoffteile für das Futter. Die Nähte ausbügeln. Dann stecken Sie rechts auf rechts, wieder beginnend an der Schulternaht, Außen- und Innenweste aufeinander. Nähen Sie die beiden Teile mit Ausnahme der Seitennähte an den Außenkanten entlang zusammen. Die Nähte versäubern und einschneiden. Wenden Sie die Weste auf die rechte Seite. Bügeln und anschließend an den Seiten zusammenstecken. Äußere Seitennähte schließen und dann die Futternähte von Hand zusammennähen. Drei Knopflöcher machen und die Knöpfe annähen.

5

Stecken und heften Sie nun die Rosetten auf die Vorderteile. Sie werden rundum mit Stickgarn und Knopflochstich eingefaßt (siehe Grundtechniken, S. 23) und so am Oberstoff befestigt.

Ethno-Muster

In vielen Ländern und Kulturen wurden Patchworks, Quilts und Applikationsarbeiten angefertigt. Die Techniken und Muster unterscheiden sich jedoch oftmals sehr deutlich von denjenigen westlicher Tradition. Im folgenden Kapitel ist ein breites Spektrum an Möglichkeiten zusammengestellt: vom komplizierten geometrischen Patchwork der Seminolen Nordamerikas, von den gefalteten hawaiischen Applikationsarbeiten und bengalischen Kantha-Quilts bis hin zur San-Blas-Reverse-Applikation und den kleinteiligen Applikationen der Hmong in Vietnam und Thailand.

EINFÜHRUNG

OBEN: Eine moderne Umsetzung des traditionellen japanischen Kimonos. Die mit glänzenden Fäden applizierten Motive wirken kostbar und doch schlicht.

UNTEN: Dieser herrliche moderne Quilt zeigt kraftvolle Formen und intensive Farben – auf der Grundlage tibetanischer Arbeiten.

In den letzten 30 Jahren hat das Interesse an der Kunst und dem Stil fremder Volksgruppen und Völker enorm zugenommen. Abenteurer, die von der Schönheit und Qualität des dortigen Kunsthandwerks fasziniert waren, brachten von ihren Reisen attraktive Gegenstände als Souvenirs mit nach Hause. Deren Wert lag nicht nur in ihrer fremdartigen Ausstrahlung, sondern auch darin, daß die Arbeiten tief in der lokalen Tradition und Kultur dieser Volksgruppen verwurzelt sind. Ihr Stil hat den Wandel der Zeit mehr oder weniger unbeschadet überstanden, während westliches Design den wechselnden Launen der Mode unterworfen ist. Die textilen Muster verschiedener Volks- und Stammesgruppen haben ihren Ursprung häufig in der Mythologie oder einem alten Volksglauben. Aufgestickt oder appliziert, werden die Motive nicht selten als mächtige Symbole verstanden, die dem Träger des Kleidungsstücks Glück bringen sollen. So haben kleine Spiegel, Quasten, Münzen und Metallstücke beispielsweise die Funktion, böse Geister abzulenken und zu vertreiben.

Das Interesse an genuinen Textilien ist kein neues Phänomen, und zahlreichen Techniken und Stilentwicklungen der westlichen Welt liegen Ideen zugrunde, die durch den Handel nach Europa gelangten und dort den jeweiligen Bedürfnissen und Geschmacksrichtungen angepaßt wurden. Ein Beispiel dafür sind die gerippten Quilts, deren Ursprung man im Nahen Osten vermutet und die über die damaligen Handelsrouten nach Europa gelangten.

Umgekehrt wurde aber auch das einheimische Handwerk von westlichen Innovationen inspiriert. Beispiele für diesen wechselseitigen Einfluß sind sowohl die hawaiischen Applikationen wie auch das Patchwork der Seminolen Nordamerikas. Grundlage für die Entwicklung der hawaiischen Applikationstechnik war ein Treffen einheimischer Frauen mit amerikanischen Missionaren im Jahr 1820. Das traditionelle Motiv erinnert an einen Papierstern oder Schneekristall und wird auch in derselben Technik gefaltet, ausgeschnitten und dann auf den Grundstoff appliziert. Die Anregung für das Motiv stammt aus der heimischen Flora, und häufig ist es zusätzlich noch von Quiltlinien umgeben, die die Form wiederholen (Echoquilten). Der Stamm der Seminolen im heutigen Bundesstaat Florida entwickelte seinen einzigartigen Patchwork-Stil nach Einführung der Nähmaschine.

Die Applikationstechnik war jahrhundertelang eine weltweit verbreitete Technik. Sie entstand ursprünglich zum Ausbessern abgetragener Kleidungsstücke, gewann in der Folge aber ihre Bedeutung als eigenständige Gestaltungsmethode. Die ältesten bekannten Beispiele stammen aus vorchristlicher Zeit und sind aus Wolle oder Fellen gemacht. Weil diese Materialien eine wärmende Funktion nahelegen, wird vermutet, daß derartige Applikationen in der nördlichen Hemisphäre entstanden. Trotzdem gab es aber auch die dekorative Komponente: Im Alten Ägypten wurden Grabzelte mit Applikationen verziert.

Indische Textilien sind wohl die bekanntesten und bevorzugten – nicht nur wegen der Beliebtheit des Landes als Reiseziel und der Faszination, die für Europäer vom Orient ausgeht, sondern auch wegen der Schönheit und Vielseitigkeit der Textilien selbst. Die bengalischen Kantha-Quilts sind begehrte Souvenirs für Touristen; ihre Stofflagen aus weißen Baumwoll-Saris sind mit Motiven verziert, deren Umrißlinien mit Rückstichen ausgearbeitet werden. Die Innenflächen füllt man dann mit blauen oder roten Heftstichen aus. Aus der Welt der Naturgeister stammt das Bildrepertoire, das mythologische Tiere und Götter umfaßt. Die Quilts werden als Decken für den Winter genutzt, dienen aber auch als Hülle für wertvolle Bücher oder andere Gegenstände. Applizierte Wandbehänge wurden als Hintergrund bei religiösen Zusammenkünften und Festen verwendet; sie hatten zeremonielle Bedeutung und waren in der Regel aus Seiden- oder Baumwoll-Saris angefertigt. Solche Wandbilder entstanden auch als Reverse-Applikation, bei der bestimmte Formen aus dem applizierten Stoff ausgeschnitten werden, um den Blick auf die Lage darunter freizugeben. Der Applikationsstoff wird hierbei zunächst sorgfältig gefaltet und aufgeheftet, dann werden in leicht unregelmäßigem Muster Schlitze eingeschnitten. Die Schnittkanten biegt man um und näht sie mit Schlingstichen am Grundstoff an.

LINKS: Hier gehen Ost und West eine Verbindung ein. Schnitt und Stoff des Kleidungsstücks sind eindeutig orientalisch, während die angewandte Technik der Schattenapplikation eine westliche Erfindung ist.

Textilien der Hmong, die in Laos, Vietnam und Thailand leben, zeigen gestickten und applizierten Dekor. Weil die Arbeiten so vielteilig sind, werden die winzigen Stoffschnipsel jeweils beim Aufnähen zugeschnitten. Es entsteht ein kompliziertes Muster-Labyrinth, das von den unregelmäßigen Formen und dem Rhythmus der Natur inspiriert ist. Mit derartigen Applikationen werden Hüte, Kragen und die Kanten von indigoblauen Jacken und Hosen verziert, aber auch Bettdecken und Tücher.

Die berühmtesten Vertreter der Reverse-Applikationstechnik sind die Kuna-Indianer auf den San-Blas-Inseln, die zu Panama gehören. Sie verwenden die Technik, um damit die typischen Molas, kurzärmelige Hemden und Blusen, zu verzieren. Die ausdrucksstarken Motive sind sehr auffällig und eigenartig; sie zeigen mythologische Tiere und gelegentlich auch politische Symbole und Slogans. Gearbeitet wird mit mehreren Stofflagen, die jeweils ausgeschnitten werden, um die darunterliegende Schicht freizulegen. Daneben ist auch eine Technik in Gebrauch, bei der aus zwei Stoffen in kontrastierenden Farben ein Rahmen und in gleicher Größe des Fensters die dazugehörige Einlage zugeschnitten werden. Das »Bild« wird dann von hinten auf den Rahmen appliziert. Eine Mola kann man an den schmalen Tunnels, Punkten und Zickzacklinien erkennen.

Mit Einlege-Applikationen wird insbesondere dann gearbeitet, wenn der Stoff nicht ausbeulen oder zu dick werden oder wenn das Muster auf beiden Seiten sichtbar sein soll, beispielsweise bei Fahnen. Da die Schnittkanten der Teile bei dieser Technik unmittelbar aneinanderstoßen, müssen die Stoffe gleich dick sein. Die Applikation kann auf zwei verschiedene Arten angefertigt werden: Wird von Hand gearbeitet, muß das Motiv für die Einlage so zugeschnitten werden, daß es exakt in den vorgesehenen Rahmen paßt; beim Maschinennähen legt man zwei Stofflagen aufeinander, danach wird die Umrißlinie des Motivs abgesteppt und dieses dann aus dem Oberstoff ausgeschnitten.

Anhand der Modelle in diesem Kapitel werden Sie Muster und Techniken aus allen Teilen der Welt kennenlernen. Mit manchen Projekten sollen vorwiegend die traditionellen Nähtechniken vorgestellt werden, bei anderen liegt der Schwerpunkt eher auf der modernen Interpretation eines überlieferten Motivs. Sie können exakt nach Anleitung arbeiten oder sich durch die eine oder andere neue Technik zu eigenen Entwürfen inspirieren lassen. In jedem Fall aber werden Sie einen Hauch von fremder Kultur und fremden Ländern in Ihr Leben bringen – nicht nur durch die fertigen Textilien, sondern schon bei der Arbeit.

Patchwork-Seesack in Türkis

Das Patchwork für diesen farbintensiven Seesack besteht aus geschwungenen Formen. Beim Zusammennähen werden die Blöcke mit ihren Rundungen jeweils in entgegengesetzter Richtung angeordnet.

Sie benötigen:

50 x 50 cm türkisfarbenen Baumwollstoff

Schneiderschere

100 x 90 cm schwarzen Baumwollstoff

100 x 90 cm schwarzen Futterstoff

Papier und Bleistift

dünnen Karton

40 x 40 cm gemusterten Baumwollstoff

Stecknadeln

Nähmaschine und passenden Faden

Bügeleisen

80 cm schmale Paspelkordel

Bügelvlieseline

60 cm Schrägband, 2 cm breit

Nähnadel und Heftfaden

7 Messingringe, Ø 1 cm

2 m dicke Kordel

Fertigstellen

Heften Sie den Futterstoff mit dem Patchwork-Stoff fest. Dann den Boden des Sacks mit der schmalen Paspelkordel und den schwarzen Schrägstreifen annähen. Die Naht soll außen liegen. Fassen Sie die Kordel mit dem Paspelstreifen ein. Nun Vlieseline auf den türkisfarbenen Streifen für die Oberkante bügeln, an Ober- und Unterkante einen schmalen Saum umbiegen und das Band am Sack feststecken. In gleichen Abständen befestigen Sie sechs Schlaufen aus Schrägstreifen mit den Messingringen rings um das Band. Den letzten Ring an die Unterkante des Bodens nähen. Die dicke Kordel einziehen.

Vorbereitung

Der Sack ist aus 24 quadratischen Patchwork-Blöcken angefertigt; die Stofffläche ist 50 x 75 cm groß. Schneiden Sie aus dem türkisfarbenen Stoff einen Streifen für die Oberkante zu (8 x 80 cm). Aus dem schwarzen Baumwollstoff schneiden Sie einen runden Boden mit 30 cm Durchmesser aus, sowie Schrägstreifen für die Paspeln. Für den Boden wird noch ein Futterstoffteil in gleicher Größe benötigt. Dann schneiden Sie noch ein weiteres Teil aus dem schwarzen Futterstoff mit 55 x 85 cm zu. Nach den Vorlagen von S. 249 Kartonschablonen anfertigen.

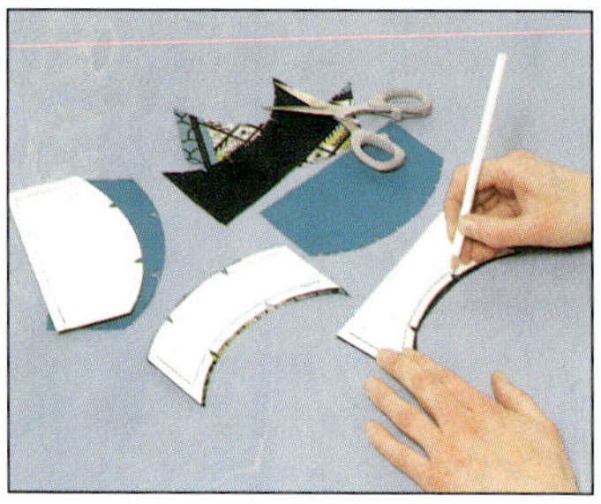

1

Aus allen drei Stoffen werden damit jetzt 24 Teile zugeschnitten – wobei Sie Schablone 1 für den schwarzen, Schablone 2 für den gemusterten und Schablone 3 für den türkisfarbenen Stoff verwenden. Übertragen Sie die Markierungen genau auf den Stoff. Vorsichtig an den Rundungen einschneiden (siehe auch Grundtechniken, S. 19).

2

Ausgehend von der Mitte, stecken Sie nun die 24 Blöcke jeweils aus den drei Einzelteilen zusammen. Achten Sie darauf, daß die Markierungen aufeinandertreffen. Dann die Elemente zusammennähen und die Patchwork-Quadrate bügeln.

3

Legen Sie die Blöcke nebeneinander aus, und ordnen Sie das Muster so an, daß die Wellenlinien in der Richtung abwechseln (siehe Abbildung). Nähen Sie die Blöcke dann nach der Fahnenmethode zu ... ifen mit je vier Quadrate ... n. Anschließend v... sechs Streifen ... work-Fläche ...

GEQUILTETER BEUTEL MIT TASCHEN

Durch den gequilteten Boden und die ebenso gearbeiteten Taschen ist der Beutel sehr robust; er kann also auch gut auf Reisen mitgenommen werden. Oder verstauen Sie platzsparend z. B. die Bettwäsche für das Gästezimmer darin, und füllen Sie die großen Taschen mit Seife, kleinen Handtüchern und einer Zahnbürste als Willkommensgruß.

SIE BENÖTIGEN:

300 x 90 cm Nessel

50 x 90 cm Baumwollkord

1 m Wattierung (Einlage)

Schneiderschere

Trickmarker

Stecknadeln

Nähnadel und Heftfaden

Nähmaschine und passenden Faden

7 Ösen, Ø 1 cm

2 m Baumwollkordel

VORBEREITUNG

Für den Boden schneiden Sie eine Kreisfläche mit 43 cm Durchmesser aus Nessel, Kordstoff und Wattierung zu. Messen Sie dann den Umfang des Kreises ab, und schneiden Sie mit diesem Maß in der Länge und 45 cm Breite ein Nesselteil für die Taschen. Dieses wird der Länge nach zusammengelegt und dazwischen die Wattierung gesteckt. Für den Beutel schneiden Sie ein zweites Nesselstück in der Länge des Kreisumfangs mal 60 cm in der Höhe zu. Außerdem benötigen Sie fünf Nesselstreifen mit 8 x 55 cm, einen mit 8 x 65 cm und einen mit den Maßen 5 x 8 cm. Für den Boden kommt noch ein breiter Schrägstreifen in der Länge des Kreisumfangs hinzu. Legen Sie die Wattierung für den Boden zwischen Kord- und Nesselstoff, und heften Sie die Lagen zusammen.

1

Dann nähen Sie mit Zickzackstich, ausgehend von der Mitte, eine Spirale. Heften Sie auch das Stoffteil für die Taschen ab. Auch dieses wird mit Zickzackstichen in Längsrichtung verziert. Sämtliche Heftfäden entfernen.

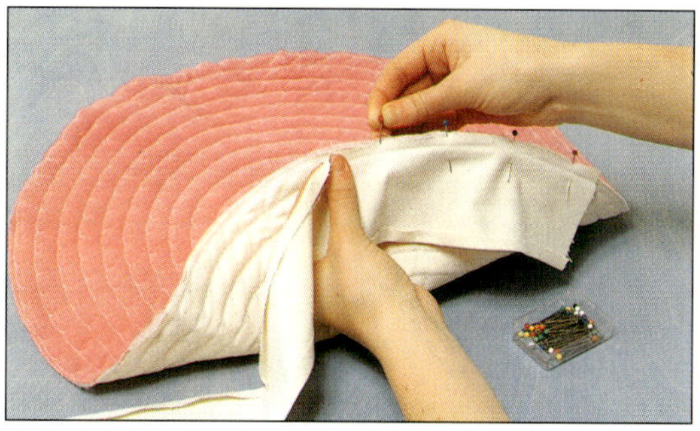

2

Anschließend nähen Sie den Schrägstreifen rings um den Boden an. Den kurzen Nesselstreifen am längsten Streifen annähen, 5 cm weit umbiegen, abheften und mit Zickzackstich abnähen. An diesem Ende wird eine der Ösen angebracht.

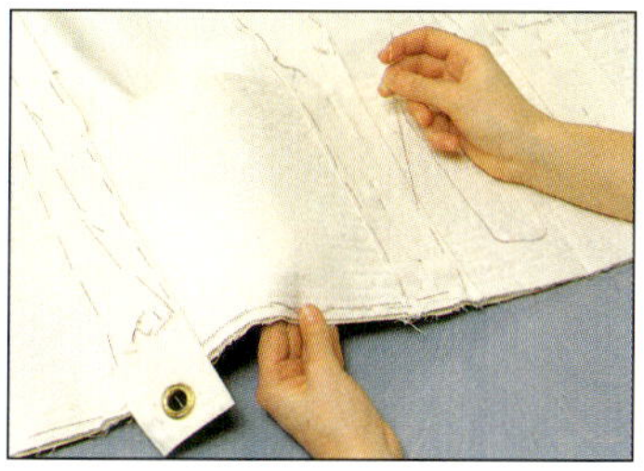

3

Das Stoffteil für die Taschen und die sechs Streifen nun an der Unterkante des Beutels feststecken; dabei soll der Streifen mit der Öse in der Mitte liegen und etwa 4 cm über die Unterkante hinausragen. Die Streifen von außen auf dem Beutel festnähen.

FERTIGSTELLEN

Die Oberkante des Beutels 1 cm, dann 5 cm und nochmals 5 cm breit nach außen umbiegen. Flachbügeln und von außen aufnähen. Dann setzen Sie den Boden in den Beutel ein und nähen den Schrägstreifen auf. Befestigen Sie die Ösen am Kreuzungspunkt der Streifen mit der oberen Einfassung des Beutels. Die Kordel durchziehen.

KINDERWAGEN-QUILTDECKE

Kleine Stoffreste lassen sich unkompliziert zum Crazy Patchwork verarbeiten. Trotzdem erzielen Sie auch bei dieser Technik die beste Wirkung mit einer begrenzten Anzahl an Stoffen, die in Farben und Mustern aufeinander abgestimmt sind.

SIE BENÖTIGEN:

100 x 90 cm einfarbigen Baumwollstoff

Schneiderschere

ausgewählte Reste von Baumwollstoffen

Bügeleisen

50 x 90 cm Bügelgaze

Nähmaschine und passenden Faden

70 x 90 cm Wattierung (Einlage)

100 x 90 cm Stoff für die Rückseite

VORBEREITUNG

Schneiden Sie sieben Streifen mit 21 x 7 cm und zehn mit 21 x 8,5 cm aus dem einfarbigen Baumwollstoff zu, die die Patchwork-Teile umrahmen (siehe Grundtechniken, S. 20). Aus den gemusterten Stoffresten schneiden Sie zwei Quadrate mit dem Format 7 x 7 cm, vier mit 8,5 cm Seitenlänge und sechs Rechtecke (7 x 8,5 cm). Den Rest des einfarbigen Stoffs schneiden Sie in sechs Quadrate mit 21 cm Seitenlänge.

FERTIGSTELLEN

Legen Sie die Wattierung zwischen das Patchwork-Oberteil und den Stoff für die Rückseite. Die drei Lagen zusammenheften. Schneiden Sie die Wattierung 2 cm größer als die Patchwork-Fläche zu und den Stoff für die Rückseite ringsum 7 cm größer. Schlagen Sie diesen Rand als Einfassung 4 cm nach oben um. Bilden Sie an den Ecken schräge Kanten (siehe Grundtechniken, S. 20), biegen Sie 1 cm Saum ein, und nähen Sie die Einfassung ringsum auf.

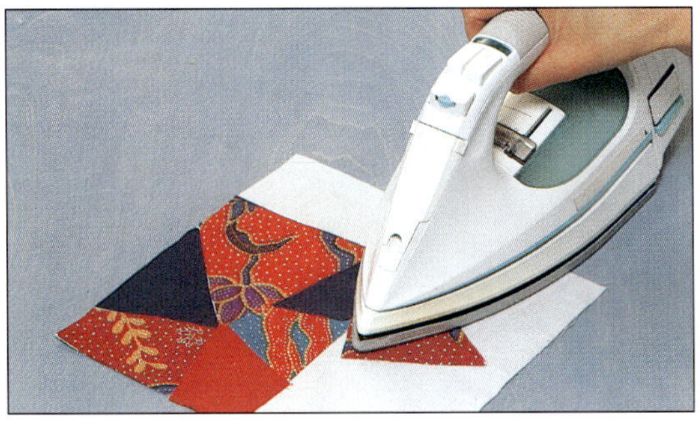

1

Bügeln Sie die Gaze auf die einfarbigen Stoffquadrate, und ziehen Sie das Papier an der Rückseite ab. Dann arrangieren Sie die Stoffreste auf der Gazefläche. Lassen Sie die Kanten aneinanderstoßen, und bügeln Sie die Teile auf.

2

Nun die Einzelteile aufnähen. Die fertigen Patchwork-Quadrate nähen Sie nach der Fahnenmethode mit den einfarbigen Teilen zuerst zu horizontalen Reihen, diese dann mit den übrigen Rahmenteilen zur Gesamtfläche zusammmen.

BABY-QUILTDECKE

Dieser kleine Quilt ist aus zwölf Patchwork-Quadraten in abgestimmten Farben angefertigt und mit einfachen Tier- und Blumenmotiven appliziert. Wählen Sie für die Rückseite und die Motive einen mit Ethno-Mustern bedruckten Stoff.

SIE BENÖTIGEN:

40 x 90 cm cremefarbenen Baumwollstoff

20 x 90 cm hellgrünen Baumwollstoff

20 x 90 cm gelben Baumwollstoff

Schneiderschere

dünnen Karton und Bleistift

Cutter

Trickmarker

Reste von Bügelgaze

Bügeleisen

100 x 90 cm bedruckten Baumwollstoff

Nähmaschine und passenden Faden

Stickgarn

Nadel für Stickwolle

100 x 90 cm Baumwollnessel

1 m Wattierung (Einlage)

VORBEREITUNG

Schneiden Sie die einfarbigen Baumwollstoffe in 20 x 20 cm große Quadrate: sechs cremefarbene, vier hellgrüne und zwei gelbe. Dann nach den Vorlagen Kartonschablonen anfertigen. Übertragen Sie die Umrisse auf Bügelgaze, und schneiden Sie die Formen grob zu. Auf die bedruckten Stoffreste bügeln und exakt ausschneiden.

1

Nun bügeln Sie die Applikationsmotive auf den cremefarbenen Patchwork-Quadraten auf und nähen sie ringsum mit Zickzackstich fest. Zusätzlich mit farbigen Stickstichen verzieren. Danach die Patchwork-Quadrate nach der Fahnenmethode zusammennähen.

ELEFANT 50%

BLUMENBLATT UND -INNERES 50%

VOGEL 50%

FERTIGSTELLEN

Bilden Sie horizontale Reihen, und verbinden Sie diese wieder zur Gesamtfläche. Dann schneiden Sie den Nessel und die Wattierung 6 cm größer als den Patchwork-Oberstoff zu, den Stoff für die Rückseite wiederum ringsum 8 cm größer. Falten Sie den überstehenden Stoff von der Rückseite auf die Vorderseite um, und bilden Sie die Ecken mit schrägen Kanten aus (siehe Grundtechniken, S. 20). Einen Saum bügeln und die Einfassung mit Schlingstichen festnähen.

San-Blas-Grillhandschuh

Für diesen attraktiven Handschuh werden mehrere Stofflagen in kräftigen Farben übereinandergenäht. Die Form des Vogels und die Details werden dann Schicht für Schicht ausgeschnitten und von Hand genäht. In der Regel zeigen die Applikationsarbeiten der San-Blas-Indianer Tiermotive.

Sie benötigen:

Schneiderpapier

Schneiderschere

90 x 45 cm roten Baumwollstoff

90 x 45 cm blauen Baumwollstoff

90 x 45 cm weißen Filz

Trickmarker

40 x 23 cm gelben Baumwollstoff

40 x 23 cm grünen Baumwollstoff

Papier und Bleistift

Stecknadeln

Stickschere

Nadel für Stickwolle

rotes, blaues und grünes Stickgarn

Bügeleisen

25 x 2,5 cm rotes Schrägband

Vorbereitung

Aus Schneiderpapier fertigen Sie ein 75 x 18 cm großes Schnittmuster für den Handschuh an. Die Ecken abrunden und damit Teile aus rotem und blauen Baumwollstoff und aus weißem Filz zuschneiden. Ziehen Sie dann in 20 cm Abstand von einem Ende des Schnittmusters eine Linie, und schneiden Sie es an dieser Linie ab. Mit diesem Muster für die Oberseite des Handschuhs schneiden Sie zwei Teile aus rotem, gelbem und grünem Stoff, vier aus dem blauen und zwei aus weißem Filz zu.

1

Legen Sie die Stofflagen für das Motiv in zwei Stapeln aufeinander: blau, gelb, grün, blau und rot. Das unterste blaue Teil weglegen, den Rest zusammenstecken. Das Motiv auf S. 249 vergrößern und zweimal auf Schneiderpapier übertragen.

2

Schneiden Sie den ersten Vogel aus, und legen Sie das Papier auf einen Handschuh. Den Umriß mit Bleistift anzeichnen. Nun heften Sie 5 mm innerhalb des Umrisses eine Innenlinie ab, die anzeigt, wo der Stoff geschnitten werden muß.

3

Den roten Stoff innerhalb der Umrißlinie wegschneiden, aber ringsum einen Rand zum Umbiegen lassen. An Rundungen einschneiden, den Saum umschlagen und durch alle Lagen hindurch festnähen.

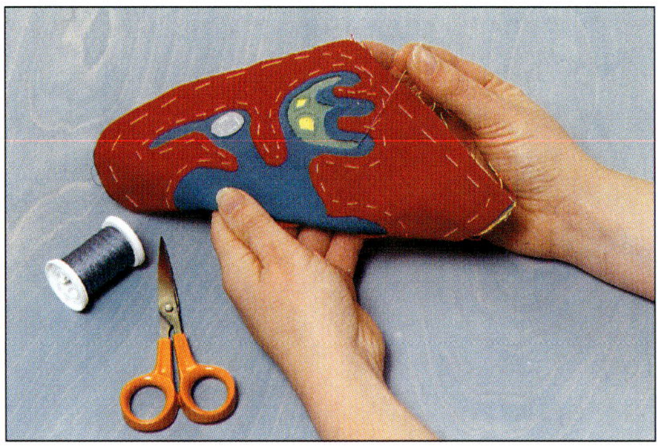

4

Jetzt zeichnen Sie Details des Motivs an und schneiden den blauen Stoff weg, so daß der grüne darunter zum Vorschein kommt. Gesäumt wird mit blauem Garn; dann folgen die gelben Details, und gesäumt wird in Grün. Zum Schluß die Heftfäden entfernen und bügeln. Heften Sie das reservierte blaue Teil als Futter an die Unterseite des gelben Stoffs. Anschließend wird die gerade Kante des Handschuhs mit dem Schrägband eingefaßt. Genauso fertigen Sie den zweiten Handschuh mit dem spiegelverkehrten Motiv an.

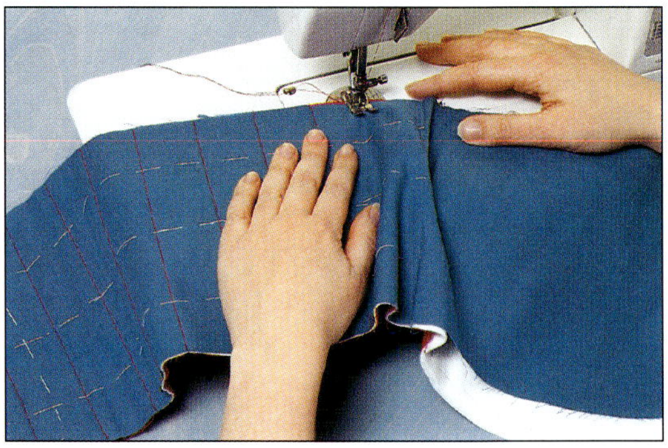

5

Heften Sie die Filzteile für den Handschuh auf beide Enden des langen Filzstücks. Dann den blauen Stoff darüberlegen, zusammenheften und mit rotem Faden ein Gittermuster (Rastergröße 4 cm) quilten. Die Heftfäden entfernen und den roten Stoff auf die Rückseite des Filzes heften. Nun legen Sie die Handschuhe mit der blauen Futterseite auf den blauen Stoff. Aufheften und knapp an der Kante entlang festnähen. Die Außenkanten ringsum mit Schrägband einfassen und in der Mitte der Naht eine Schlaufe annähen.

KISSENBEZUG MIT SAN-BLAS-APPLIKATION

Für diese San-Blas-Applikation wurden Baumwollstoffe in leuchtenden Farbtönen verwendet. Das Feld wurde dann auf ein Sackleinen-Quadrat aufgenäht und dieses wiederum auf den Kissenbezug aus gleichem Material.

SIE BENÖTIGEN:

50 x 90 cm roten Baumwollstoff

50 x 90 cm hellgelben Baumwollstoff

50 x 90 cm grünen Baumwollstoff

50 x 90 cm blauen Baumwollstoff

Schneiderschere

Papier und Bleistift

Nähnadel und Heftfaden

Nadel für Stickwolle und Stickgarn in Hellgelb, Blau, Rot, Grün und Ecru

Stickschere

80 x 90 cm Sackleinen

Stecknadeln

Nähmaschine und passenden Faden

40 x 40 cm großes Kissen

VORBEREITUNG

Schneiden Sie drei rote, zwei gelbe, ein grünes und ein blaues Stoffquadrat mit 20 cm Seitenlänge zu. In dieser Reihenfolge heften Sie dann die Lagen zusammen: rot, gelb, grün, rot, gelb, blau, rot. Vergrößern Sie die Vorlage für das San-Blas-Motiv, und übertragen Sie es auf die oberste Stofflage. Arbeiten Sie das Vogelmotiv nach der Anleitung auf S. 142 aus. In 1 cm Abstand von der Außenkante des Applikationsquadrats nähen Sie eine Stepplinie und schneiden den Rand zu. Aus dem Sackleinen schneiden Sie zwei 43 x 43 cm große Quadrate für den Kissenbezug und ein 28 x 28 cm großes Quadrat für die Applikation.

1

Stecken Sie die Applikation mittig auf das vorgesehene Leinenteil. Dann stellen Sie an der Nähmaschine Zickzackstich ein und nähen die Außenkante des Felds mit Satinstich ab. Mit einer Stecknadel werden an allen vier Seiten die Fäden herausgezogen. Zum Schluß nähen Sie den Kissenbezug passend zum Kissen (siehe Grundtechniken, S. 25).

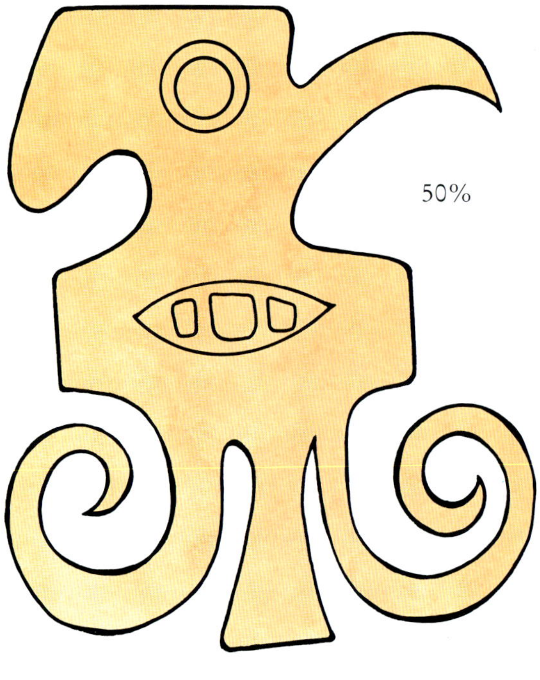

50%

BEUTEL MIT SAN-BLAS-APPLIKATIONEN

Aus neun Quadraten, die teilweise mit San-Blas-Applikationen verziert sind, besteht die Patchwork-Vorderseite dieses farbenfrohen Beutels. Die Tiermotive, darunter Schmetterling, Pfau und Fisch, stammen von südamerikanischen Arbeiten.

SIE BENÖTIGEN:

45 x 71 cm roten Baumwollstoff

Nähmaschine und roten Nähfaden

25 x 90 cm roten Baumwollstoff

25 x 90 cm gelben Baumwollstoff

25 x 90 cm blauen Baumwollstoff

25 x 90 cm grünen Baumwollstoff

Schneiderschere

Transparentpapier und Bleistift

Stecknadeln

Nadel für Stickwolle

rotes, gelbes, blaues und grünes Stickgarn

Stickschere

dicke Kordel, 1 m lang

VORBEREITUNG

Den roten Stoff für den Beutel falten Sie an einer Längskante 5 cm nach innen, biegen einen schmalen Saum um und nähen ihn mit der Nähmaschine fest. Aus den Patchwork-Stoffen schneiden Sie die entsprechende Anzahl an Quadraten zu (11 x 11 cm). Heften Sie die Stoffteile für die San-Blas-Applikationen in der richtigen Reihenfolge zu Stapeln zusammen. Dann werden die Motive vergrößert und auf die oberste Stofflage übertragen. Zur Ausarbeitung der Applikationen siehe Anleitung S. 142.

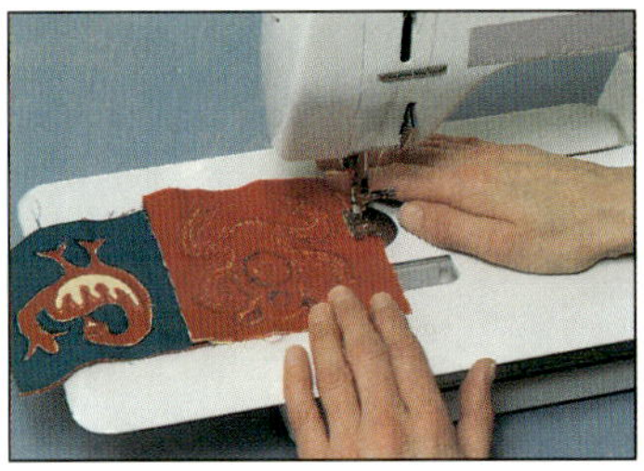

1

Nähen Sie jeweils drei Patchwork-Teile zum Streifen zusammen; die drei Streifen verbinden Sie dann zum Quadrat.

FERTIGSTELLEN

Dieses parallel zur Unterkante auf einer Seite des roten Grundstoffs feststecken. Mit Zickzackstich aufnähen. Rechts auf rechts legen Sie nun den Stoff zur Hälfte zusammen und nähen den Beutel fertig (siehe Grundtechniken, S. 25). An der Oberkante die Kordel einziehen.

50%

SAN-BLAS-KINDERWESTE

Hier wird die Reverse-Applikationstechnik mit Zickzackstich kombiniert. So entsteht an der Stoffoberseite eine interessante Struktur. Die dekorativen Taschen genügen als Schmuck für diese Kinderweste.

SIE BENÖTIGEN:

fertiges Westen-Schnittmuster (Oberweite hier 61 cm)

50 x 90 cm roten Baumwollstoff

50 x 90 cm hellgelben Baumwollstoff

Schneiderschere

25 x 25 cm grünen Baumwollstoff

25 x 25 cm blauen Baumwollstoff

Nähnadel und Heftfaden

Papier und Bleistift

Nähmaschine und Nähfaden in Blau, Gelb, Grün und Rot

Stickschere

Nadel für Stickwolle und rotes Stickgarn

Schneiderkreide oder Trickmarker

VORBEREITUNG

Schneiden Sie das Rückenteil und die beiden Vorderteile der Weste jeweils in rotem und gelbem Stoff zu. Für die beiden Taschen schneiden Sie vier rote, drei gelbe, zwei grüne und zwei blaue Stoffquadrate mit 12,5 cm Seitenlänge zu. Übertragen Sie das Muster für die Tasche mit 1 cm Zugabe ringsum. Für den Frosch stapeln Sie die Stoffquadrate in der Reihenfolge rot, gelb, grün, gelb, blau aufeinander und heften sie zusammen. Für die Schlange lautet die Farbfolge: grün, rot, gelb, blau. Nun vergrößern Sie die Motive von S. 249 und übertragen ihren Umriß auf die Taschen.

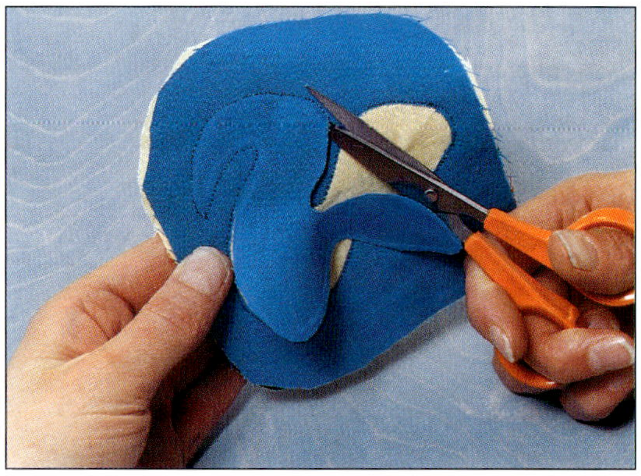

1

Bei der ersten Tasche steppen Sie die Umrißlinie des Frosches mit blauem Faden ab. Den Stoff im Inneren der Form schneiden Sie aus, so daß die gelbe Lage darunter sichtbar wird.

2

Übernähen Sie die Schnittkante mit Zickzackstich in Blau. Dann innerhalb eine neue Umrißlinie in Gelb nähen und die Innenfläche wie vorher ausschneiden. Mit gelbem Zickzackstich einfassen.

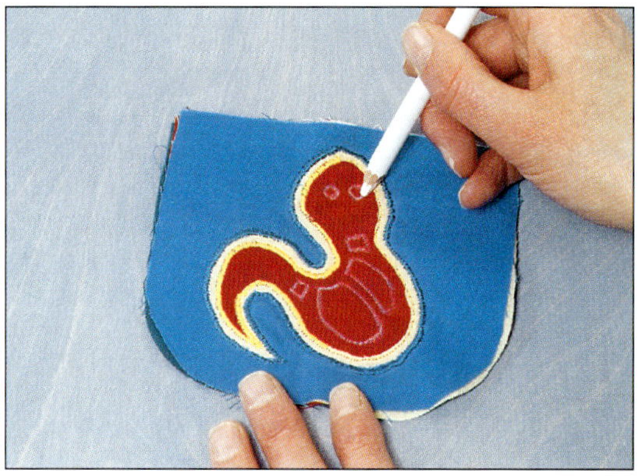

3

Nun zeichnen Sie in der Mitte einen Kreis sowie Augen und Maul des Frosches an. Die Umrißlinien mit grünem Faden abnähen und innerhalb ausschneiden, so daß der zweite gelbe Stoff sichtbar wird. Mit Zickzackstich in Grün übernähen. Noch einen weiteren kleinen Kreis in der Mitte gelb abnähen, ausschneiden, so daß Rot zum Vorschein kommt, und mit Zickzackstich in Gelb einfassen.

4

Rechts auf rechts nähen Sie jetzt ein rotes Futterteil auf der Tasche fest. Eine 5 cm breite Öffnung lassen und an der Rundung die Nahtzugaben einschneiden.

FERTIGSTELLEN

Die Tasche bügeln, auf die rechte Seite wenden und die Öffnung mit Schlingstichen zunähen. Genauso fertigen Sie dann die Tasche mit dem Schlangenmotiv an. Stecken, heften und nähen Sie beide Taschen auf den Vorderteilen der Weste fest. Sie werden mit rotem Stickgarn und schrägen Stichen verziert. Die Weste nach der dem Schnittmuster beiliegenden Anleitung fertignähen.

TASCHENMUSTER 50%

Grusskarten mit Seminolen-Patchwork

Bis heute wird diese Patchwork-Technik vom Stamm der Seminolen angewandt. Das Prinzip besteht darin, Stoffstreifen zusammenzunähen, zu zerschneiden und wieder neu zu verbinden. Hier entsteht aus mit Zickzackstich zusammengenähten Papierstreifen ein verblüffendes Muster für ein Applikationsmotiv.

Sie benötigen:

Bastelpapier in verschiedenen Farben

Lineal und Bleistift

Papierschere

Nähmaschine und passenden Faden

Papier

dünnen Karton

Klarlack

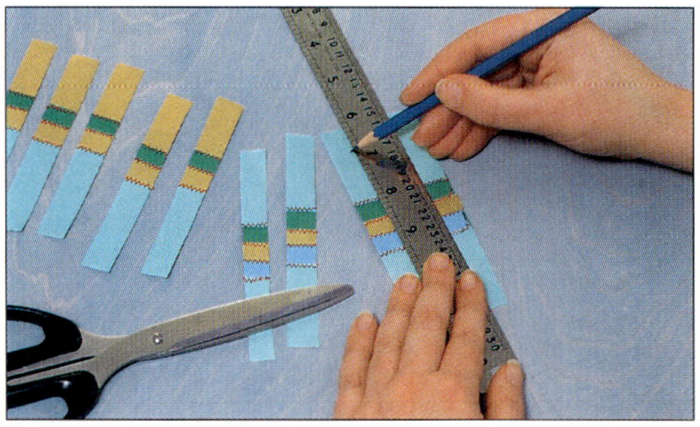

1

Schneiden Sie zwei 3 cm breite Papierstreifen und drei weitere mit 1 cm Breite zu. Die drei schmalen Streifen setzen Sie zwischen die breiten und lassen die Streifen jeweils etwas überlappen. Stellen Sie an der Nähmaschine Zickzackstich (mittlere Stichlänge) ein, und nähen Sie die Teile zusammen.

2

Nun schneiden Sie die Streifen quer in 1 cm breite Stücke und setzen diese wieder so aneinander, daß die Mittelkaros jeweils um eine Breite versetzt sind. Etwas überlappen lassen und zusammennähen. Auf diese Weise noch ein zweites Band mit etwas anderem Muster anfertigen.

3

Schneiden Sie noch zwei 3 cm breite, zwei 1 cm breite und einen Mittelstreifen mit 2 cm Breite zu. Die schmalen Bänder werden an beiden Seiten des Mittelstreifens angelegt, die breiten bilden den äußeren Abschluß. Wieder zusammennähen und quer in 2 cm breite Stücke schneiden.

4

In gleicher Farbe schneiden Sie noch weitere Streifen von 1 cm Breite zu und setzen diese zwischen die vorher gebildeten Abschnitte. Die Einzelelemente wie bei den anderen Bändern versetzt zusammennähen.

75%

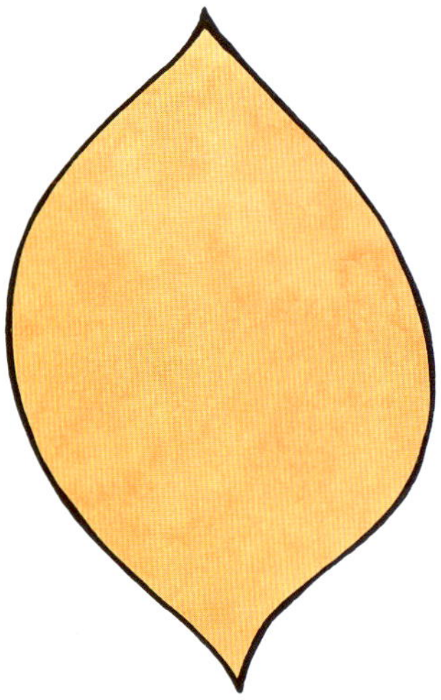

5

An den Spitzen der entstandenen Rauten entlang schneiden Sie das Band gerade zu. Auch die breiten Bänder jeweils an einer Kante begradigen und das schmale Band zwischen beiden festnähen.

6

Fertigen Sie mit der vergrößerten Vorlage eine Papierschablone an, und schneiden Sie das Motiv aus Ihrem Papier-Patchwork aus.

Fertigstellen

Einen 15 x 25 cm großen Karton zur Hälfte falten, das Applikationsmotiv aufnähen und lackieren.

Notizbuch-Einband

Auch dieser Einband ist in der Patchwork-Technik der Seminolen angefertigt. Zusammengenähte Papierstreifen werden diagonal zugeschnitten und als Rautenmuster wieder aneinandergefügt.

Sie benötigen:

ein Notizbuch

dünnen Karton

Bastelpapier (oder Lederreste) in verschiedenen Farben

Bleistift

Cutter

Papierschere

Nähmaschine und passenden Faden

Alleskleber

Klarlack

Vorbereitung

Legen Sie das Notizbuch geöffnet auf den Karton, und zeichnen Sie den Umriß auf. Dann schneiden Sie die Form mit Lineal und Cutter aus. Falten Sie den Karton zur Hälfte, und pressen Sie die beiden Hälften am Falz kräftig zusammen.

1

Aus dem Bastelpapier schneiden Sie jeweils 2 cm breite Streifen zu, legen diese überlappend aneinander und nähen sie mit Zickzackstich zusammen. Die Gesamtfläche zerschneiden Sie diagonal wieder in 2 cm breite Streifen.

2

Nähen Sie dann die neuen Streifen versetzt wieder zusammen, so daß in der Vertikalen Rautenbänder derselben Farbe entstehen.

Fertigstellen

Das fertige Patchwork schneiden Sie rechteckig zu und kleben es auf den Karton. Trocknen lassen und überstehende Ränder entsprechend abschneiden. Den Einband mit Klarlack überziehen und nach dem Trocknen auf das Notizbuch kleben.

GEPOLSTERTER KLEIDERBÜGEL

Mit einem gepolsterten Bügel behalten Kleidungsstücke ihre Form. Das Seminolen-Patchwork für den Bezug ist aus Satinbändern in kräftigen Farben angefertigt.

SIE BENÖTIGEN:

einen Kleiderbügel aus Holz, 37 cm breit

Maßband

einen Rest Wattierung

Schneiderschere

Nähnadel und Heftfaden

Satinbänder in drei verschiedenen Farben, je 5 x 50 cm

Nähmaschine und passenden Faden

Trickmarker

Bandreste

VORBEREITUNG

Messen Sie Ihren Kleiderbügel ab, und schneiden Sie dementsprechend die Wattierung zu. Wickeln Sie diese um den Bügel, und heften Sie die Enden an der Längskante zusammen.

FERTIGSTELLEN

Den Metallhaken umwickeln Sie mit einem Bandrest und nähen diesen mit Schlingstichen fest. Ein zweites Bandstück in kontrastierender Farbe dient als Dekoration.

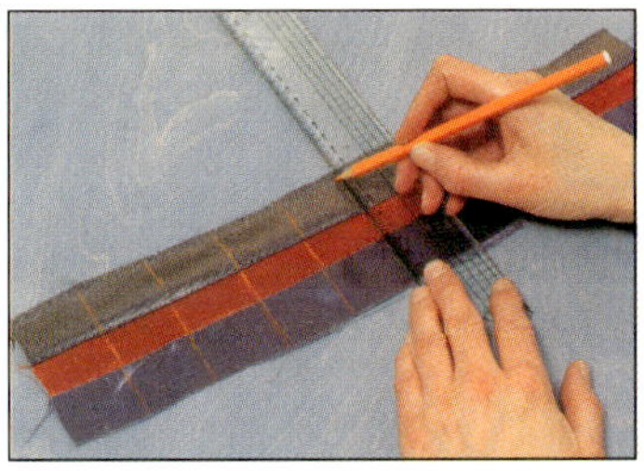

1

Die drei Bänder längs aneinandernähen und quer im Abstand von 5 cm die Schnittlinen anzeichnen. Zuschneiden.

2

Satinstreifen stufenförmig aneinanderstecken. Jeden weiteren von der Rückseite aufnähen. So fertigen Sie zwei gleich lange Patchwork-Teile an. Nähen Sie diese an den Kanten entlang rechts auf rechts zusammen, und lassen Sie an der Oberkante eine Öffnung.

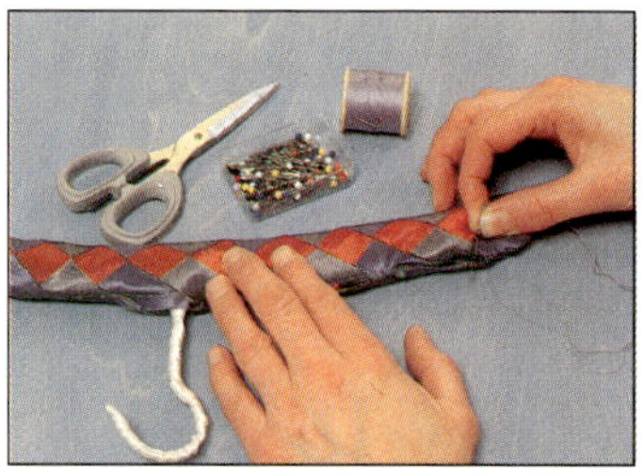

3

Wenden Sie den Bezug auf die rechte Seite, und schieben Sie den Kleiderbügel hinein. An den offenen Schnittkanten einen schmalen Saum umbiegen und mit Schlingstichen zunähen.

Geschenkanhänger

Diese Anhänger sind aus einfarbigen Papierstreifen angefertigt. Aber auch aus gemusterten Geschenkpapieren kann mit derselben Technik ein interessantes Patchwork entstehen.

Sie benötigen:

Papier in verschiedenen Farben

Papierschere

Nähmaschine und passenden Faden

dünnen Karton

Alleskleber

Klarlack

Locher

Bandreste

Vorbereitung Muster A

Schneiden Sie zwei gleichfarbige Papierstreifen 2 cm breit zu (= Farbe 1). Außerdem benötigen Sie einen schmalen Streifen (1 cm breit) in kontrastierender Farbe. Dieser wird überlappend zwischen den beiden breiten plaziert; mit Zickzackstich zusammennähen. Anschließend zwei 2 cm breite Streifen in verschiedenen Farben schneiden und einen schmalen von 1 cm Breite in Farbe 1. Wie vorher zusammensetzen und -nähen.

1

Das erste Patchwork-Band in 1 cm breite Streifen schneiden, das zweite in 2 cm breite Stücke.

2

Setzen Sie einen schmalen Streifen wie abgebildet zwischen zwei breite, und nähen Sie die Teile aneinander.

Vorbereitung Muster B

Aus zwei verschiedenfarbigen Papieren 2 cm breite Streifen schneiden; hinzu kommen zwei weitere Streifen (1 cm breit) in einer dritten und vierten Farbe. Die schmalen Streifen überlappend zwischen die beiden breiten setzen und mit Zickzackstich verbinden. Dann schneiden Sie drei weitere Streifen in verschiedenen Farben: einen 3 cm, den anderen 2 cm und den dritten 1 cm breit. Den schmalen Streifen zwischen den breiteren plazieren und festnähen.

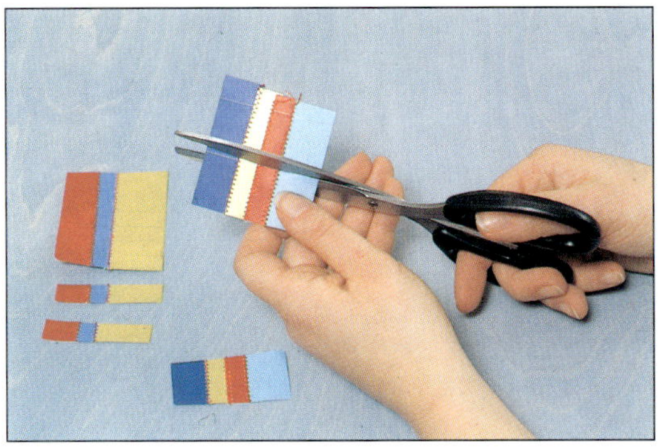

1

Das erste Band in 2 cm breite Stücke, das zweite in 1 cm breite Abschnitte zerschneiden.

2

Zwei schmale und zwei breite Stücke wie gezeigt zusammensetzen und durch eine Zickzacknaht verbinden.

Fertigstellen

Schneiden Sie zwei Kartonstücke in passender Größe zu, und kleben Sie sie auf die Rückseite der Patchwork-Teile. Diese mit Klarlack einstreichen und trocknen lassen. In eine Ecke ein Loch stanzen und ein schmales Band durchziehen.

SASHIKO-QUILT

Das Sashiko-Quilten entstand in Japan im 18. Jahrhundert. Mit dieser Technik wurde Schutzkleidung für Feuerwehrleute hergestellt. Die beiden indigoblauen Stofflagen mit der Wattierung dazwischen werden durch weiße Heftstichlinien miteinander verbunden – je enger die Stiche, desto robuster das Kleidungsstück.

SIE BENÖTIGEN:

dünnen Karton

Bleistift

Cutter

200 x 90 cm einfarbigen und bedruckten Baumwollstoff

Schneiderschere

130 x 160 cm Wattierung (Einlage)

Nähmaschine und passenden Faden

Bügeleisen

Stecknadeln

130 x 160 cm Baumwollstoff für die Rückseite

Trickmarker

weißen Quiltfaden

Nadel für Stickwolle

VORBEREITUNG

Fertigen Sie drei quadratische Kartonschablonen an, eine 11 x 11 cm, eine 5 x 5 cm und eine 3 x 3 cm groß. Mit der größten Schablone schneiden Sie aus dem einfarbigen und bedruckten Stoff insgesamt 180 Quadrate zu.

1

Mit den beiden kleineren Schablonen zeichnen Sie auf den einfarbigen Patchwork-Teilen drei Quadrate auf – zwei davon diagonal zum Stoff, d. h. als Raute, das dritte plazieren Sie gerade über der kleinen Raute, so daß eine Sternform entsteht.

2

Legen Sie die Stoffteile zu einer 12 x 15 Quadrate großen Fläche aus. Nähen Sie sie dann nach der Fahnenmethode zu horizontalen Reihen. Beide Nahtzugaben nach einer Seite bügeln, aber einmal nach links, einmal nach rechts. Anschließend die Streifen zur Gesamtfläche verbinden.

3

Nun breiten Sie die Wattierung zwischen dem Patchwork-Oberstoff und dem Stoff für die Rückseite aus. Die Lagen zusammenstecken und -heften (siehe Grundtechniken, S. 21). Mit Heftstichlinien quilten Sie dann die angezeichneten Rauten und Quadrate.

FERTIGSTELLEN

Schneiden Sie die Wattierung an den Kanten auf die Größe des fertig gequilteten Patchwork-Stoffs zu. Den Stoff für die Rückseite so kürzen, daß er ringsum 4 cm übersteht. Falten Sie ihn nach vorn um, bilden Sie an den Ecken gerade Kanten, und nähen Sie die Einfassung des Quilts mit Schlingstichen fest.

SASHIKO-TASCHE

Aus einem kleineren Sashiko-Quilt läßt sich leicht eine nach Art eines Briefumschlags gefaltete Tasche anfertigen. Nähen Sie zuerst das Quilt-Quadrat und dann nach Anleitung daraus die Tasche.

SIE BENÖTIGEN:

200 x 100 cm blauen Baumwollstoff

Schneiderschere

Trickmarker

100 x 100 cm Wattierung (Einlage)

Nähnadel und Heftfaden

weißen Quiltfaden

Nadel für Stickwolle

Stickschere

Nähmaschine und passenden Faden

4 m Schrägband in Rotorange

Perle oder Knopf

VORBEREITUNG

Schneiden Sie den Stoff in zwei Quadrate mit 1 m Seitenlänge. In der Mitte eines Stoffteils markieren Sie ein 75 x 75 cm großes Quadrat. Innerhalb dieser Fläche wird ein Rautenmuster angezeichnet. Anschließend legen Sie die Wattierung zwischen die beiden Stoffteile und heften die Lagen zuerst ringsum, dann von der Mitte aus nach außen arbeitend, zusammen.

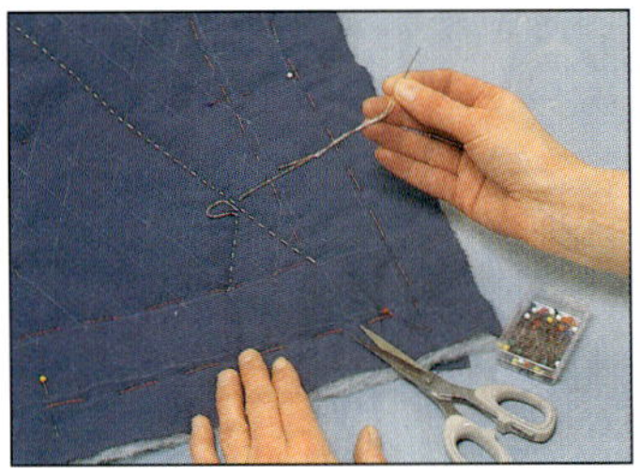

1

Mit weißem Faden wird nun das angezeichnete Rautenmuster mit möglichst gleich langen Stichen gequiltet. Arbeiten Sie dabei zuerst immer durchgehend eine diagonale Linie aus. Achten Sie auch darauf, daß die Seiten der Raute immer dieselbe Anzahl an Heftstichen aufweisen und daß die Kreuzungspunkte frei bleiben.

2

Als Einfassung nähen Sie in parallelen Linien kleine Heftstiche rings um das Quadrat. Dann nähen Sie mit der Nähmaschine eine Seite des Schrägbands auf der Vorderseite des Quilts an der Kante entlang an.

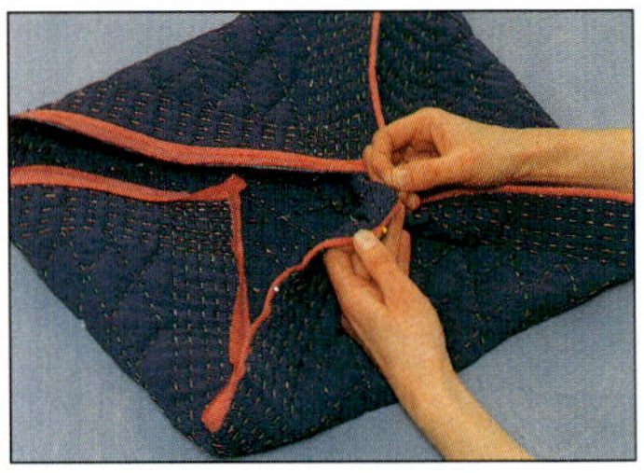

3

Das Schrägband nach links umschlagen und ringsum festnähen. Legen Sie nun drei Ecken wie bei einem Briefumschlag aufeinander. Die beiden Seiten zusammennähen. An die vierte Ecke eine Fadenschlaufe, gegenüber eine Perle oder einen Knopf als Taschenverschluß annähen.

PATCHWORK-VORHANG

Für diesen Vorhang werden mit Karos applizierte Patchwork-Quadrate diagonal zu einem Rautenmuster verbunden. Am besten wirkt ein einfaches, an Stammesarbeiten orientiertes Muster.

SIE BENÖTIGEN:

Maßband

glatten Baumwollstoff in zwei Farben

Schneiderschere

Stecknadeln

Nähmaschine und passenden Faden

Papier und Bleistift

Reste von Baumwollstoff für die Applikationen, in mehreren Farbtönen

Nähnadel und Faden

Vorhangband in der Breite des Vorhangs, plus 2,5 cm

Vorhangringe

VORBEREITUNG

Um die benötigte Stoffmenge zu errechnen, messen Sie die Fensterbreite aus und multiplizieren mit 3. Damit der Vorhang schön fällt, kommen in der Länge 10 cm hinzu. Schneiden Sie einige Quadrate mit 46 cm Seitenlänge zu. Legen Sie diese diagonal aus, bis die gewünschte Größe des Vorhangs erreicht ist. Einige Quadrate, aber erst nach deren Fertigstellung, diagonal in Dreiecke schneiden, um eine gerade Kante zu bilden. In gleicher Anzahl wie die Grundquadrate schneiden Sie nun aus den Applikationsstoffen 16 x 16 cm große Quadrate zu. Außerdem benötigen Sie kleine Quadrate (8 x 8 cm) in vierfacher Menge und den gewünschten Farben.

1

Bügeln Sie die Nahtzugaben der Applikationsquadrate um, und stecken Sie sie in der auf dem Foto gezeigten Anordnung auf die Patchwork-Quadrate.

2

Zuerst heften Sie die Applikationen ab, dann werden sie mit Zickzackstich ringsum festgenäht.

FERTIGSTELLEN

Nähen Sie die Quadrate nach der Fahnenmethode (siehe Grundtechniken, S. 20) zu Streifen zusammen und diese diagonal wieder zur Gesamtfläche. Ringsum die Dreiecke einsetzen. An den Längskanten des Vorhangs biegen Sie einen schmalen Saum um. Die Oberkante wird 1 cm breit umgebügelt und links auf links mit dem Vorhangband zusammengeheftet. Danach festnähen. Im Anschluß biegen Sie auch an der Unterkante einen Saum um, den Sie dann festnähen. Die Vorhangringe annähen und gegebenenfalls einen zweiten Vorhang (für ein Paar) genauso anfertigen.

VORHANGBÄNDER

Geben Sie Ihren Vorhängen mit einem Paar ungewöhnlicher Bänder in Form einer Krawatte den letzten Schliff! Verziert sind sie mit aufgenähten Schrägstreifen.

SIE BENÖTIGEN:

eine Krawatte als Schnittmuster

Papier und Bleistift

Papierschere

60 x 115 cm farbige Baumwolle oder Naturseide für das Band

Stoffschere

Stoffreste in zwei verschiedenen Farbtönen

Nähmaschine und passenden Faden

Stecknadeln

Bügeleisen

Nähnadel und Faden

Reste von Bügelvlieseline

2 Messingringe

VORBEREITUNG

Mit Hilfe der Krawatte fertigen Sie die Schablone an: Dabei schließen Sie das schmale Ende gerade ab und geben an den restlichen drei Seiten jeweils 2,5 cm zu. Dann schneiden Sie vier Stoffstücke in der Grundfarbe aus. Die Schrägstreifen zum Applizieren schneiden Sie in beiden Farben jeweils 3 cm, 5 cm und 6 cm breit zu.

1

Die Schrägstreifen nach der Abbildung rechts zusammensetzen. Anschließend bügeln.

2

Bügeln Sie nun auf der Rückseite der Streifen die Vlieseline auf. Einen Saum umbügeln und den Streifen auf den Stoff legen. Feststecken, heften und mit der Maschine aufnähen.

3

Legen Sie das applizierte Stoffstück mit der rechten Seite auf die rechte Seite eines einfarbigen Stoffteils. An der Kante entlang ringsum zusammennähen, dabei aber eine kleine Öffnung lassen. Durch diese schieben und ziehen Sie nun die rechte Seite nach außen. Vorher die Ecken zuschneiden. Das zweite Band fertigen Sie genauso an.

4

Zum Schluß werden die Messingringe angebracht. Das schmale Ende der Krawattenbänder rollen Sie ein (24 cm) und nähen es von Hand fest.

KISSENROLLE

Das Muster für den Bezug dieser kleinen Kissenrolle aus Baumwollnessel und Rohseide ist in den Oberstoff geschlitzt. Die Formen werden sauber zum darunterliegenden Nessel hin gesäumt. Ergänzt wird das interessante Erscheinungsbild durch einen Besatz mit Fransen.

SIE BENÖTIGEN:

Papier und Bleistift

70 x 90 cm Baumwollnessel

70 x 90 cm Rohseide

Schneiderschere

Trickmarker

spitze Schere

Bügeleisen

Nähnadel und Heftfaden

Nähmaschine und passenden Faden

Füllwatte

VORBEREITUNG

Fertigen Sie ein Schnittmuster aus Papier für das Mittelteil an. Dieses wird aus Nessel und Seide zugeschnitten. Auch die runden Seitenteile schneiden Sie jeweils aus beiden Stoffen aus. Für die Fransenborte benötigen Sie außerdem zwei Nesselstreifen von 5 x 55 cm.

FERTIGSTELLEN

Rechts auf rechts nähen Sie nun das Mittelteil an den Schmalkanten zusammen, lassen aber in der Mitte eine 10 cm breite Öffnung zum Wenden. Dann heften Sie die Nesselstreifen ringsum an beiden Enden an. Die beiden Seitenteile festnähen. Wenden Sie den Bezug auf die rechte Seite, und fransen Sie mit einer Nadel die beiden Streifen aus. Zum Schluß die Rolle mit der Füllwatte auspolstern und die Öffnung zunähen.

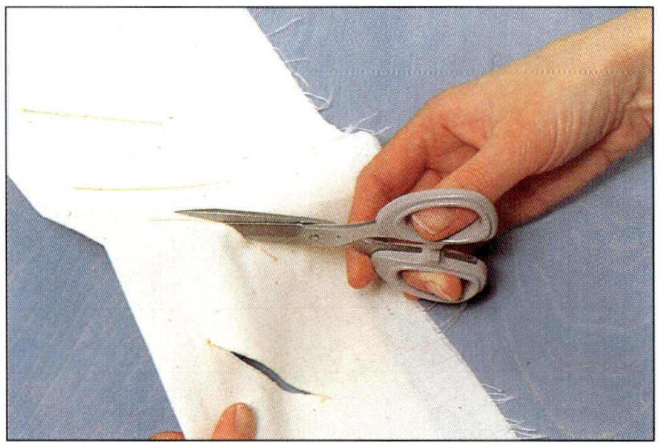

1

Mit Trickmarker übertragen Sie die Linien, an denen der Stoff aufgeschlitzt wird. Jeweils lanzettförmig einschneiden.

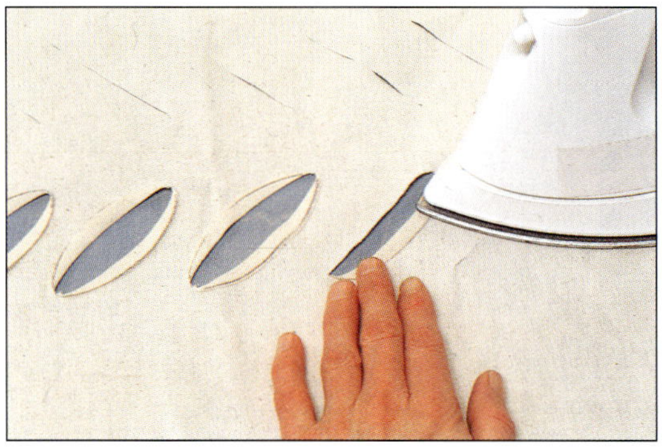

2

An beiden Seiten bügeln Sie jetzt einen schmalen Saum nach links um. Dann heften Sie den Nesselstoff rings um die mandelförmigen Öffnungen auf den Seidenstoff.

3

Die Kanten der Lochmotive ringsum mit Schlingstichen festnähen und die Stoffteile von links bügeln.

SEITENTEIL
Durchmesser 18 cm

MITTELTEIL

SEIDENER BUCHUMSCHLAG

Dieser edle Buchumschlag aus Seide ist mit Einlege-Applikationen verziert. In den Oberstoff werden schmale Rechtecke eingeschnitten und die so entstandenen Rahmen mit Seidenstücken in leuchtenden Farben gefüllt.

SIE BENÖTIGEN:

ein Buch

schwarzen Seidenrest in der Größe des Buchs, plus ringsum 5 cm

Trickmarker

Schneiderschere

orangefarbenen Seidenrest, doppelt so groß wie die schwarze Seide

Nähnadel und Heftfaden

spitze Schere

Stecknadeln

passenden Nähfaden

verschiedene Seidenreste in leuchtenden Farben

Nähmaschine

VORBEREITUNG

Das Buch aufschlagen und flach auf den schwarzen Seidenstoff legen. Ringsum den Umriß anzeichnen und mit 2,5 cm Nahtzugabe zuschneiden. Auf diese Weise ein gleich großes Teil aus der orangefarbenen Seide schneiden. Das übrige Stück zur Hälfte zusammenfalten, das Buch zugeklappt darauflegen und wieder den Umriß anzeichnen. Entsprechend zwei Teile mit Nahtzugaben zuschneiden.

FERTIGSTELLEN

Für die Klappen an der Innenseite biegen Sie nun an einer Längskante der orangefarbenen Hälfte einen Saum um und nähen ihn fest. Dann stecken Sie die Klappen rechts auf rechts am Buchumschlag fest. Abnähen und die Buchdeckel in die Klappen schieben.

1

Heften Sie das große orangefarbene Seidenteil auf die schwarze Seide. Dann zeichnen Sie an der Vorderseite in halber Breite die Reihe der Rechtecke an. Die markierten Linien abheften und schwarze Rechtecke freilegen. Rings um die Rahmen einen schmalen Saum nähen.

2

Aus den bunten Seidenresten schneiden Sie nun passende Streifen für die Rechtecke zu. Setzen Sie jedes Teil in die Mitte des schwarzen Rechtecks, und heften Sie es fest. Die Einlegestreifen so weit einsäumen, daß ein schwarzer Rand sichtbar bleibt. Ringsum mit Schlingstichen festnähen.

SEIDENBEHÄLTNIS IN SCHLITZTECHNIK

Für die Gestaltung dieses Behälters wurden mehrere Seidenlagen aufgeschlitzt. Durch diese Technik und die aufgesteppten Nahtlinien entsteht die interessante Oberflächenstruktur.

SIE BENÖTIGEN:

25 x 90 cm Baumwollnessel

Schneiderschere

Bügeleisen

15 x 90 cm Bügelvlieseline

Seidenreste in sechs kontrastierenden Farben

Stecknadeln

Nähmaschine und passenden Faden

Stickschere

VORBEREITUNG

Schneiden Sie zehn 12,5 x 12,5 cm große Nesselquadrate zu. Bügeln Sie Vlieseline auf die Stoffquadrate, und legen Sie diese paarweise mit der Vlieseline-Seite aufeinander. Über diese Lagen plazieren Sie jetzt jeweils noch sechs verschiedenfarbige Seidenquadrate, die Sie vorher auf dieselbe Größe zuschneiden. Die Schichten zusammenstecken.

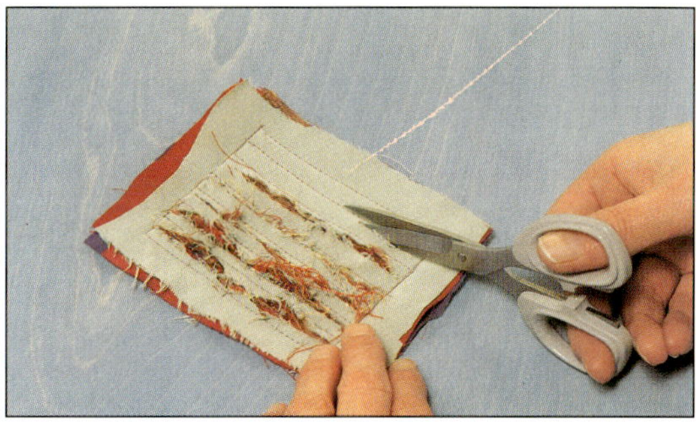

1

Nähen Sie die fünf mehrschichtigen Stoffquadrate im Abstand von 1 cm von der Außenkante ringsum zusammen. Im Innenquadrat werden parallele Linien im Abstand von 1 cm abgesteppt. Zwischen den Nähten schlitzen Sie die Seidenlagen mit Ausnahme der letzten auf.

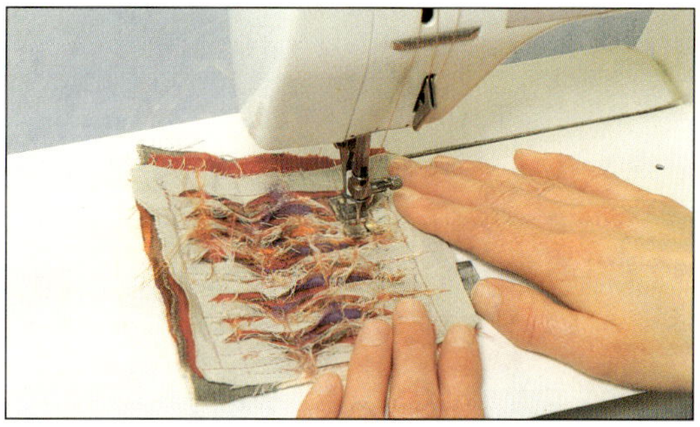

2

Nun wird horizontal über die vertikalen Schlitze genäht, die nächste Naht legen Sie mit 1 cm Abstand in entgegengesetzter Richtung an. Arbeiten Sie vor und zurück, und belegen Sie so die gesamte Fläche mit einem Gitter.

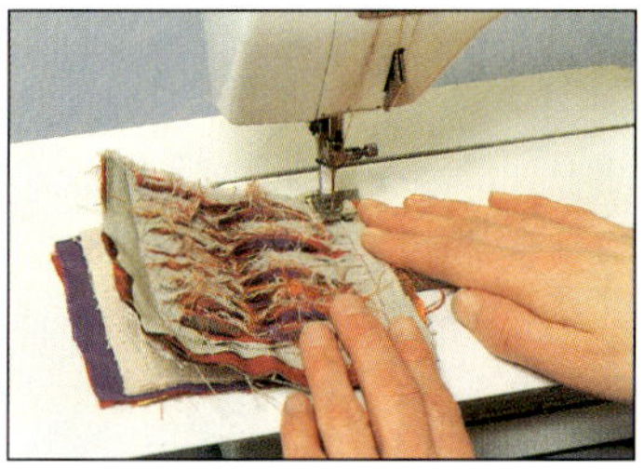

3

Legen Sie jetzt zwei fertige Teile mit der Nesselstoffseite aufeinander, und nähen Sie sie im Abstand von 1 cm von der Außenkante an einer Seite zusammen. Setzen Sie genauso die drei anderen Quadrate an den Seiten des Mittelquadrats an.

FERTIGSTELLEN

Nun nähen Sie die Seiten des Behälters zusammen. An der Oberkante eine Schlaufe aus Seide sowie einen aus verknoteten Seidenresten angefertigten Knopf aufnähen.

Applizierter Filzball

Dieser weiche Ball ist ein sicheres Spielzeug für Babys und groß genug, daß sie ihn leicht halten können. Die bunten Applikationen sind mit einfachen Stickstichen verziert.

Sie benötigen:

Papier und Bleistift

dünnen Karton

Cutter

20 x 90 cm Baumwollnessel

Schneiderschere

farbige Filzreste

Stecknadeln

Stickrahmen

Stickgarn in verschiedenen Farben

Nadel für Stickwolle

Nähnadel und passenden Faden

Füllwatte

Bandrest (nach Wunsch)

Vorbereitung

Übertragen Sie die Vorlage für das Fünfeck, und fertigen Sie damit zwölf Kartonschablonen an. Mit mindestens 2,5 cm Abstand zeichnen Sie gleichfalls zwölf Fünfecke auf den Nessel, aber nicht ausschneiden. Fertigen Sie auch Herzschablonen und solche für Blütenblätter an, und schneiden Sie damit verschiedenfarbige Filzstücke zu. Für die Blütenmitte Kreise in zwei verschiedenen Größen zuschneiden.

1

Stecken Sie ein Herz und einen Kreis in die Mitte eines angezeichneten Fünfecks. Den Nesselstoff in den Stickrahmen spannen und mit kleinen Heftstichen das Herz aufarbeiten. Über den Kreis sticken Sie einen Stern. So werden auf sämtliche Fünfecke die vorgesehenen Motive appliziert.

2

Dann schneiden Sie die Stoffteile mit 1 cm Nahtzugabe ringsum aus. Spannen Sie die Fünfecke über die Kartonschablonen (siehe Grundtechniken, S. 25).

3

Um ein zentrales Teil nähen Sie nun mit Überwendlingstich fünf weitere Fünfecke an. Die übrigen Fünfecke genauso zusammenfügen.

4

Nun werden die beiden Ballhälften bis auf drei Seitennähte zusammengenäht. Anschließend die Schablonen entfernen.

Fertigstellen

Den Ball mit der Watte füllen und die letzten Nähte schließen. Wenn Sie ihn aufhängen möchten, setzen Sie in die letzte Naht eine kleine Bandschlaufe mit ein.

Herz

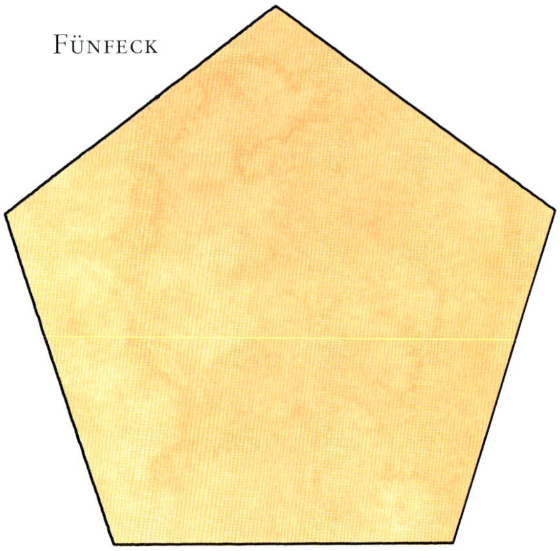

Fünfeck

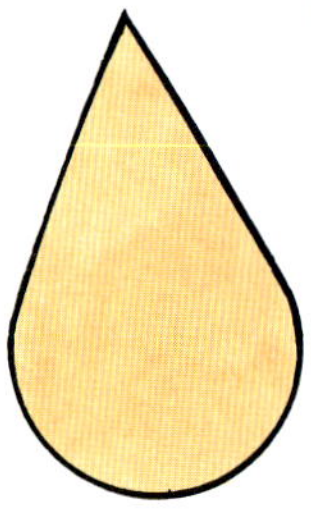

Blütenblatt

BABYDECKE

Auch für das Vogelmotiv in dieser Decke wird die Einlege-Applikationstechnik verwendet. Verziert ist der hübsche Vogel mit Stickgarn in hellen Farbtönen.

SIE BENÖTIGEN:

eine Wolldecke

Schneiderschere

Papier und Bleistift

dünnen Karton

Cutter

farbige Wollstoffreste

Stecknadeln

Trickmarker

Nähnadel und Heftfaden

spitze Schere

Nähmaschine und Faden in kontrastierender Farbe

Bügeleisen

Stickgarn in ausgewählten Farben

Nadel für Stickwolle

VORBEREITUNG

Schneiden Sie die Decke auf passende Größe für die Wiege oder das Kinderbett zu. Dann vergrößern Sie das Vogelmotiv und schneiden die entsprechenden Schablonen aus Karton aus. Beim Zuschneiden der Teile aus Stoff geben Sie ringsum 2 cm als Nahtzugabe hinzu. Nun werden mit den Schablonen die Umrisse des Motivs auf die Vorderseite der Decke übertragen. Die Umrißlinien exakt abheften.

1

Stecken und heften Sie die Stoffteile für den Vogel auf der linken Seite unter die abgehefteten Flächen.

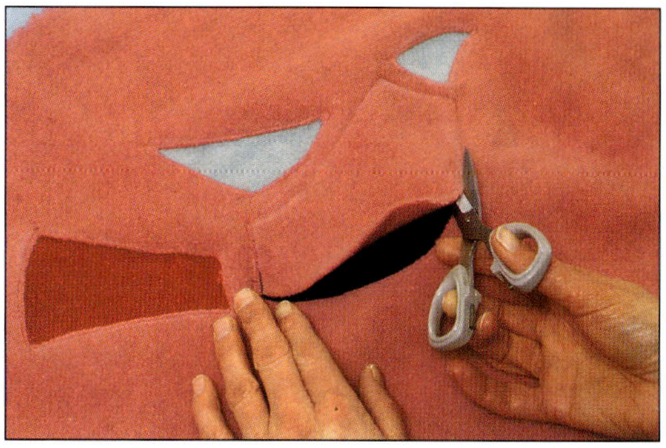

2

Dann werden die Einzelformen innerhalb der abgehefteten Umrißlinie an der Vorderseite vorsichtig ausgeschnitten.

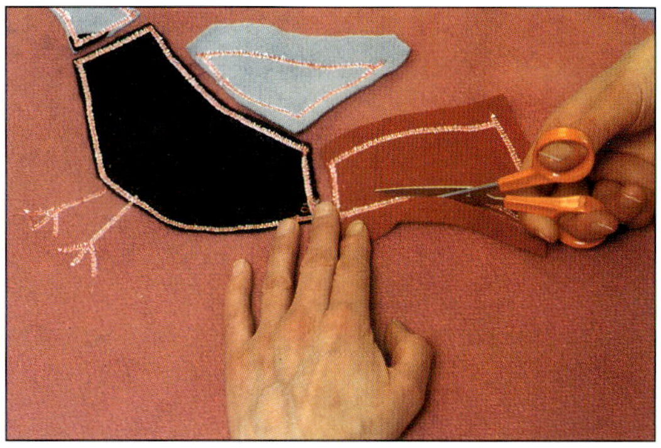

3

Stellen Sie an der Nähmaschine Zickzackstich ein, und stecken Sie auf die Applikationsteile an der Rückseite ein Stück Papier. Danach nähen Sie die Schnittkanten von rechts mit Satinstich ab. Die Beine des Vogels wie abgebildet mit Satinstichen aufnähen. Überstehenden Stoff abschneiden.

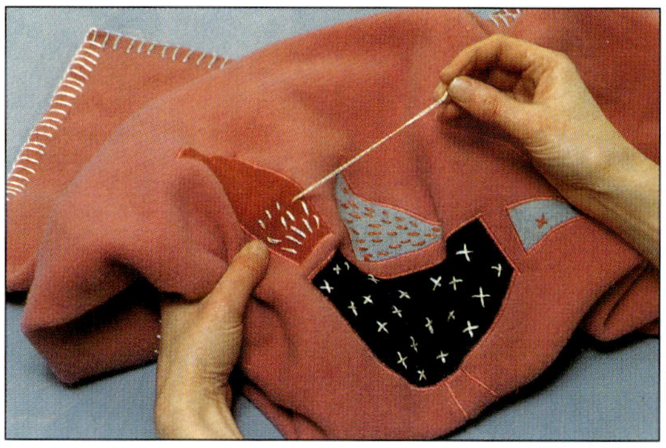

4

An den Außenkanten der Decke einen schmalen Saum umbügeln. Dann fassen Sie die Decke ringsum mit großen Festonstichen ein. Zum Schluß den Vogel mit einigen gestickten Details verzieren.

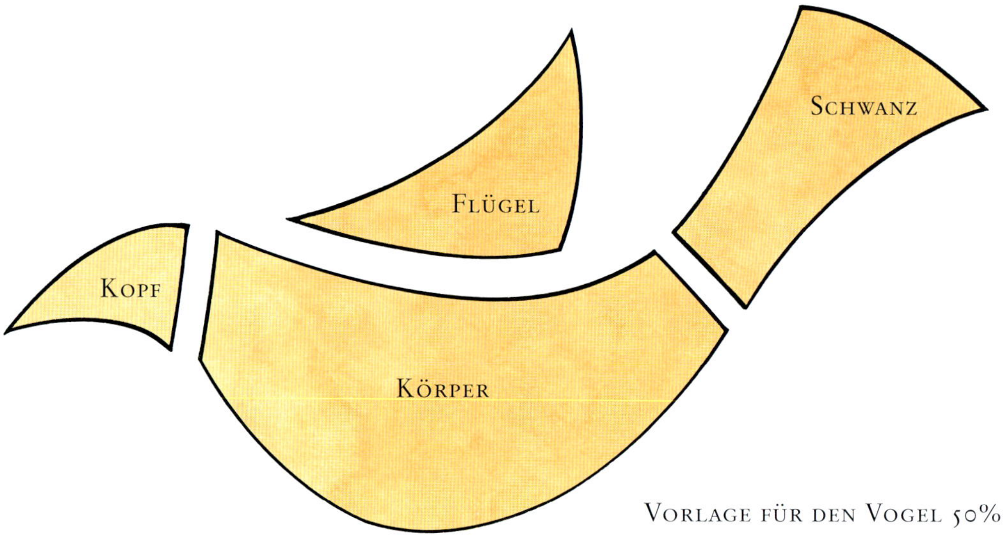

VORLAGE FÜR DEN VOGEL 50%

Badetuch mit Seminolen-Dekor

Schmale Streifen, die aus einem Patchwork-Stoff mit geometrischem Muster zugeschnitten werden, bilden hier die attraktive Borte für ein Badetuch.

Sie benötigen:

12 x 90 cm Baumwollstoff in zwei Farben

Trickmarker

Schneiderschere

Bügeleisen

einen Rest Bügelgaze

Nähmaschine und passenden Faden

20 x 90 cm Stoff für die Rückseite

Stecknadeln

Badetuch

Vorbereitung

Schneiden Sie die Baumwollstoffe in Streifen von 6 x 40 cm, und bügeln Sie sie auf die Gaze. Wechseln Sie dabei die Farben ab, und lassen Sie die Streifen ein wenig überlappen. Mit Zickzackstich zu einer Patchwork-Fläche zusammennähen.

1

Die Patchwork-Fläche schneiden Sie quer in 2 cm breite Streifen. Die Streifen auf dem Unterstoff zum Schachbrettmuster auslegen. Aufbügeln und mit Zickzackstich festnähen.

2

Durch die Mitte der Rauten eine horizontale Linie zeichnen und an dieser entlang Zackenbänder zuschneiden.

3

Parallel zur Unterkante des Badetuchs mehrere Streifen feststecken und mit Zickzackstich aufnähen.

GEQUILTETER EIERWÄRMER

Dieser Eierwärmer ist die Miniaturausgabe einer traditionellen nepalesischen Mütze. Der Baumwollstoff wird mit weißem Faden gequiltet, und die Spitze ziert ein Pompon aus Wollfäden.

SIE BENÖTIGEN:

dünnen Karton und Bleistift

Cutter

Schneiderschere

18 x 24 cm einfarbigen Baumwollstoff

18 x 24 cm Futterstoff in kontrastierender Farbe

15 x 20 cm Einlage (Vlies)

Nähnadel und Heftfaden

Trickmarker

weißen Quiltfaden

Nadel für Stickwolle

Stickschere

Nähmaschine und passenden Faden

Reste von Strickwolle

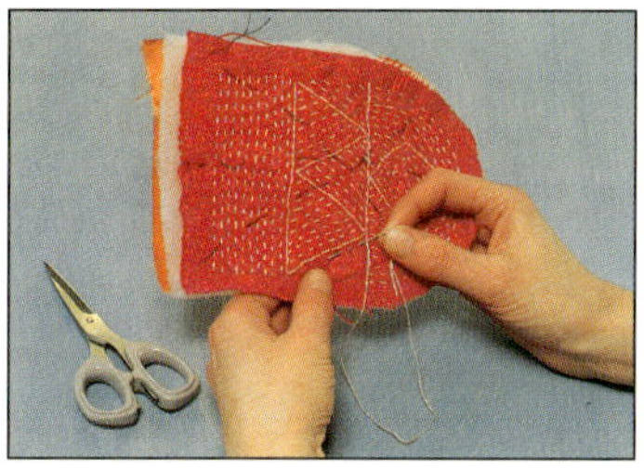

1

Das aufgezeichnete Muster wird mit weißem Quiltfaden in kleinen, gleichmäßigen Vorstichen nachgearbeitet. Das zweite Teil arbeiten Sie ebenso.

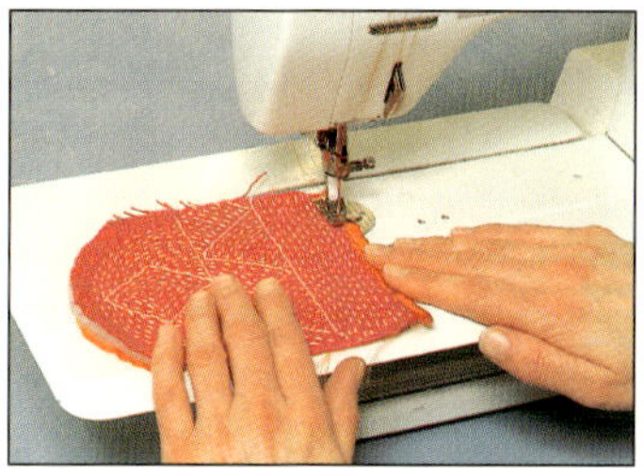

2

Schneiden Sie den Oberstoff auf die Größe der Wattierung zu. Die Unterkante mit dem nach rechts gefalteten Futterstoff einfassen und von oben aufnähen. Die beiden Teile an der Außenkante entlang zusammennähen.

3

Ein 1 x 2,5 cm groß zugeschnittenes Kartonstück umwickeln Sie mehrfach mit Wollfäden. Je mehr Sie wickeln, desto üppiger wird der Pompon.

50%

VORBEREITUNG

Vergrößern Sie die Vorlage, und fertigen Sie eine Kartonschablone an. Dann schneiden Sie mit 1 cm Nahtzugabe ringsum aus Baumwollstoff und Futterstoff je zwei Teile zu. Außerdem benötigen Sie zwei Vliesteile ohne Zugaben, die Sie jeweils zwischen Ober- und Futterstoff legen. Danach die Stofflagen zusammenheften (siehe Grundtechniken, S. 21). Auf der Außenseite der Baumwollteile zeichnen Sie auf die gesamte Fläche freihändig ein geometrisches Muster auf.

FERTIGSTELLEN

Die Wollfäden zusammenfassen, vom Karton schieben und fest zusammenbinden. Am anderen Ende werden die Schlaufen aufgeschnitten und auf gleiche Länge gekürzt. Das gebundene Ende umwickeln und das entstandene Köpfchen am Eierwärmer annähen.

PA-NDAU-APPLIZIERTER BILDERRAHMEN

Ein raffiniertes Labyrinth-Muster, das von den Hmong in Südostasien stammt. Die üblicherweise ziemlich komplizierte Applikationstechnik wird hier vereinfacht.

SIE BENÖTIGEN:

Schneiderschere

45 x 90 cm schwarzen Baumwollstoff

30 x 60 cm weißen Baumwollstoff

45 x 45 cm Karo- oder Millimeterpapier

Bleistift

dicken schwarzen Filzstift

Sprühstärke

Bügeleisen

Trickmarker

Stecknadeln

Nähnadel und passenden Faden

Stickschere

2 Kartonquadrate zum Aufziehen, 17,5 x 17,5 cm und 16,5 x 16,5 cm

Doppelklebeband

Stoffkleber

Messingring

VORBEREITUNG

Schneiden Sie den schwarzen Stoff zur Hälfte in zwei 45 x 45 cm große Quadrate, den weißen in zwei 30 x 30 cm große Teile.

1

Übertragen Sie die Vorlage von S. 250 auf Millimeterpapier, und malen Sie die Linien mit schwarzem Filzstift aus. Dann sprühen Sie ein weißes Stoffquadrat auf beiden Seiten mit Stärke ein. Anschließend bügeln. Den Stoff über dem Millimeterpapier mit der Vorlage ausbreiten und an den Ecken des Musters mit dem Trickmarker jeweils einen kleinen Winkel anzeichnen.

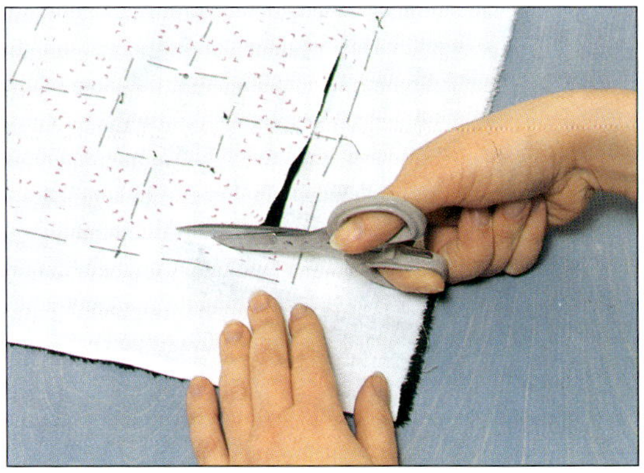

2

Ein schwarzes Stoffquadrat zwischen das Papier und den weißen Stoff legen. Dann die Innen- und Außenkante des Rahmens sowie jede Seite in der Mitte quer abheften. Die so markierten Rahmenviertel werden nun nacheinander ausgearbeitet. Schneiden Sie für den äußeren schwarzen Streifen den Stoff auf; die Schnittlinie soll immer in der Mitte des Streifens verlaufen. In die Ecken einschneiden.

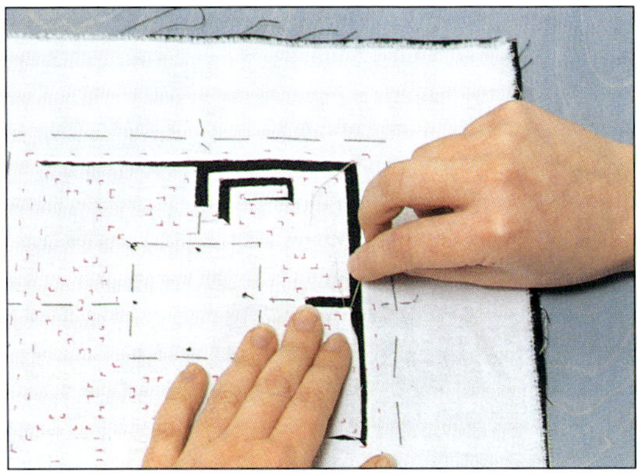

3

Mit der Nadelspitze biegen Sie nun einen winzigen Saum nach unten und nähen die Kante sofort mit Schlingstichen fest. In den Ecken werden die Stiche besonders eng aneinandergereiht. Arbeiten Sie so ein Rahmenviertel nach dem anderen aus. Orientieren Sie sich an den Eckmarkierungen und an Ihrer Vorlage. An dem fertig genähten Rahmen bleiben ein breiter, schwarzer Rand und innen ein ebensolches Quadrat.

4

Schneiden Sie aus dem größeren Karton ein 6 x 6 cm großes Fenster aus. Den Kartonrahmen dann links auf den Stoffrahmen legen, den Stoff in den Ecken des Fensters einschneiden und den schwarzen Stoffrand am inneren und äußeren Rand des Kartons festkleben. Auf dem kleineren Karton spannen Sie auf einer Seite den weißen Stoff auf und kleben ihn mit Doppelklebeband fest. Auf der anderen Seite den schwarzen Stoff um die Kanten ziehen und auf den weißen Stoff kleben. Nähen Sie die beiden fertigen Rahmenteile an drei Seiten mit Schlingstichen zusammen. An die offene Oberkante den Messingring annähen.

DOSE MIT PA-NDAU-APPLIKATION

Hier ein weiteres vereinfachtes Motiv des Hmong-Volks, das mit Hilfe einer Schablone angefertigt wird. Bei anderer Dosengröße das Motiv einfach entsprechend verkleinern oder vergrößern.

SIE BENÖTIGEN:

25 x 50 cm roten Baumwollstoff

Schneiderschere

Papier und Bleistift

Papierschere

14 x 14 cm große Holzdose

Sprühstärke

Bügeleisen

25 x 25 cm gelben Baumwollstoff

Trickmarker

Stickschere

Nähnadel und passenden Faden

14 x 14 cm Wattierung (Einlage)

Stoffkleber

Doppelklebeband

geripptes rotes Stoffband

1

Schneiden Sie den roten Stoff in zwei 25 x 25 cm große Quadrate und ein Papierquadrat in der Größe des Deckels zu. Falten Sie das Papier zweimal diagonal zu Vierteln, und zeichnen Sie darauf das Linienmuster an. Die Schablone entlang der Linien einschneiden; dann das Papierquadrat aufklappen.

2

Das Muster überprüfen und die Schablone wieder zusammenlegen. Dann wird ein rotes Stoffquadrat gestärkt. Anschließend diagonal falten, genau wie die Schablone, und bügeln. Mit der Papierschablone übertragen Sie nun die Zeichnung auf den Stoff. Diesen dann von der Mitte nach außen entlang der Linien einschneiden, das Dreieck aufklappen und wieder bügeln.

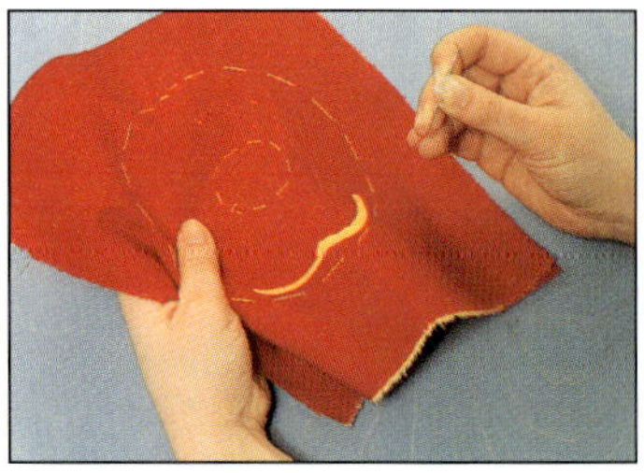

3

Legen Sie das Stoffquadrat mit dem eingeschnittenen Muster auf das gelbe und rote Stoffteil. Die drei Lagen im Abstand von 1 cm zu den Schnittlinien außen und innen zusammenheften. Schneiden Sie anschließend die noch zusammenhängenden Streifen zwischen den gebogenen Schnittlinien auseinander.

4

An der Außenkante einen schmalen Saum umbiegen, an der Innenkante in die Ecken einschneiden, gleichfalls knapp einsäumen und mit Schlingstichen festnähen. Dann zeichnen Sie vier Viertelkreise mit 5 mm Radius in das Mittelteil des Applikationsstoffs. Wieder in die Ecken einschneiden, einen schmalen Saum umbiegen und die Kanten festnähen. Heftfäden entfernen und bügeln.

5

Nun wird die Wattierung auf den Deckel geklebt. Den Schachtelrand ringsum mit Doppelklebeband beziehen. Schneiden Sie den Applikationsstoff auf 17 x 17 cm zu, und spannen Sie ihn über den Deckel bis über das Klebeband. Die Ecken schräg abschneiden und wieder Klebeband über den Rand kleben. Dieses zum Schluß mit dem roten Stoffband überziehen.

SERVIETTE MIT HERZ UND BLUME

Eine selbst genähte und applizierte Serviette. Alternativ können Sie auch fertige Servietten kaufen und diese dann mit dem einfachen Motiv verzieren.

SIE BENÖTIGEN:

dünnen Karton und Bleistift

Cutter

Stoffreste in Blau, Pink, Creme und Grün

Schneiderschere

48 x 48 cm Wäschestoff

Schneiderkreide

einen Rest Bügelgaze

Bügeleisen

Stecknadeln

grünes und blaues Stickgarn

Nadel für Stickwolle

VORBEREITUNG

Nach dem vergrößerten Herzmotiv eine Kartonschablone anfertigen. Das Herz mit 1 cm Nahtzugabe aus blauem Stoff ausschneiden. Am Serviettenstoff und am Herz bügeln Sie einen schmalen Saum um. Zeichnen Sie Blüte und Blätter freihändig auf die Gaze, und schneiden Sie die Formen aus. Auf die Stoffreste bügeln, ausschneiden und auf das Herz stecken und bügeln.

1

Sticken Sie einen grünen Stiel, und verzieren Sie die Blume. Dann stecken und nähen Sie das Herz in eine Ecke der Serviette.

2

Die Herzfläche mit Heftstichen verzieren und auch an den Kanten der Serviette entlang eine dekorative Heftstichlinie arbeiten.

50%

Tischsets

Besonders attraktiv wirken diese einfachen Tischsets, wenn sie aus einem gröberen Baumwollstoff angefertigt werden. Die Kanten der Sets sind mit Fransen verziert, und über die Fläche wurden mit farbigem Garn Heftstiche gestickt, mit denen zudem die Einlage fixiert wird.

Sie benötigen:

200 x 90 cm karierten Baumwollstoff

Schneiderschere

1 m Wattierung (Einlage)

Nähnadel und Heftfaden

Stickgarn in verschiedenen Farben

Nadel für Stickwolle

Nähmaschine und passenden Faden

Bügeleisen

Vorbereitung

Schneiden Sie den Stoff in acht Teile von jeweils 50 x 45 cm. Die Wattierung (Einlage) wird in vier 40 x 35 cm große Stücke geschnitten. Plazieren Sie die Einlage jeweils zwischen zwei Stoffteilen – und zwar so, daß ringsum mindestens 5 cm des Stoffs überstehen. Heften Sie ein Stoffteil auf die Einlage, drehen Sie das Set dann um, und heften Sie das zweite Teil auf.

1

Sticken Sie durch alle Lagen hindurch Heftstiche über das Set. Arbeiten Sie in parallelen Linien, und wechseln Sie dabei auch die Farben. Dann die Heftfäden entfernen.

2

5 cm innerhalb der Schnittkanten wird nun das Tischset ringsum im Fadenlauf abgesteppt. Um die Fransen zu bilden, ziehen Sie am Rand mit einer Nadel die Fäden heraus.

Fertigstellen

Die Tischsets bügeln und überstehende Fäden zuschneiden.

MÜTZE AUS WOLLFLAUSCH

Diese Mütze mit Umschlag ist aus Wollstoff angefertigt und oben verknotet. Die Einlege-Applikationen am Umschlag sind mit Überwendlingstich in kontrastierender Farbe eingefaßt.

SIE BENÖTIGEN:

40 x 90 cm Wollflausch (beidseitig verwendbar)

Schneiderschere

Papier und Bleistift

dünnen Karton

Cutter

Trickmarker

Wollstoffreste in zwei Farben

60 x 5 cm Bügelvlieseline

Bügeleisen

Nähnadel und Faden in kontrastierender Farbe

Nähmaschine und passenden Faden

VORBEREITUNG

Schneiden Sie den Wollstoff 60 x 40 cm groß zu. Dann biegen Sie einen 2 cm breiten doppelten Saum um und nähen ihn ringsum fest. Außerdem zwei Bänder für den Hut zuschneiden (23 x 5 cm). Die Motive übertragen und Kartonschablonen anfertigen.

1

Oberhalb des Saums zeichnen Sie mit den Schablonen abwechselnd die beiden Motive an. Anschließend die Formen ausschneiden.

2

Entsprechend schneiden Sie nun die Motive aus den Wollstoffresten zu, in beiden Farben jeweils dieselbe Anzahl. Diese plazieren Sie in dem dafür ausgeschnittenen Rahmen. Den Vlieselinestreifen oberhalb des Saums darüberbügeln.

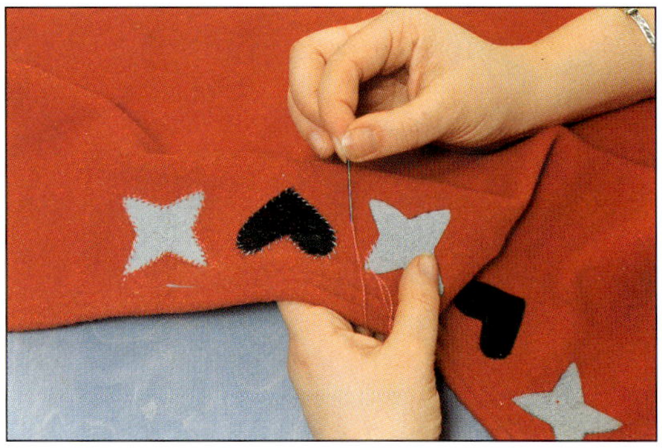

3

Auf der rechten Seite die Schnittkanten mit Überwendlingstichen in kontrastierender Farbe einfassen und die Stofffläche so wenden, daß die Vlieseline sichtbar ist. Nähen Sie auf dieser Seite die Breite des Umschlags, dann auf der anderen den Rest der Längsnaht und die obere Quernaht.

4

An den Streifen für die Bänder bügeln Sie beide Längskanten und ein Bandende nach innen. Dann in Längsrichtung zur Hälfte falten und mit Zickzackstich zusammennähen. Das offene Ende in die Ecken an der Oberseite des Huts stecken. Biegen Sie jetzt die applizierte Krempe um, und nähen Sie sie mit Schlingstichen am Hut fest. Die Bänder an der oberen Naht festnähen und verknoten.

KINDER-STRICKWESTE MIT APPLIKATION

Die Tiermotive aus Filz erinnern an Molas und werden mit kleinen Festonstichen in kontrastierender Farbe aufappliziert. Stricken Sie die Weste selbst, oder kaufen Sie eine fertige.

SIE BENÖTIGEN:

3 Knäuel (25 g) rotmelierte Wolle

je 1 Wollknäuel (25 g) für zwei verschiedene Farben

Stricknadeln Nr. 8 (4 mm)

weißen, roten und dunkelblauen Filz

Schneiderschere

Nähnadel und Heftfaden

Papier und Bleistift

Stickschere

Stecknadeln

weißes, rotes und dunkelblaues Stickgarn

Nadel für Stickwolle

OBERWEITE: 50 cm
WESTENWEITE: 58 cm
WESTENLÄNGE: 29 cm
ÄRMELLÄNGE: 23 cm

VORBEREITUNG

Maschenprobe: 10 cm = 20 M und 24 R, mit Stricknadeln Nr. 8 in rechts gestrickt.
Rückenteil: Stricken Sie ein 32 cm langes Teil; für die Breite 52 M anschlagen und ein 1 cm hohes Bündchen stricken. Die Fläche ist 4 x 4 Quadrate groß, jedes 13 M breit und etwa 7,5 cm hoch.
Vorderteile: Jeweils 26 M anschlagen und 15 cm wie das Rückenteil in Quadraten stricken. Für den Halsausschnitt an einer Kante über die verbleibenden Reihen hinweg 9 M abnehmen. Beim zweiten Teil an der anderen Kante abnehmen.
Ärmel: 39 M anschlagen und ein 2 cm hohes Bündchen stricken. Wie vorher neun Quadrate stricken. Die Teile leicht bügeln. Rückenteil und Vorderteile an der Schulternaht zusammennähen und die Ärmel ansetzen. Seiten- und Ärmelnähte schließen. Dann den Filz in 10 x 10 cm große Quadrate schneiden und jeweils drei Teile in folgenden Farben aufeinanderheften: rot – weiß – rot oder blau – weiß – blau. Für die Vorderteile und Ärmel benötigen Sie jeweils einen Dreilagenstapel.

1

Übertragen Sie die Motive von S. 249 auf Papier und dann auf Filz. Schneiden Sie zuerst die große Grundform aus den unteren Schichten zu, dann Augen und Mund aus der obersten Lage. Stecken und heften Sie die Grundform auf die Weste. Die Applikationen Lage für Lage mit kleinen Festonstichen in kontrastierender Farbe aufsticken.

2

Als Verschluß schneiden Sie vier 2,5 x 2,5 cm große Quadrate in weißem Filz zu und legen sie diagonal zu Dreiecken zusammen. Den Falz an der Kante des Vorderteils anlegen und das Quadrat feststecken. Mit roten Festonstichen auf beiden Seiten einfassen.

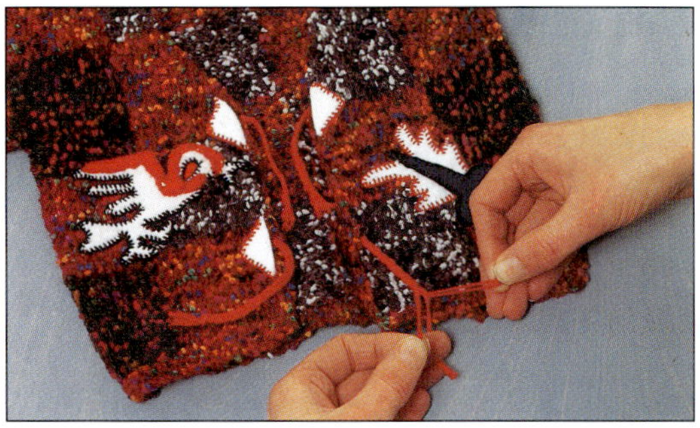

3

Die vier Zöpfchen werden aus je drei 28 cm langen Wollfäden angefertigt. Die Fäden auf der Rückseite an den Filzdreiecken annähen. Zu Zöpfen flechten und am Ende verknoten.

Patchwork-Strickpullover für Kinder

Für diesen Pullover werden Streifen aus verschiedenfarbigen Quadraten mit einfachen Motiven gestrickt. Diese verbinden Sie zu Blöcken. Die Anstoßlinien werden mit weißer Wolle überstickt, an der Unterkante nähen Sie ringsum Pompons auf.

Sie benötigen:

je 1 Wollknäuel (25 g) in sechs Farben

Stricknadeln Nr. 8 (4 mm)

Bleistift und kariertes Papier

Nähnadel und passenden Faden

kleine Menge weißer Wolle

Nadel für Stickwolle

70 cm Band für Pompons

1

Für die Ärmel stricken Sie zwei Streifen mit je zwei Quadraten. Die Streifen dann von links zusammenstecken und -nähen.

2

Die Naht an der Vorderseite mit Stichen aus weißer Wolle übersticken. Längs und quer arbeiten Sie diese Ziernaht aus.

3

An die Ärmelkante und um den Halsausschnitt stricken Sie zwei weitere Reihen. Am unteren Rand des Pullovers das Band mit den Pompons annähen.

Oberweite: 61 cm
Pulloverweite: 68,5 cm
Pulloverlänge: 33 cm
Ärmellänge: 23 cm

Vorbereitung

Maschenprobe: 10 cm = 24 M und 26 R, mit Stricknadeln Nr. 8 in rechts gestrickt. Wechseln Sie, falls notwendig, die Nadeln, um die erforderliche Strickdichte zu erzielen.

Zeichnen Sie die Motive von S. 250 auf kariertes Papier. Mit diesem Strickmuster stricken Sie die einzelnen Quadrate, die jeweils 26 M x 28 R groß sind. Vorder- und Rückenteil bestehen aus drei Strickstreifen zu je drei Blöcken. Den Halsausschnitt vorn bilden Sie ausgehend von der Mitte des letzten Mittelquadrats.

Applizierte Sonnenblume

Applizieren Sie diese glänzende Satinblume auf der Schürze eines Kleidchens oder einer Latzhose. Das einfache Motiv wird von Hand aufgenäht.

Sie benötigen:

Papier und Bleistift
dünnen Karton
Cutter
Reste von Bügelvlieseline
scharfe, kleine Schere
Bügeleisen
verschiedenfarbige Satinreste
Stecknadeln
Nähnadel und passenden Faden

Vorbereitung

Übertragen Sie die Vorlagen auf Karton, und fertigen Sie Schablonen an. Die einzelnen Blütenblätter und die Blumenmitte auf der Vlieseline anzeichnen und mit der Schere ausschneiden.

Blumenmitte und Blütenblatt

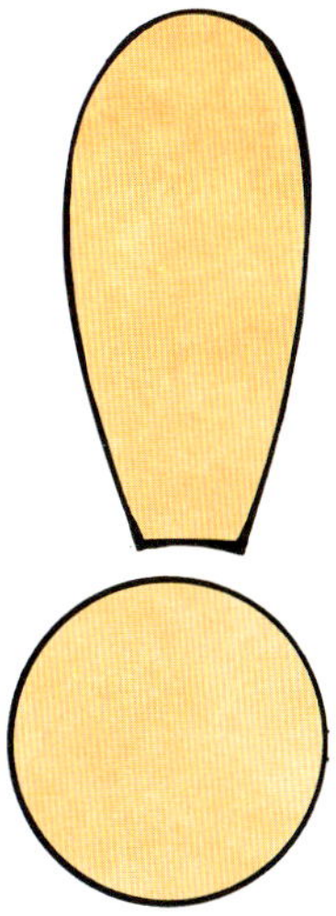

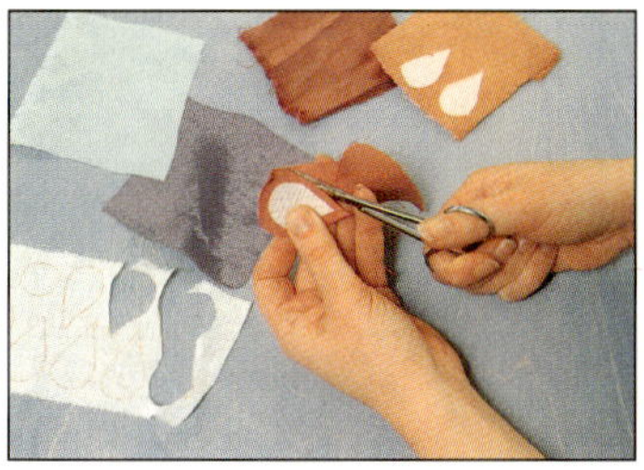

1

Bügeln Sie die Vlieselinestücke auf die Rückseite der Satinreste. Dann mit 5 mm Nahtzugabe ringsum ausschneiden.

2

Die Schnittkanten umbiegen, anschließend feststecken und -heften

3

Nun die Einzelformen des Motivs auf dem Kleidungsstück arrangieren, feststecken und mit Schlingstichen aufnähen.

KANTHA-QUILT

Das Echoquilten ist eine traditionelle Technik, mit der in Indien gearbeitet wird. Mit winzigen Stichen, die in zwei oder mehr parallelen Linien rings um ein Patchwork- oder Applikationsmotiv angelegt werden, entstehen komplizierte Quilt-Muster.

SIE BENÖTIGEN:

Papier und Bleistift

dünnen Karton

Cutter

Schneiderschere

70 x 90 cm Wattierung (Einlage)

70 x 90 cm Musselin

100 x 90 cm Stoff für die Rückseite

Nähnadel und Heftfaden

Trickmarker

Stickgarn in verschiedenen Farben

Nadel für Stickwolle

Nähmaschine und passenden Faden

VORBEREITUNG

Vergrößern Sie die Vorlagen entsprechend, und schneiden Sie die Kartonschablonen zu. Die Einlage zwischen Musselin und den Stoff für die Rückseite legen. Die Lagen zusammenheften. Von den Kanten aus markieren Sie nun mit je einer Heftstichlinie einen 11 cm breiten Rand.

FERTIGSTELLEN

Den Oberstoff und die Wattierung ringsum so zuschneiden, daß der Unterstoff einen 2,5 cm breiten Rand bildet. Diesen von der Rückseite nach vorn umbiegen und den Quilt einfassen.

1

Übertragen Sie das Paisley- und Vogelmotiv auf die Ränder des Quilts. In die Mitte des Stoffs zeichnen Sie freihändig eine Blume und setzen dann die vier Elefanten in das Mittelquadrat.

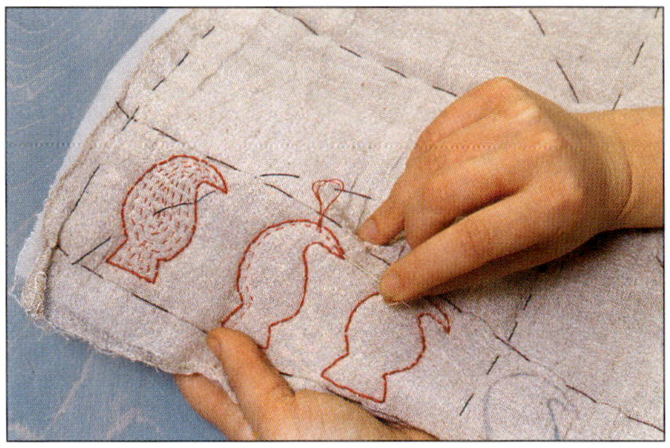

2

Nun sticken Sie mit Rückstichen die Umrißlinien der angezeichneten Motive nach.

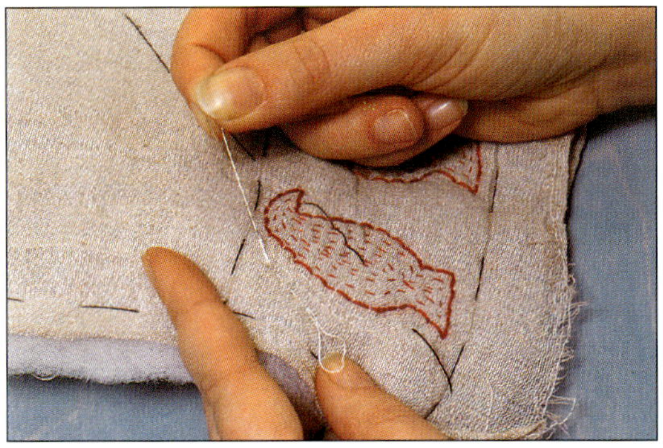

3

Die Innenflächen mit parallel zur Umrißlinie verlaufenden Heftstichen in verschiedenen Farben ausfüllen. Dann mit passendem Faden und winzigen Stichen die Motive umnähen.

4

Zum Schluß werden Zierstiche in einige ausgesparte Flächen gesetzt.

PFAU UND PAISLEY-MOTIV 50%

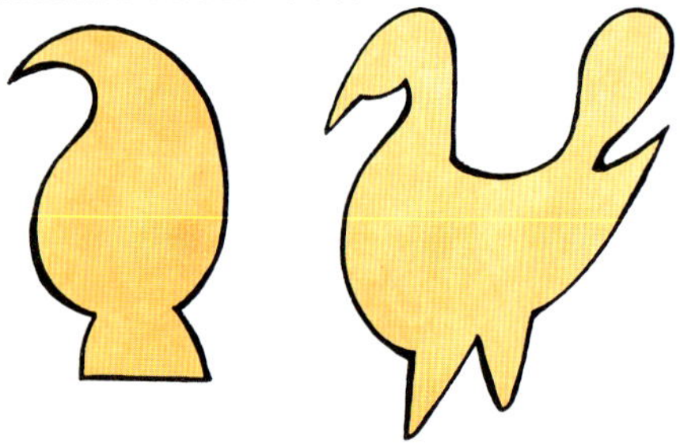

Wandbehang mit hawaiischer Applikation

Die Patchwork- und Applikationstechnik gelangten im 19. Jahrhundert durch Missionare nach Hawaii. Auf dieser Grundlage entwickelten die Hawaiianer eine völlig einzigartige Applikationsmethode. Dabei werden die Stoffmotive genau wie Papiersterne gefaltet und ausgeschnitten.

Sie benötigen:

100 x 90 cm grünen Baumwollstoff

43 x 43 cm cremefarbenen Baumwollstoff

Schneiderschere

Sprühstärke

Bügeleisen

ein Papierquadrat, 30 x 30 cm

Bleistift

Papierschere

Trickmarker

Nähnadel und passenden Faden

Stickschere

46 x 46 cm Wattierung (Einlage)

Stecknadeln

Stickrahmen

Quiltfaden

Nadel für Stickwolle

Vorbereitung

Den grünen Baumwollstoff schneiden Sie in zwei 43 x 43 cm große Quadrate und 10 cm breite Streifen. Beide Seiten eines Quadrats stärken und bügeln. Dann schneiden Sie noch drei 10 cm breite Stoffstreifen (15 cm lang) als Schlaufen zu, falten sie längs zur Hälfte und nähen sie an der offenen Kante zusammen. Nach rechts wenden. Anschließend das Applikationsmotiv von S. 250 vergrößern.

1

Falten Sie das Papier in Viertel und nochmals zum Dreieck. Dann die Umrißlinie der Zeichnung auf das Dreieck übertragen. An den Linien entlang ausschneiden. So entstehen zwei Schablonen: eine für das Motiv und eine als Rahmen.

2

Mit dem Trickmarker die Umrißlinie des Sternmotivs und die Innenkante des Rahmens auf das grüne Stoffquadrat zeichnen. Dieses jeweils im Abstand von 5 mm von den angezeichneten Linien auf den cremefarbenen Stoff heften.

3

Mit 3 mm Abstand zu den angezeichneten Linien kleine Flächen aus dem grünen Stoff ausschneiden. An Rundungen einschneiden.

4

Die Stofflagen von links bügeln und rings um das Motiv die Schnittkanten mit einem umgebogenen Saum versäubern. Mit Schlingstichen festnähen.

5

Legen Sie die Wattierung zwischen das applizierte Quadrat und das zweite grüne Stoffteil. Zusammenstecken und -heften.

Fertigstellen

Die Applikation in einen Stickrahmen spannen. Ausgehend von einer Ecke, werden nun Innen- und Außenflächen des Sternmotivs gequiltet. Auch um den Rand kleine Heftstiche in parallelen Linien nähen. Dann die Schnittkanten des Quadrats gleichmäßig zuschneiden sowie aus dem grünen Stoff zwei Streifen mit 10 x 43 cm für die Seiten und zwei mit 10 x 63 cm für oben und unten. Die Streifen als Einfassung rings um den Quilt (siehe Grundtechniken, S. 20) und die Schlaufen am oberen Rand festnähen.

Potpourri-Kissen mit Hawaii-Applikation

Auf ein Kissen aus Organza nähen Sie eine Applikation im hawaiischen Stil. Mit alten Leinenknöpfen verzieren, das Kissen mit Potpourri füllen und im Raum oder auch zum Schlafen verwenden.

Sie benötigen:

Papier und Bleistift

2 Organza-Quadrate (20 x 20 cm) in verschiedenen Farben

2 Organza-Quadrate (20 x 20 cm) in gleicher Farbe

Schneiderschere

Nähnadel und Heftfaden

Trickmarker

Stickrahmen

Nähmaschine und passenden Faden

scharfe, kleine Schere

Potpourri

Wäscheknöpfe aus Stoff

Vorbereitung

Schneiden Sie ein 16 x 16 cm großes Papierquadrat zu. Dieses zum Viertel und dann diagonal als Dreieck zusammenlegen. Nun das Motiv übertragen und ausschneiden. Die beiden verschiedenfarbigen Organza-Quadrate aufeinanderheften, die Papierschablone darüberlegen und das Motiv anzeichnen.

1

Den Organza mittig in den Stickrahmen spannen, an der Nähmaschine den Stopffuß einsetzen und die Linien mit kleinem Steppstich abnähen.

2

Den überstehenden Stoff an der Oberseite abschneiden. Danach noch einige Male über die Stepplinien nähen, um die Schnittkanten zu bedecken.

Fertigstellen

Nun die beiden übrigen Organza-Quadrate aufeinanderheften und rechts auf rechts auf den applizierten Stoff legen. Nähen Sie das Kissen (siehe Grundtechniken, S. 25), füllen Sie es mit Potpourri. Dann mit Schlingstichen verschließen und an den Kanten Wäscheknöpfe aufnähen.

Schmuckbeutel mit Perlenbesatz

Dieser kleine Beutel wird mit Stoffherzen, Perlen und farbigem Garn verziert. Als Verschluß bekommt er eine Schlaufe mit Knopf.

Sie benötigen:

12 x 32 cm blauen Stoff

Schneiderschere

12 x 32 cm roten Futterstoff

Stoffreste für die Herzen

Reste von Bügelvlieseline

Bügeleisen

Stickrahmen

Nähnadel und passenden Faden

verschiedene Perlen

Nähmaschine und passenden Faden

Holzknopf

rotes Stickgarn

Vorbereitung

Legen Sie den blauen Stoff und den roten Futterstoff jeweils mit den Schmalkanten zusammen, und markieren Sie die Bruchkante. Aus den Resten vier große und vier kleine Herzen in kontrastierenden Farben ausschneiden und auf die Rückseite Vlieseline bügeln.

1

Die blaue Vorder- und Rückseite nacheinander in den Stickrahmen spannen. Applizieren Sie die beiden großen, dann die beiden kleinen Herzen auf, und verzieren Sie die Fläche mit Perlen und Stichen. Die beiden Teile rechts auf rechts zusammennähen.

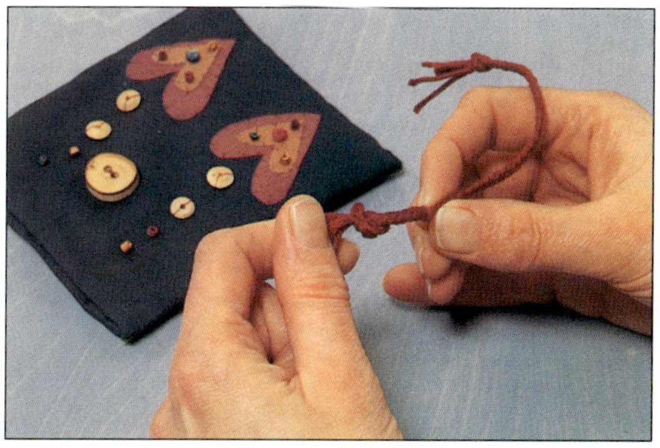

2

Aus dem roten Stoff das Futter anfertigen und am Beutel festnähen. Einen Knopf annähen, sechs Garnfäden zu einem 20 cm langen Zopf flechten und an den Enden verknoten. Den Zopf als Schlaufe an der Rückseite festnähen.

Moderne Designs

Auf der Grundlage der traditionellen Techniken können Sie mit modernen Materialien, wie beispielsweise Weich-PVC (Polyvinylchlorid), und leuchtenden, kräftigen Farben aktuelle Textilien anfertigen. Ein für einen großen Quilt mehrfach gearbeitetes Motiv kann einzeln auch als Applikationsmotiv oder Patchwork-Block für eine Kindertasche oder ein Kissen verwendet werden. Scheuen Sie vor ungewöhnlichen oder auch gewagten Gestaltungen nicht zurück, sondern erinnern Sie sich an die Anfänge des Quiltens, als alle nur auffindbaren Materialien zu einzigartigen Kunstwerken verarbeitet wurden.

EINFÜHRUNG

OBEN: Ein reizvolles, in Applikationstechnik entstandenes Bild mit Meeresmotiven, ganz in modernem Stil.

Die textilen Verarbeitungstechniken sind durch den Wandel in Mode und Zeitgeschmack permanent der Veränderung und Weiterentwicklung unterworfen. Nach einem deutlichen Rückgang ihrer Popularität erlebten Patchwork- und Applikationstechnik in den 60er und 70er Jahren einen Aufschwung, der mit der Begeisterung für die genuinen Textilien fremder Kulturen und für den Lebensstil der frühen Siedler in Amerika einherging. In diesen Jahrzehnten wurden mit Motiven oder sentimentalen und politischen Slogans bestickte Patchwork-Kleidungsstücke hergestellt, ähnlich im Stil wie die Crazy-Patchwork-Quilts der viktorianischen Zeit.

Für die Modelle in diesem Kapitel wurden textile Traditionen modern umgesetzt: mit kräftigen und spannend kombinierten Farben und Mustern, mit witzigen, modernen Motiven. Die Anleitungen beziehen sich auf aktuelle Objekte wie Rucksack und T-Shirts oder beschreiben althergebrachte Gegenstände in frischer Aufmachung. Im Hinblick auf schnelles und unkompliziertes Arbeiten werden Patchwork-Blöcke auch als Einzelmotiv verwendet und zum Maschinennähen vereinfacht. Mosaik-Patchwork, das normalerweise aus Hunderten von geometrischen Einzelformen besteht, ist neu und großzügiger entworfen, um Zeit zu sparen. Allerdings müssen die Nahtzugaben für maschinengenähtes Patchwork exakt bemessen und zugeschnitten sein. Hier ist Genauigkeit wesentlich, damit die Teile zusammenpassen und die Nähte gerade verlaufen.

Soll mit der Nähmaschine gearbeitet werden, hat dies auch Auswirkungen auf die Patchwork-Muster. Formen mit vielen Kanten sind schwierig zusammenzunähen, und auch Verbindungen mit gebogenen Nähten fallen nicht ganz leicht. Das Arbeiten mit kleinen Teilen erfordert viel Geduld, und ein schräges Stoffteil muß vorsichtig genäht werden, damit es sich nicht verzieht. Eine ausgezeichnete Hilfe sind in der Größe des fertigen Patchwork-Teils auf die Rückseite des Stoffs gebügelte Vlieselinestücke, deren Kanten beim Nähen als Leitlinie verwendet werden können. Die einfachsten Formen sind Quadrat oder Rechteck; sie lassen sich problemlos zu Streifen und damit zur Gesamtfläche zusammennähen. Ideal für Anfänger sind Stoffquadrate, die in Kombination mit einer zweiten, kontrastierenden Farbe ein attraktives Schachbrettmuster ergeben. Geübte Näherinnen sollten auch dazu übergehen, eigene geometrische

RECHTS: An handgeschöpftes Papier als Material denkt man wohl nicht zuerst, aber auch daraus lassen sich – wie diese Mappe zeigt – faszinierende Gegenstände in aktuellem Design anfertigen.

Muster zu entwerfen, denn schließlich bietet diese Technik auch vielfältige kreative und individuell variierbare Möglichkeiten. Häufig ist das moderne Patchwork von geometrischen Mustern in anderen Ausstattungsgegenständen beeinflußt, und auch die islamische Architektur mit ihren faszinierenden Mosaiken aus farbigem Glas und geschnittenem Stein bietet hierfür interessante Anregungen.

In Zeiten der Massenproduktion ist der Wunsch nach einem persönlichen Stil, gerade bei Textilien, sehr stark geworden, und mit dem Entwerfen und Anfertigen einer Arbeit ist für die meisten Menschen eine große Befriedigung verbunden. Wesentlichster Gesichtspunkt dabei ist vielleicht die Zeit: Wir wollen uns nicht mehr allzu lange mit einem Gegenstand beschäftigen, am besten sollte er an einem Tag fertiggestellt sein. Dankenswerterweise ermöglichen spezielle Materialien und Hilfsmittel heute eine erhebliche Minimierung des Zeitaufwands in der Vorbereitung.

Aufbügelbare Gaze hat die Applikationstechnik revolutioniert. Die Methode ist extrem effektiv, da mit der Zwischenlage gleichzeitig beide Stofflagen miteinander verbunden werden. Lange Zeit wurden hierfür verschiedene Bindemittel – Pasten oder Stärke – verwendet, aber die neue Methode ist wesentlich einfacher in der Umsetzung. Ihr Hauptvorteil besteht darin, daß sich die Stoffe vor oder beim Nähen nicht in Falten legen, verziehen oder ausfransen. Da auf der Rückseite der Bügelgaze Papier aufgebracht ist, können die Motive leicht aufgezeichnet werden. Und zudem erfüllt das Material auch die Funktion eines Futters, so daß ein dunkler Grundstoff nicht durch eine hellere Applikation durchscheint. Normalerweise werden die Schnittkanten von Applikationen mit möglichst schmalem Satinstich versäubert; bei geringerer Beanspruchung des applizierten Gegenstands kann aber auch von Hand genäht werden. Die schnellste Methode besteht darin, die Kanten nicht zu vernähen, sondern die Motive mit der Zackenschere zuzuschneiden.

Schon immer wurden gern Baumwollstoffe benutzt, und sie sind auch eindeutig am besten zu verarbeiten. Außerdem sind Baumwollstoffe leicht waschbar und in vielen Farben und Mustern erhältlich. Wählen Sie dicht gewebte Stoffe und solche mit geringem Synthetikanteil, denn diese lassen sich besser bügeln. Mit zunehmender Erfahrung macht auch das Experimentieren Spaß. In der Textilbranche werden auch so ungewöhnliche Materialien wie Seiden-Organza, Weich-PVC (Polyvinylchlorid) oder andere synthetische Stoffe verwendet. Für Patchwork-Arbeiten verarbeiten Sie am besten Stoffe gleicher Stärke, bei Applikationen ist nahezu jede Kombination möglich. Andere Materialien, wie etwa Papier oder Pelzstoffe, eignen sich hervorragend für interessant strukturierte Oberflächen, und aus alten Woll-Kleidungsstücken können Sie Filz herstellen. Filz ist nicht gewebt, franst daher nicht aus und wird deshalb gleichfalls gern und leicht für Applikationen verwendet. Das Material ist ideal für Gegenstände, die nicht gewaschen werden müssen. Knitter- oder Stretchstoffe sind hingegen für Patchwork und Applikationen nicht zu empfehlen.

Für die Details Ihrer Näharbeit sind Borten, Perlen, Pailletten, Knöpfe und Bänder immer eine Bereicherung. Daneben steht Ihnen eine Vielzahl an Garnen zum Hand- und Maschinensticken zur Wahl, einschließlich Neon- und Metallic-Fäden. Durch die enormen Möglichkeiten des synthetischen Färbens bleiben hinsichtlich der Farbschattierungen keine Wünsche mehr offen.

Oben: Ein ländlich wirkender Quilt mit dem traditionellen Herzmotiv – gerade dadurch hochaktuell.

Unten: Modern wirkt dieses Kissen durch die gewählten Stoffmuster und -farben. Die Verarbeitungstechniken haben sich über Generationen hinweg nicht verändert.

Beutel für Wäscheklammern

Die Patchwork-Dreiecke für diesen Wäscheklammer-Beutel wurden wie Windmühlenflügel angeordnet. Für die Rückseite nehmen Sie am besten einen bunt bedruckten Stoff.

Sie benötigen:

40 x 90 cm gemusterten Baumwollstoff

Schneiderschere

Papier und Bleistift

dünnen Karton

Cutter

100 x 90 cm grünen Baumwollstoff

50 x 90 cm gelben Baumwollstoff

Stecknadeln

Nähmaschine und Reißverschlußfüßchen

passenden Faden

1 m Paspelkordel

Kleiderbügel aus Holz, 37 cm breit

Vorbereitung

Vergrößern Sie das Muster auf S. 251, und schneiden Sie aus dem gemusterten Stoff mit 1 cm Nahtzugabe ringsum zwei Teile für Vorder- und Rückseite zu. Für das Dreieck fertigen Sie eine Kartonschablone an. Damit werden mit 5 mm Nahtzugabe vier Dreiecke aus dem grünen und vier aus dem gelben Stoff zugeschnitten. Hinzu kommt ein Schrägstreifen für die Paspel (8 x 65 cm) aus gelbem Stoff (siehe Grundtechniken, S. 25). Nähen Sie diesen ringförmig zusammen, und bügeln Sie die Naht aus.

1

Nun nähen Sie die Dreiecke mit abwechselnden Farben zu einem Stoffquadrat zusammen. Gleichmäßig abschneiden und die Nähte auf eine Seite bügeln.

2

Das Patchwork-Quadrat an drei Seiten auf das untere Stück des Vorderteils nähen und die Nähte bügeln. Dann nähen Sie den Bogen mit der Öffnung fest und bügeln die Nähte um.

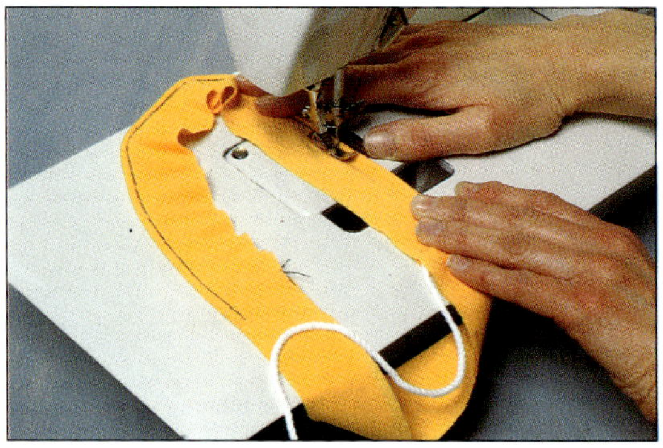

3

Den Paspelstreifen der Länge nach zusammenfalten, die Kordel einlegen und mit Hilfe des Reißverschlußfüßchens an der Nähmaschine abnähen. Danach heften Sie den Paspelstreifen rings um die Öffnung so an, daß am fertigen Teil das Paspelröllchen sichtbar ist. Aufnähen und ringsum zuschneiden. Bügeln Sie die Nahtzugaben an der Paspel um; anschließend versäubern und innen mit Schlingstichen festnähen.

4

Legen Sie nun das Vorderteil der Tasche links auf links auf das Rückenteil, und nähen Sie beide an den Kanten entlang zusammen. Oben etwa 1 cm offenlassen.

Fertigstellen

Die Nahtzugaben an den Ecken einschneiden, die Tasche nach rechts wenden und bügeln. Den Haken des Kleiderbügels an der oberen Naht durch die Öffnung schieben.

MARSEILLE

PVC-RUCKSACK

Dieser hübsche Rucksack ist wegen des gelben Materials auch besonders praktisch: Da es im Dunkeln leuchtet, erhöht es die Sicherheit Ihres Kindes.

SIE BENÖTIGEN:

Papier und Bleistift

dünnen Karton

Cutter

50 x 90 cm Weich-PVC (Polyvinylchlorid), blau

50 x 90 cm PVC, gelb

10 x 90 cm PVC, rot

Schneiderschere

100 x 90 cm Futterstoff

Stecknadeln

132 cm schwarzes Köperband, 4 cm breit

Nähmaschine und passenden Faden

Nähnadel und Heftfaden

7 große Ösen

Hammer

1 m Nylon-Kordel

VORBEREITUNG

Das Patchwork-Schema vergrößern und danach mit 5 mm Nahtzugabe die einzelnen Dreiecke (Quadrate) zuschneiden. Bezüglich der Farben orientieren Sie sich an der Abbildung. Aus dem blauen PVC schneiden Sie für den Beutel ein 66 x 32,5 cm großes Rechteck zu, für den Boden ein 33 x 14 cm großes Rechteck in Gelb und für die Riemen zwei gelbe Streifen (7 x 66 cm). Aus dem Futterstoff ein Teil für den Rucksack und eines für den Boden zuschneiden.

1

Nach dem Schema stecken und nähen Sie zuerst die gelben und blauen Patchwork-Teile zusammen.

2

Hinzu kommen die roten und dann die großen gelben Dreiecke. Das fertige Patchwork-Quadrat auf das blaue Vorderteil des Rucksacks nähen.

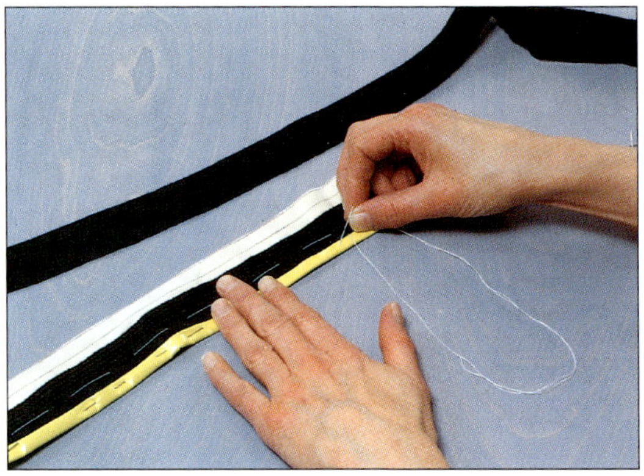

3

Das schwarze Band halbiert auf die gelben Streifen heften. Das PVC über den Bandrand, dann bis auf einen 5 mm breiten Saum nach innen biegen und festnähen. Die Riemen am Rucksack befestigen und die Naht an der Rückseite schließen. Dann den Boden annähen. Die Futterstoffteile zusammennähen, an der Oberkante des Rucksacks festnähen und dabei eine Öffnung lassen. Wenden und die Öffnung verschließen.

4

Schlagen Sie 3 cm von der Oberkante des Rucksacks in gleichen Abständen die Ösen ein. Die Nylon-Kordel durchziehen und die Enden verknoten.

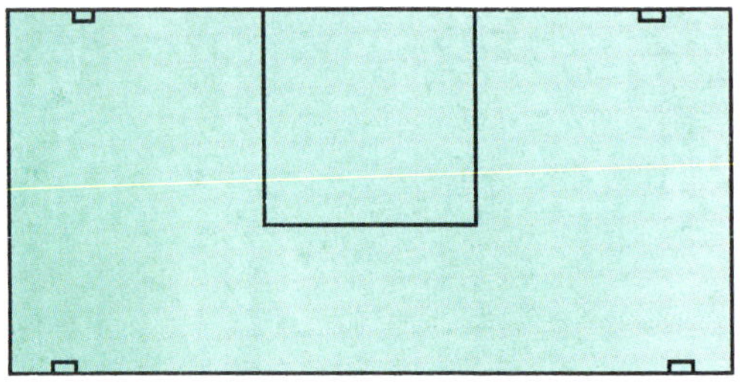

RUCKSACK 10%

PATCHWORK-SCHEMA 50%

KINDER-MÜTZE

Mit dieser Mütze aus Weich-PVC kommt Farbe in einen regnerischen Tag. Das applizierte Gänseblümchen-Motiv können Sie auch auf eine gekaufte Mütze nähen.

SIE BENÖTIGEN:

Papier und Bleistift
Papierschere
Transparentpapier
Schneiderschere
10 x 90 cm Bügelvlieseline
Bügeleisen
ausgewählte Stoffreste
50 x 90 cm PVC, rot
50 x 90 cm Baumwollstoff mit Pünktchenmuster
Stecknadeln
Stickgarn
Nadel für Stickwolle
Nähmaschine und passenden Faden

25%

VORBEREITUNG

Die Motive vergrößern und aus Papier ausschneiden. Die Umrißlinien auf Transparentpapier, dann auf die Vlieseline übertragen. Die Formen ausschneiden, auf die Stoffreste bügeln und wieder ausschneiden. Aus dem roten PVC wird ein Kreis mit 40 cm Durchmesser geschnitten, ein zweiter aus dem gepunkteten Futterstoff. Hinzu kommen für das Mützenband zwei 5 cm breite Streifen aus PVC und Pünktchenstoff, die 4 cm kürzer sind als der Kreisumfang.

1

Stecken Sie das Applikationsmotiv in die Mitte des roten PVC-Kreises, und sticken Sie es mit Festonstichen auf. Dann die Streifen jeweils an den Schmalkanten zusammennähen, die Naht versäubern und zuschneiden.

2

PVC- und Futterstoffteil der Mütze links auf links zusammenlegen und von links einkräuseln. Stecken Sie die Fältchen mit Nadeln fest, und verringern Sie so den Umfang an der Unterkante bis auf die Länge des Hutbandes.

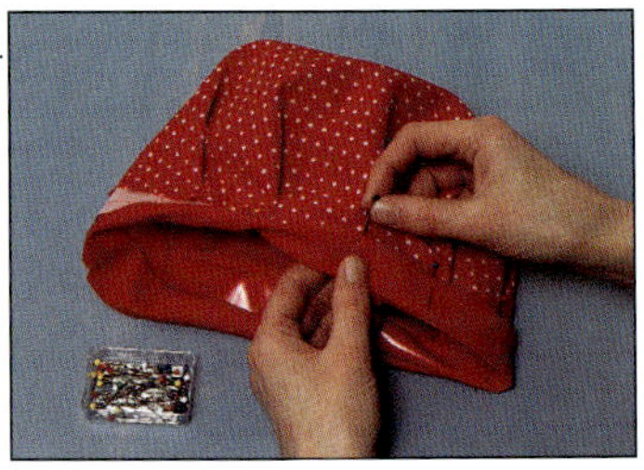

3

Den PVC-Streifen an der Unterkante entlang festnähen, dann den zweiten Streifen auf den ersten nähen. Die Nähte versäubern und bügeln. Das Mützenband nach innen biegen und festnähen.

Sweatshirt mit Scotch-Terrier

Ein witziges Applikationsmotiv für ein einfarbiges Sweatshirt. Auch auf einer Latzhose wirkt das Hundemotiv sehr hübsch.

Sie benötigen:

Bügeleisen
Bügelgaze
karierten Stoffrest
Papier und Bleistift
Schneiderschere
Kinder-Sweatshirt
Nähnadel und passenden Faden
13 cm Band mit Schottenmuster (Karomuster)
eine Glasperle
Stickgarn

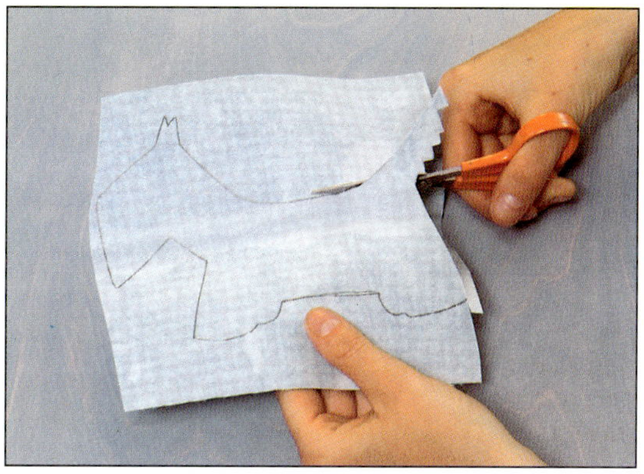

1

Bügeln Sie ein Stück Bügelgaze auf die Rückseite des Stoffrests. Die Vorlage vergrößern und auf die Gaze übertragen. Den Hund ausschneiden.

2

Nun ziehen Sie das Papier von der Rückseite ab und bügeln das Motiv an die gewünschte Stelle. Mit Schlingstichen aufnähen.

3

Aus dem Band binden Sie eine Schleife und nähen sie als Halsband für den Terrier auf. Die Perle dient als Auge, einige Stickstiche bilden die Schnauze.

Strandtasche

Diese raffinierte Tasche verwandelt sich aufgeklappt in eine lustige Strandmatte. Die Stoffische und das Meer liegen zwischen zwei transparenten Kunststoff-Folien.

Sie benötigen:

200 x 90 cm kräftige Kunststoff-Folie, transparent

Schneiderschere

66 x 66 cm blauen Satinstoff

Papier und Bleistift

Papierschere

Bügelgaze

Bügeleisen

bunte Stoffreste

Marker

Nähmaschine und passenden Faden

1 m weißes Stoffband, 2 cm breit

1 m rotes Stoffband, 2 cm breit

3,5 m weißes Schrägband

dicke Kordel, 3 m lang

Vorbereitung

Schneiden Sie zwei Kreisflächen mit 90 cm Durchmesser aus der Kunststoff-Folie und aus dem blauen Satin eine Fläche von etwa 60 cm Durchmesser mit wellenförmiger Umrißlinie zu. Nun übertragen Sie die Vorlagen auf S. 251 in verschiedenen Größen und schneiden aus Papier zehn Fische. Auf die Bügelgaze zeichnen und grob ausschneiden.

1

Die Gaze auf die Stoffreste bügeln und ausschneiden. Das Papier abziehen und die Fische auf den blauen Satin bügeln. Augen und Schwanz mit dem Marker einzeichnen. Dann den applizierten Satinstoff zwischen die Kunststoffteile legen. Entlang der wellenförmigen Satinlinie festnähen.

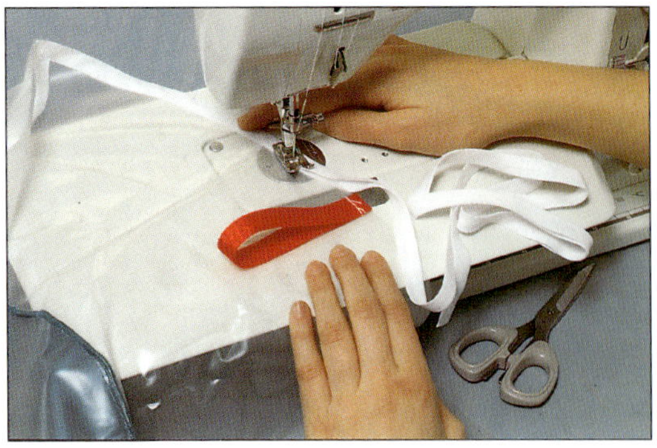

2

Aus den Bändern jeweils sechs Schlaufen bilden und diese ringsum an der Außenkante feststecken. Nun die Kante mit dem Schrägband einfassen, die Kordel durch die Schlaufen ziehen und die Enden verknoten.

STRANDTUCH

Aus alten Bade- oder Handtüchern können Sie ein attraktives Strandtuch mit bunten Strand- und Meeresmotiven anfertigen.

SIE BENÖTIGEN:

Papier und Bleistift

Papierschere

verschiedene Reste von Baumwollstoff

Bügeleisen

Schneiderschere

altes Badetuch oder Frotteestoff

Nähmaschine und passenden Faden

Trickmarker

Stecknadeln

VORBEREITUNG

Vergrößern Sie die Vorlagen auf S. 252, und schneiden Sie sie aus Papier aus. Dann schneiden Sie zwei Stoffstreifen in kontrastierender Farbe (100 x 7,5 cm) für die Einfassung zu. Die Längskanten jeweils 1 cm breit umbügeln.

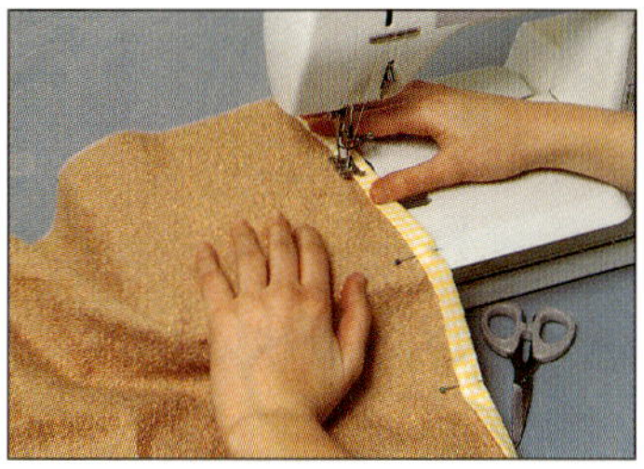

1

Stecken Sie die Stoffstreifen für die Einfassung auf die Schnittkanten des Frotteestoffs oder Badetuchs. Aufnähen.

2

Die Papierschablonen auf die Stoffreste stecken und die Formen ausschneiden.

3

Jetzt werden die Motive an einem Ende des Strandtuchs aufgesteckt. Eimer und Schaufel überlappend arrangieren. Mit Zickzackstich ringsum aufnähen.

Überwurf in Schwarz-Weiss

Das Muster dieses Überwurfs basiert auf dem Wechselspiel von Positiv- und Negativformen. Die Motive werden aus schwarzem Stoff ausgeschnitten und dann auf den cremefarbenen Quadraten appliziert.

Sie benötigen:

30 x 30 cm dünnen Karton und Bleistift

Cutter

150 x 115 cm Nesselstoff

Schneiderschere

200 x 115 cm schwarzen Baumwollstoff

102 x 90 cm Bügelgaze

Bügeleisen

Nähmaschine und schwarzen Faden

Vorbereitung

Vergrößern Sie die Vorlage, und fertigen Sie eine Kartonschablone an. Schneiden Sie zwölf 32 x 32 cm große Quadrate aus dem Nesselstoff und je sechs aus schwarzem Baumwollstoff und Bügelgaze zu. Ein 98 x 130 cm großes Rechteck aus schwarzem Baumwollstoff bildet die Rückseite.

1

Übertragen Sie die Umrißlinie der Schablone auf sämtliche Bügelgaze-Quadrate.

2

Diese dann auf die Rückseite der schwarzen Stoffquadrate bügeln. Sorgfältig ausschneiden.

3

Das Papier abziehen und die Teile auf jeweils zwei Nesselstoff-Quadraten arrangieren. Dabei mit der Schablone die schwarzen Einzelelemente positionieren. Dann aufbügeln.

25%

4

Mit Zickzackstich werden jetzt die ausgeschnittenen schwarzen Motive aufgenäht.

Fertigstellen

Nach der Fahnenmethode nähen Sie die zwölf Quadrate zu Dreierblöcken und diese wieder in vier Reihen zur Gesamtfläche zusammen. Die fertige Patchwork-Fläche mit dem Stoff für die Rückseite zusammenheften. Diesen dann nach vorn umbiegen, die Ecken schräg ausbilden und die Einfassung von oben festnähen.

ZIERKISSEN

Für dieses Viererset wird ein Patchwork-Stoff zerschnitten und wieder neu zusammengenäht. Dieses von den Seminolen entwickelte Prinzip ist eine raffinierte Methode, um aus einfarbigen Stoffen interessante Muster zu gestalten.

SIE BENÖTIGEN:

100 x 115 cm rote Seide für die Rückseite

3 m Paspelkordel

Schneiderschere

Nähmaschine und passenden Faden

38 x 38 cm Rohseide, in vier Farben

Bügelgaze

Bügeleisen

4 Kissen, 20 x 20 cm

VORBEREITUNG

Aus der roten Seide schneiden Sie einen 3 cm breiten Schrägstreifen zu (siehe Grundtechniken, S. 25), in den die Paspelkordel eingenäht wird. Die vier Seidenquadrate schneiden Sie diagonal in Hälften. Mit je einem Dreieck von jeder Farbe nähen Sie dann ein vierfarbiges Patchwork-Quadrat zusammen. Dieses falten Sie quer in beide Richtungen. Die Falzkante jeweils bügeln.

1

Den Patchwork-Stoff an den Falzkanten entlang in vier kleine Quadrate schneiden.

2

Diese werden jeweils wieder in drei Streifen, d. h. zwölf Rechtecke, geschnitten.

3

Zwei Sets aus drei Streifen beliebig zusammennähen, die übrigen sechs Streifen halbieren und die Hälften zu sechs neuen Streifen zusammennähen.

4

Zwei rechteckige Blöcke (siehe Abbildung) nähen und in der Mitte wieder durchschneiden. Die Kanten gleichmäßig abschneiden.

5

Auf rote Seidenreste Gaze bügeln und 20 kleine Kreise ausschneiden. Das Papier abziehen und die Kreise auf die Patchwork-Quadrate bügeln. Mit Zickzackstich und passendem Faden aufnähen.

FERTIGSTELLEN

Nun schneiden Sie vier rote Seidenquadrate (23 x 23 cm) für die Rückseiten zu. Rechts auf rechts werden diese jeweils mit der Patchwork-Oberseite zusammengenäht; dabei die Paspel ringsum mit einnähen und jeweils eine 13 cm breite Öffnung lassen. Die Ecken einschneiden, den Bezug bügeln und auf die rechte Seite wenden. Stecken Sie das Kissen in den Bezug, und nähen Sie die Öffnung mit Schlingstichen zu.

WEIHNACHTSKARTEN MIT SEIDENBILD

Die Christbäume bestehen aus zusammengenähten karierten Seidenstreifen, die in eine Dreiecksform geschnitten sind. Eine einfache und äußerst effektive Patchwork-Technik.

SIE BENÖTIGEN:

Lineal und Bleistift

verschiedene Reste karierter Seide

Schneiderschere

Nähmaschine und Faden in kontrastierender Farbe

Stecknadeln

Stoffkleber

dünnen Karton

Papierschere

1

Die Seidenreste in Streifen schneiden (2,5 x 36 cm). Legen Sie sie überlappend nebeneinander, und nähen Sie sie der Länge nach zusammen.

2

Jetzt wird die Patchwork-Fläche in Dreiecksformen geschnitten. Mit einer Stecknadel ziehen Sie Fäden aus den Schnittkanten heraus, damit sich Fransen bilden.

3

Kleben Sie jedes Dreieck auf ein Seidenstück. Dieses dann auf Karton kleben und ausschneiden. Für die Karten Kartonrechtecke zuschneiden und zur Hälfte falten. Die Christbäume auf die Vorderseite kleben.

Häubchen für Marmeladegläser

Applizieren Sie auf einem Häubchen für Marmeladegläser diese verlockende Erdbeere und andere Früchte. Die Applikationen mit einigen Stickstichen verzieren.

Sie benötigen:

Bleistift

eine Untertasse

Stoffreste in Hellgrün und Pink

Schneiderschere

Bügelgaze

Bügeleisen

Transparentpapier

Stickgarn

Nadel für Stickwolle

Nähmaschine und passenden Faden

40 cm pinkfarbenes Band

Vorbereitung

Zeichnen Sie mit einer Untertasse Kreise auf dem pinkfarbenen und grünen Stoff an. Auf verschiedene Stoffreste bügeln Sie nun Gaze. Dann wird das Erdbeer-Motiv auf Papier und anschließend auf die Gaze übertragen. Ausschneiden, das Papier abziehen und die Erdbeere mittig auf das glatte Deckchen bügeln.

1

Die Erdbeere entlang der Außenkante mit farbigem Garn aufsticken und mit Kreuzstichen verzieren. Rechts auf rechts die Kreise zusammennähen, dabei aber eine kleine Öffnung lassen.

2

Das Häubchen wenden, ringsum eine Heftstichlinie sticken und 5 cm von der Kante nach innen das Band annähen. Das Häubchen auf dem Marmeladeglas mit einer Schleife festbinden.

Brillenetui mit Applikation

Wird ein altes Strickteil in der Waschmaschine gewaschen, entsteht ein Material mit der Flexibilität von Wolle und der Struktur von Filz. Schneiden Sie daraus freihändig aufgezeichnete Motive als Applikation für ein Brillenetui aus.

Sie benötigen:

Papier und Bleistift

Papierschere

verschiedene Wollfilz-Reste

Schneiderschere

20 x 90 cm Futterstoff aus Seide

Stecknadeln

Nähmaschine und passenden Faden

20 cm Borte

50 cm Kordel

Vorbereitung

Vergrößern Sie die Vorlage für das Etui auf Papier. Dann schneiden Sie aus Filz- und Futterstoff die Form zu. Hinzu kommen vier passende Quadrate in verschiedenen Farben.

1

Stecken und nähen Sie die vier Quadrate auf den Filz-Oberstoff.

2

Die ausgeschnittenen Motive arrangieren Sie auf den Quadraten und stecken sie fest.

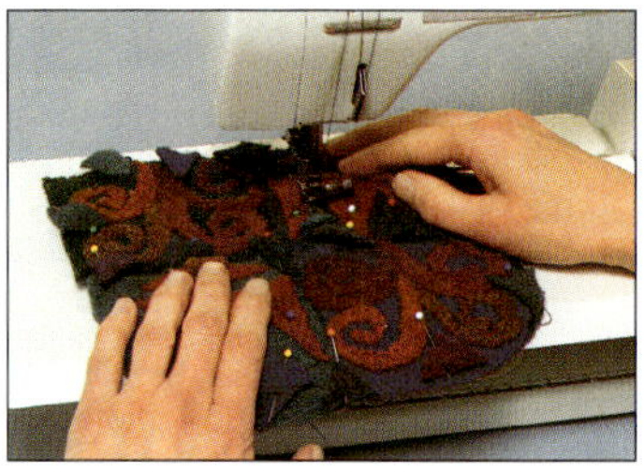

3

Dann werden die Motive mit Zickzackstich ringsum aufgenäht. Anschließend das Filz- und Futterteil jeweils rechts auf rechts der Länge nach zusammenlegen.

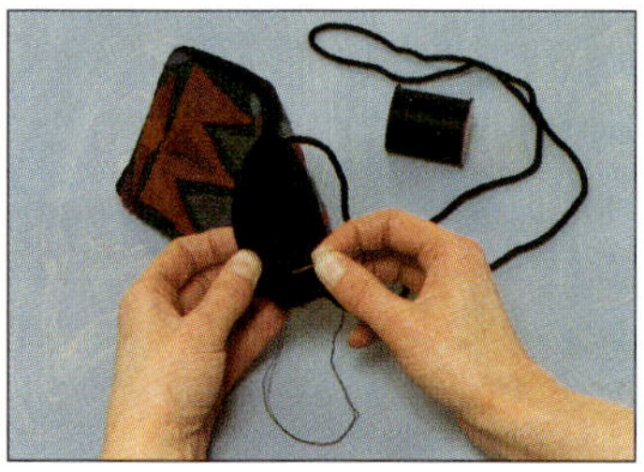

4

Nähen Sie bei beiden Teilen die Außennaht zusammen. Auf die rechte Seite wenden, ineinanderstecken, die Oberkante mit der Borte einfassen und oben die Kordel annähen.

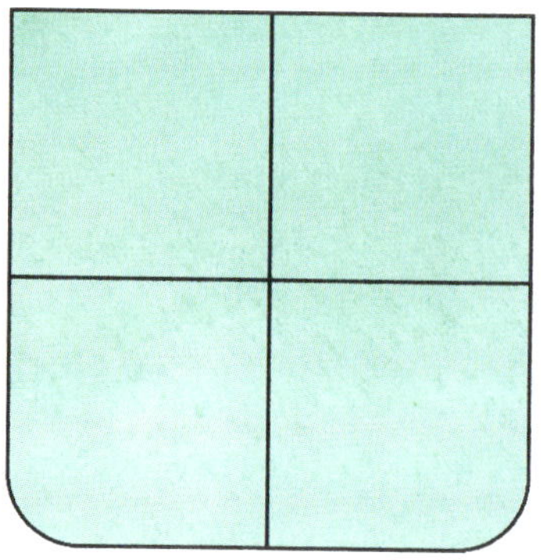

25%

Schmuckrolle

Ein maschinengequiltetes Täschchen, dessen gesamte Fläche im Mäandermuster abgesteppt ist. Solche Füllmuster können aber auch nur über einen Teilbereich gearbeitet und einfacher oder komplizierter angelegt werden.

Sie benötigen:

20 x 90 cm karierten Seidenstoff

Schneiderschere

einen Rest Wattierung (Einlage)

Nähnadel und Heftfaden

Nähmaschine und Faden

1 m Schrägband

2 Druckknöpfe

Stecknadeln

Reißverschluß- und Stopffüßchen

Reißverschluß, 15 cm lang

einen Knopf

Vorbereitung

Schneiden Sie zwei 18 x 40 cm große Teile aus Seide und eines aus der Wattierung zu. Legen Sie diese zwischen die beiden Seidenteile, mit den rechten Seiten nach außen. Die Lagen von der Mitte aus zusammenheften. Dann schneiden Sie zwei 23 cm lange Stücke vom Schrägband ab und nähen diese zu einem breiten Streifen zusammen. Auseinanderschneiden, Schnittkante versäubern und beide Teile mit je einem Druckknopf wieder verbinden.

1

Mit dem Stopffüßchen wird die gesamte Fläche in einer fortlaufenden Wellenlinie gequiltet. Verwenden Sie für den Quiltfaden eine kontrastierende Farbe, oder entscheiden Sie sich für einen im Stoff vorhandenen Farbton.

2

Die Schmalseiten mit einfachem Schrägband einfassen, 7,5 cm nach innen falten und abheften. Jetzt den Reißverschluß mit einer Seite an der eingefaßten Kante und die andere Reißverschlußseite an der Tasche festnähen. Den zweiten Einschlag vertikal durch drei Nähte unterteilen.

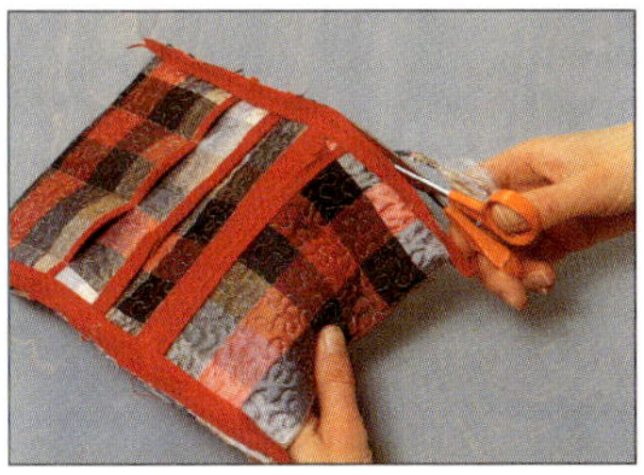

3

Stecken Sie den vorbereiteten breiten Schrägstreifen quer über die Taschenmitte fest. Dann stecken und nähen Sie an den Längskanten das Schrägband fest. Die Kanten zuschneiden, das Band nach rechts umbiegen und von oben aufnähen.

Fertigstellen

Zum Schluß noch eine Schlaufe für den Knopf auf der gegenüberliegenden Seite annähen.

Toran-Behang

Mit den traditionellen Torans werden in Indien die Tempeleingänge geschmückt. Typische Merkmale sind die leuchtenden Farben, glänzenden Stoffe und phantasievollen Muster – Charakteristika, die auch für diese neu angefertigte Patchwork- und Applikationsarbeit übernommen wurden.

Sie benötigen:

Papier und Bleistift
Nesselstoff
Wattierung (Einlage)
Füllwatte
ausgewählte Seiden-, Satin-, Samt- und Baumwollstoff-Reste
Stickschere
Stickrahmen
verschiedenfarbiges Stickgarn
Nadel für Stickwolle
Perlen, Pailletten und Knöpfe
Quiltfaden
Nähnadel und Heftfaden
Nähmaschine und Faden
verschiedene Schrägbänder und andere Bänder
Vorhangringe

Vorbereitung

Bestimmen Sie Größe und Form Ihres Behangs, und zeichen Sie ein Schema zur Aufteilung der gesamten Fläche in Patchwork-Felder. Dann schneiden Sie die Gesamtform mit Nahtzugabe ringsum aus dem Nesselstoff und ohne Nahtzugabe aus der Wattierung aus.

1

Für das Muster ohne Schablone die einzelnen Stoffmotive zuschneiden, auf den Patchwork-Stoff stecken und heften und dann in einen Stickrahmen spannen. Wo erwünscht, füllen Sie die Motive von hinten mit Watte. Die Umrißlinien von Hand abquilten und die Motive mit Perlen, Pailletten und Knöpfen verzieren.

2

Fertigen Sie eine große Zackenborte (Rauten) an, und stecken Sie diese mit der linken Seite auf der rechten Seite an der Oberkante des Behangs fest. Anschließend aufnähen.

3

Für die untere Borte Dreiecke mit Schrägband einfassen und aneinander aufnähen. Um die Naht zu verdecken, werden an der Kante entlang Bänder angebracht. Anschließend kleinere Dreiecke anfertigen und hinzufügen.

Fertigstellen

Nähen Sie nun die einzelnen Patchwork-Teile zusammen, und orientieren Sie sich dabei an Ihrem Schema. Die Wattierung zwischen dem Patchwork-Oberstoff und dem Nesselstoff für die Rückseite plazieren, feststecken und zusammenheften. An der Außenkante entlang ringsum zusammennähen und unversäuberte Kanten mit Schrägband oder anderen Bändern einfassen. Zum Aufhängen nähen Sie an der Oberkante in gleichmäßigen Abständen Vorhangringe fest.

LOVE AND LIVE HAPPY

Bistro-Tischset »50er Jahre«

Die applizierten Gemüse-Motive wie auch der gesamte Stil dieses Tischsets sind typisch für den Küchenstil der 50er Jahre.

Sie benötigen:

Papier und Bleistift

Papierschere

Stecknadeln

Stoffreste in Rot, Orange und Gelb

Schneiderschere

20 x 50 cm grün-rot gestreiften Stoff

10 x 27 cm gelb karierten Stoff

Nähnadel und Heftfaden

Trickmarker

grünes und braunes Stickgarn

Nadel für Stickwolle

Nähmaschine und passenden Faden

Bügeleisen

5 x 36 cm roten Baumwollstoff

30 x 36 cm grünen Karostoff

33 x 42 cm fertigen Steppstoff

Vorbereitung

Mit den Vorlagen auf S. 252 fertigen Sie Papierschablonen für die Applikationsmotive an. Diese auf die Stoffreste stecken und mit 5 mm Nahtzugabe ringsum ausschneiden. Zwei 5,5 x 9 cm große und einen 7 x 36 cm großen Streifen aus dem grün-rot gestreiften Stoff zuschneiden.

1

Die Nahtzugaben der Applikationsmotive einschneiden, umbiegen und abheften. Danach schneiden Sie drei 10 x 9 cm große Rechtecke aus dem gelben Karostoff zu.

2

Auf jedem Rechteck heften Sie ein Motiv fest und nähen es mit Schlingstichen auf. Details werden mit Trickmarker vorgezeichnet und von Hand nachgestickt.

3

Rechts auf rechts nähen Sie nun die beiden kurzen Streifen zwischen die applizierten Stoffteile. Anschließend bügeln. Dann nähen Sie an der Linkskante den roten, an der rechten Längskante den langen grün-roten Streifen an.

4

Rechts auf rechts wird jetzt der grüne Karostoff am roten Streifen festgenäht, den Steppstoff für die Rückseite nähen Sie mit einer Schmalkante am grün-roten Längsstreifen an. Den Oberstoff am Steppstoff festheften und das Tischset auf 32 x 42 cm Größe zuschneiden. Mit Streifen aus dem übrigen gestreiften Stoff werden die drei anderen Kanten eingefaßt.

BUCHUMSCHLAG MIT BLÜTE

Geben Sie Ihrem Buch mit diesem Umschlag eine persönliche Note. Für die Applikation ist Filz gut geeignet, da er nicht ausfranst. Die Blütenmitte mit farbigen Glasperlen verzieren.

SIE BENÖTIGEN:

Papier und Bleistift
Papierschere
Baumwollstoff in zwei kontrastierenden Farben
Schneiderschere
Filzreste in passenden Farben
Stoffkleber
Stecknadeln
Nähmaschine und passenden Faden
Bügeleisen
Stickgarn
Nadel für Stickwolle
farbige Glasperlen

VORBEREITUNG

Legen Sie das Buch geöffnet auf ein Blatt Papier, und zeichnen Sie den Umriß mit 1 cm Zugabe ringsum an. Das Muster stecken Sie auf den Stoff für die Außenseite und schneiden diesen danach zu. Die Schablone zur Hälfte falten und damit zwei Teile aus dem Innenstoff, mit 1 cm Nahtzugabe am Falz, zuschneiden. Das Blütenmotiv vergrößern, auf Filz anzeichnen und ausschneiden. Es wird mittig in der rechten Hälfte der Außenseite aufgeklebt. Die Blütenmitte in anderer Farbe ausschneiden und aufkleben.

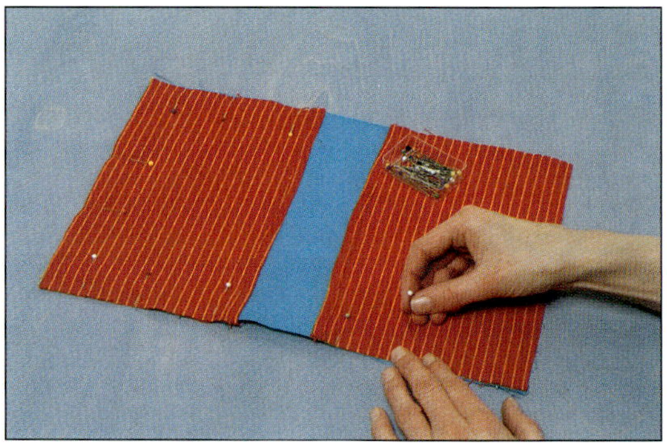

1

Biegen Sie an einer Längskante bei beiden Innenklappen einen Saum um. Festnähen und die Teile bügeln. Dann rechts auf rechts an der Vorderseite feststecken.

2

Von der Mitte aus nähen Sie jetzt die Außennähte ab. An den Ecken einschneiden, den Umschlag bügeln und nach rechts wenden. Die Blume an den Kanten entlang mit kleinen Stichen verzieren und die Glasperlen aufnähen.

Valentins-Karte und Geschenkanhänger

Für einen Menschen, der Ihnen besonders am Herzen liegt, sind diese mit einem dekorativen Herz applizierte Karte und der Geschenkanhänger gerade das Richtige.

Sie benötigen:

farbiges Tonpapier
Lineal und Bleistift
Papierschere
Locher
ausgewählte Stoffreste
Schneiderschere
Papier
Stoffkleber
Stecknadeln
Stickgarn
Nadel für Stickwolle
kleine, bunte Perlen
10 cm Geschenkkordel

Vorbereitung

Für die Karte ein 15 x 20 cm großes Rechteck aus Tonpapier zuschneiden. Zur Hälfte falten. Eine zweite Fläche in der Form eines Kofferanhängers ausschneiden und oben in der Mitte lochen. Für beides Stoffteile zuschneiden und diese ausfransen. Dann kleben Sie einen Streifen mit gebogtem Rand am größeren Stoffrechteck an. Das Herzmotiv vergrößern und eine Schablone aus Papier anfertigen.

50%

1

Die Schablone auf verschiedene Stoffreste stecken und ausschneiden. Dazu kommen mehrere Punkte in kontrastierender Farbe, die auf die Herzen geklebt werden.

2

Die Herzen auf die Stoffrechtecke kleben und das Motiv mit Perlen und farbigen Zierstichen verzieren. Die fertigen Stoffteile auf Karte und Anhänger kleben. Für den Anhänger die Kordel einfädeln und verknoten.

Applizierte Filzkappe

Diese Kappe ist aus verfilzten Strickresten angefertigt. Kühlere Farben drängen sich optisch nicht vor und sind daher besonders gut als Grundstoff geeignet. Wählen Sie dagegen warme Töne für die Motive.

Sie benötigen:

Papier und Bleistift

Papierschere

Schneiderschere

selbst hergestellten Filz aus Strickresten

20 x 90 cm Futterstoff

Stecknadeln

Nähmaschine und passenden Faden

Hutband

Nähnadel und Heftfaden

Vorbereitung

Die Vorlagen vergrößern, Papierschablonen anfertigen und die Teile aus Filz- und Futterstoff zuschneiden. Für den Längsstreifen benötigen Sie Quadrate in verschiedenen Farben, für das runde Teil entwerfen Sie freihändig ein Motiv und schneiden die entsprechenden Teile zu.

1

Die Quadrate auf den Längsstreifen stecken. Mit Zickzackstich aufnähen. Dann legen und nähen Sie die erste Schicht Ihres Motivs auf das runde Teil.

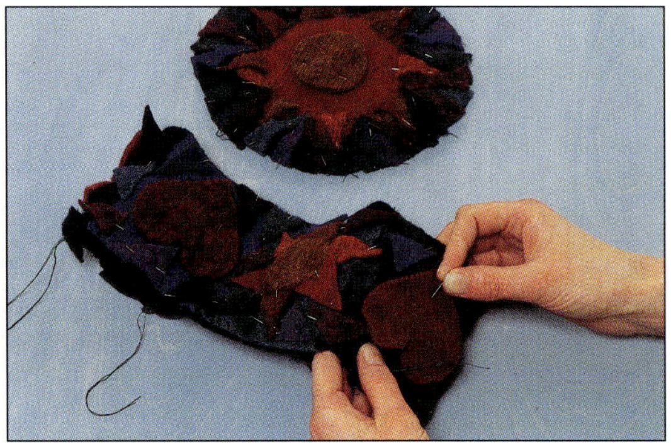

2

Nun wird die zweite Schicht zur Verzierung auf Längsstreifen und rundem Teil appliziert.

3

Die Motive auf beiden Teilen der Kappe mit Maschinenstickerei in geometrischen Mustern verzieren.

Fertigstellen

Den Längsstreifen an den Schmalkanten zum Ring zusammenfügen und am runden Teil festnähen. Aus dem Futterstoff nähen Sie die Innenkappe und setzen sie mit der linken Seite in der Kappe ein. Das Hutband 3 cm länger als Ihre Kopfweite zuschneiden, plus 1 cm Nahtzugabe. Es wird an den Enden zusammengenäht und am Rand festgeheftet. Nach innen biegen und knapp an der Unterkante entlang aufnähen.

Rundes Teil 25%

Längsstreifen 25%

Weste in Schwarz-Weiss

Das Muster dieser Weste entsteht durch Applizieren der geometrischen schwarzen Formen auf einem Nessel als Grundstoff. Zeichnen Sie den Entwurf frei auf, und nähen Sie nacheinander kleine Bereiche.

Sie benötigen:

fertiges Schnittmuster für die Weste

Schneiderschere

90 x 150 cm Nessel

50 x 90 cm schwarzen Baumwollstoff

Trickmarker

Stecknadeln

Nähmaschine und schwarzen Faden

kleine, scharfe Schere

Vorbereitung

Schneiden Sie die Vorderteile der Weste aus dem Nessel- und schwarzen Baumwollstoff zu. Das Rückenteil nur aus Nessel zuschneiden.

1

Auf die linke Seite der beiden Nesselteile zeichnen Sie mit Trickmarker das Muster auf.

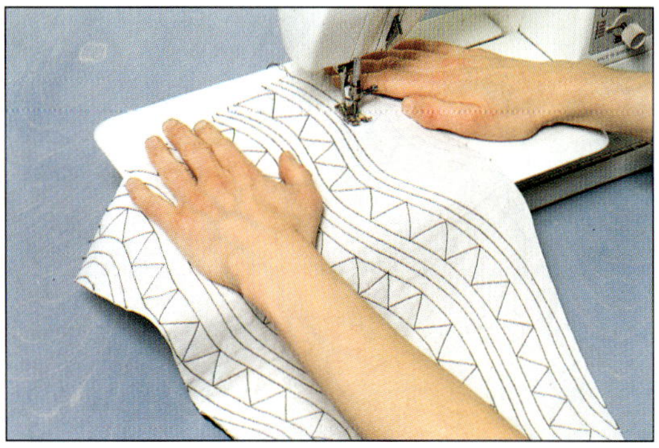

2

Die schwarzen Stoffteile mit der rechten Seite nach oben auf die Westenhälften stecken. Mit schwarzem Faden das aufgezeichnete Muster abnähen.

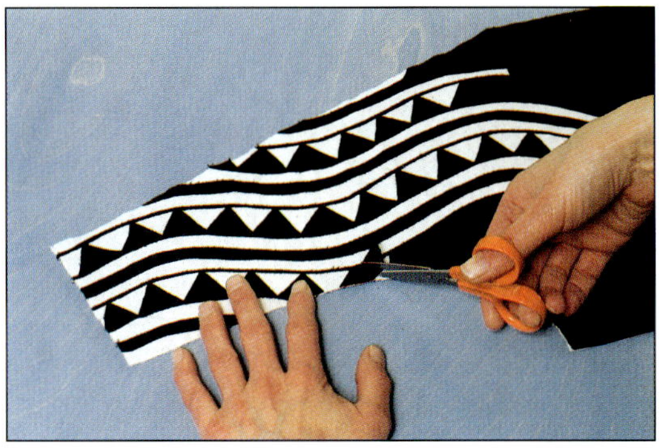

3

Schneiden Sie dann mit der Schere in einem kleinen Bereich des schwarzen Stoffs das Muster aus. Dabei immer bis knapp an die Naht schneiden, damit der Nesselstoff darunter sichtbar wird.

4

Die Schnittkanten werden sorgfältig mit Zickzackstich übernäht. Auf diese Weise nach und nach das ganze Muster für die beiden Vorderteile ausarbeiten.

Fertigstellen

Nähen Sie die Weste nach der dem Schnittmuster beiliegenden Anleitung fertig.

Quiltdecke in Pink und Blau

Für diesen traditionellen Quilt wurden leuchtende, moderne Farben und Stoffe gewählt. Der Stoff auf der Rückseite wird nach vorn umgeschlagen und bildet so die Einfassung für die Fläche.

Sie benötigen:

dünnen Karton

Cutter

Schneiderschere

50 x 90 cm Baumwollstoff in Pink

50 x 90 cm gemusterten Baumwollstoff in Pink

30 x 90 cm gemusterten Baumwollstoff in Blau

50 x 90 cm Baumwollstoff in Blau

Stecknadeln

Nähmaschine und passenden Faden

Bügeleisen

120 x 90 cm Wattierung (Einlage)

120 x 90 cm Baumwollstoff für die Rückseite in Pink

Quiltfaden in Pink und Blau

Nadel für Stickwolle

Vorbereitung

Mit 9 x 9 cm großen Kartonschablonen 48 pinkfarbene, 36 pinkfarben gemusterte und 24 blau gemusterte Stoffquadrate zuschneiden, mit den entsprechenden Schablonen außerdem zwei blau gemusterte und zwei pinkfarbene Eckquadrate (9,5 x 9,5 cm). Hinzu kommen die blauen Streifen für die Einfassung: zwei mit den Maßen 9,5 x 69 cm und zwei mit 9,5 x 89 cm.

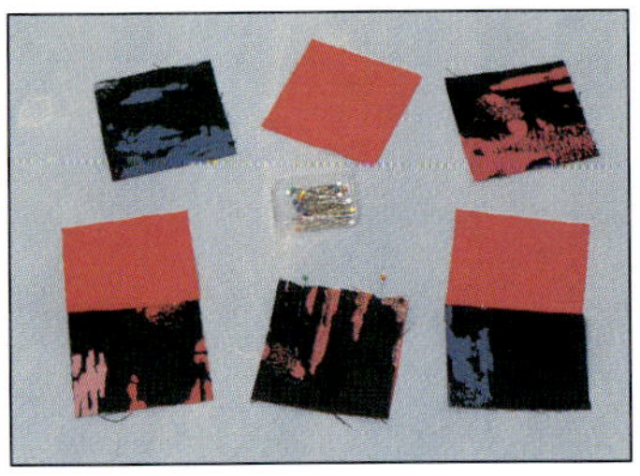

1

Legen Sie die Stoffquadrate aus, und stecken Sie 72 von ihnen paarweise zusammen.

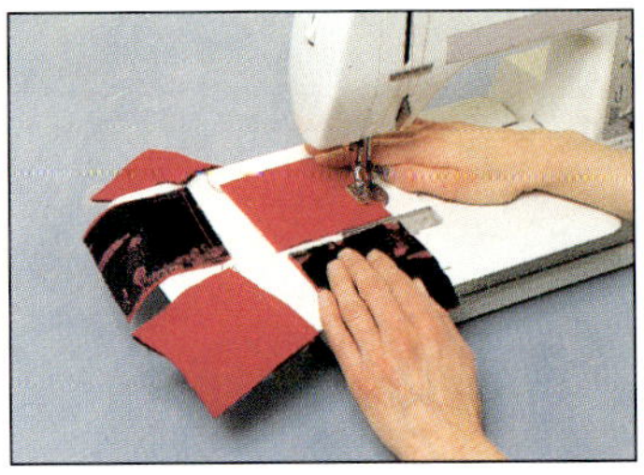

2

Die Paare nach der Fahnenmethode zusammennähen (siehe Grundtechniken, S. 20) und dann an jedes Paar ein weiteres Quadrat anfügen. Zwölf Neunerblöcke (3 x 3 Quadrate) bilden.

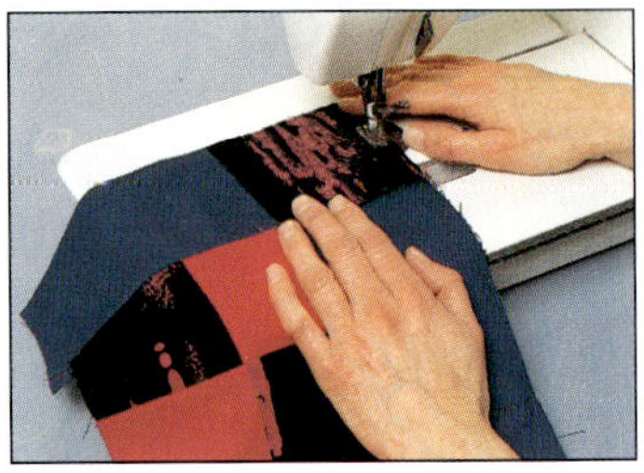

3

Die Neunerblöcke zur Gesamtfläche von drei Blöcken in der Breite und vier in der Höhe verbinden. An den Enden der kürzeren Einfassungsstreifen die Eckquadrate annähen. Die Nähte ausbügeln. Dann nähen Sie die langen, darauf die kurzen Streifen am Patchwork an.

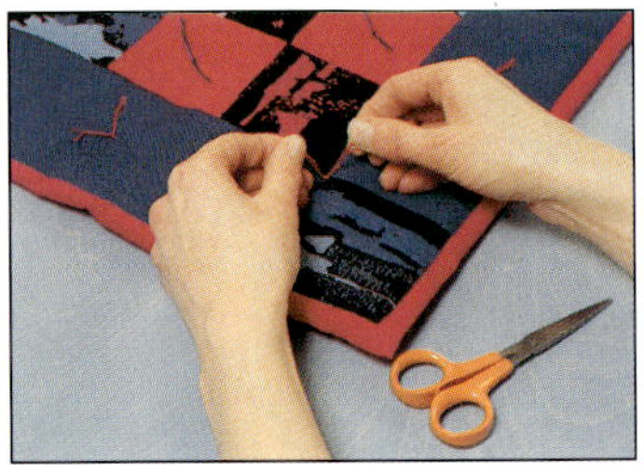

4

Schneiden Sie die Wattierung auf die Größe des fertigen Patchworks zu, und legen Sie sie zwischen Ober- und Unterstoff. Die Lagen zusammenstecken und -heften. Biegen Sie den Unterstoff nach vorn, bilden Sie an den Ecken schräge Kanten (siehe Grundtechniken, S. 25), und nähen Sie die Einfassung mit Schlingstichen fest. Mit blauem Quiltfaden machen Sie in der Mitte jedes pinkfarbenen Quadrats einen Knoten, mit dem pinkfarbenen arbeiten Sie die Knoten auf die blaue Einfassung.

Einfacher Patchwork-Kissenbezug

In leuchtenden Farbtönen gehalten, wirkt auch ein einfaches Patchwork aus Stoffquadraten spannend. Verziert wird mit Knöpfen und Pompons. Fertigen Sie den Bezug aus Baumwolle, Satin oder Samt an.

Sie benötigen:

für eine Kissengröße von 30 x 30 cm:

10 x 90 cm gelben Stoff

10 x 90 cm orangefarbenen Stoff

10 x 90 cm pinkfarbenen Stoff

Schneiderschere

30 x 90 cm Stoff für die Rückseite

Stecknadeln

Nähmaschine und passenden Faden

Bügeleisen

Stickgarn in Pink, Orange und Gelb

Nadel für Stickwolle

9 Knöpfe

4 Pompons

Vorbereitung

Insgesamt 16 Quadrate (9,5 x 9,5 cm) aus gelbem, orange- und pinkfarbenem Stoff zuschneiden und den Stoff für die Rückseite in zwei Hälften (je 22 x 32 cm). Bei beiden Teilen eine Längskante säumen.

1

Stecken Sie die Quadrate zu verschiedenfarbigen Paaren zusammen. Nach der Fahnenmethode mit 1 cm Nahtzugabe in Viererstreifen nähen. Die Nähte bügeln.

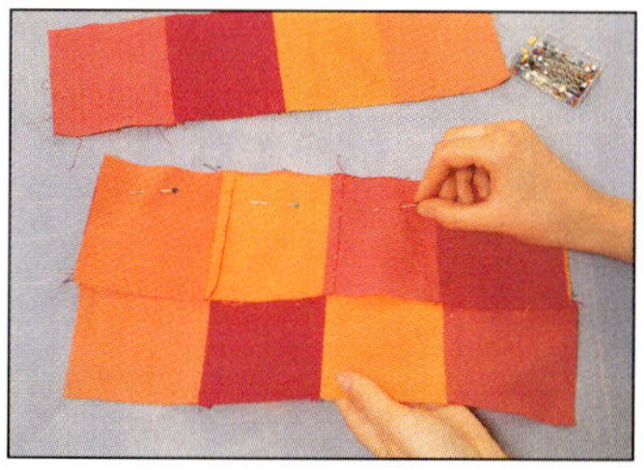

2

Jetzt werden die Streifen zusammengesteckt und -genäht. Die Nähte wieder bügeln.

3

Jedes Patchwork-Quadrat ringsum mit Heftstichen in kontrastierender Farbe besticken. In den Eckpunkten werden die Knöpfe aufgenäht.

4

Rechts auf rechts die Stoffteile für die Rückseite leicht überlappend mit dem Patchwork-Quadrat zusammennähen. An den Ecken die Nahtzugaben abschrägen, den Bezug bügeln und wenden. Pompons in die Ecken nähen.

UMHÄNGEBEUTEL AUS SATIN

Das Schachbrett-Muster dieses Patchworks kommt durch die stark kontrastierenden Farben besonders gut zur Geltung. Die Rückseite des Satins wird mit Nesselstoff verstärkt.

SIE BENÖTIGEN:

50 x 90 cm Nesselstoff

Schneiderschere

100 x 90 cm schwarzen Satin

50 x 90 cm gelben Satin

Nähnadel und Heftfaden

Nähmaschine und passenden Faden

50 x 90 cm Baumwollstoff als Futter

Bügeleisen

Stecknadeln

8 Ösen

Hammer

1,5 m Seidenkordel

VORBEREITUNG

Zwei Nesselstreifen zu je 5 x 90 cm zuschneiden. Einen davon auf den schwarzen Satin, den anderen auf den gelben heften. Nun schneiden Sie 18 gelbe und 18 schwarze Satinquadrate mit 5 x 5 cm zu. Diese nach der Fahnenmethode zu Dreierstreifen, dann zu vier Neunerblöcken (je 3 x 3 Quadrate) nähen. Zu einer Fläche verbinden und die Nähte bügeln. Einen runden Boden ausschneiden (Durchmesser 22 cm) und mit einem Nesselstoffteil derselben Größe verstärken. Aus dem Futterstoff ein Rechteck in Größe des Patchworks und eine Kreisfläche für den Boden zuschneiden.

1

Zwei schwarze Satinstreifen (7 x 38 cm) 1 cm säumen, dann von rechts an den Längskanten des Patchwork-Teils aufnähen. Den Stoff an den Enden zusammen- und den Boden annähen.

2

Genauso den Beutel aus Futterstoff nähen und entlang der Oberkante am Außenstoff ringsum aufnähen. Dabei eine Öffnung lassen. Nähte versäubern, den Beutel bügeln und nach rechts durchziehen.

3

Die Öffnung schließen und 5 mm von der Oberkante ringsum absteppen. Dann in gleichen Abständen am oberen Rand sieben Ösen einschlagen. Falten Sie ein Satinquadrat zu Dritteln, und nähen Sie die Enden um. Den Streifen an der Unterkante des Beutels annähen und dort die achte Öse einschlagen. Die Kordel durch die Ösen ziehen, die Enden verknoten.

Täschchen mit Diamant-im-Quadrat-Patchwork

Dieses elegante Satintäschchen ist aus einem Patchwork-Stoff in kräftigen Farben angefertigt. Zum Zusammennähen der Teile orientieren Sie sich an dem auf S. 253 angegebenen Schema.

Sie benötigen:

Papier und Bleistift

20 x 90 cm Satinstoff, in vier Farben

Schneiderschere

Bügelvlieseline

Bügeleisen

Stecknadeln

Nähmaschine und passenden Faden

20 x 30 cm Futterstoff

50 cm Seidenkordel

goldene Perle mit einem großen Loch

Vorbereitung

Die Patchwork-Teile jeweils mit 5 mm Nahtzugabe zuschneiden. Im einzelnen sind das zwei Quadrate mit 8 cm Seitenlänge in Farbe 1. Für die Dreiecksform fertigen Sie eine vergrößerte Papierschablone an und schneiden aus Farbe 2 und 3 jeweils 16 Dreiecke zu. Hinzu kommen acht Quadrate (4 x 4 cm) in Farbe 4. Bügeln Sie Vlieseline auf die Rückseite der Satinteile. Dann nähen Sie zuerst vier Dreiecke zusammen und setzen an den Enden ein kleines Quadrat an. Genauso nähen Sie einen zweiten Streifen. Nun aus jeweils vier Dreiecken zwei weitere kurze Streifen nähen und am Mittelquadrat annähen. Für den Durchzug schneiden Sie einen 32 x 7 cm großen Streifen in Farbe 4 zu. Hinzu kommt eine Kreisfläche mit 11,5 cm Durchmesser für den Boden.

1

Nähen Sie nun die beiden schmalen Patchwork-Streifen am breiten mit dem Mittelquadrat fest. Den zweiten Patchwork-Block genauso anfertigen, die beiden Teile rechts auf rechts zusammen- und an der Oberkante den Streifen annähen.

2

Den Stoff zur Hälfte zusammenlegen und die Seitennaht schließen. Den Boden und dann das passende Futter einsetzen. Im Abstand von 3 cm zur Oberkante und mit 1 cm Abstand zueinander zwei Nähte als Tunnel nähen. Die Kordel einziehen, die Perle auffädeln und die Enden der Kordel verknoten und ausfransen.

Kissenbezug aus Zickzackstreifen

Ein geometrisches Patchwork-Muster, das ausschließlich aus Dreiecken besteht. Bei der Anordnung haben Sie verschiedenste Variationsmöglichkeiten.

Sie benötigen:

Papier und Bleistift

dünnen Karton

100 x 90 cm dunkelviolette Seide

100 x 90 cm violette Seide

Schneiderschere

Stecknadeln

Nähmaschine und passenden Faden

Bügeleisen

50 x 90 cm Stoff für die Rückseite

Vorbereitung

Fertigen Sie Kartonschablonen für die beiden Dreiecksformen an. Mit 5 mm Nahtzugabe ringsum schneiden Sie dann jeweils 21 große und sechs kleine Dreiecke aus den Stoffen zu.

1

Legen Sie die großen Dreiecke in sechs Reihen zum Zickzackmuster aus, und plazieren Sie die kleinen an den Enden, um gerade Seitenlinien zu bilden.

2

Rechts auf rechts nähen Sie nun die Dreiecke zu zweifarbigen Paaren zusammen. Die Nähte ausbügeln und die Paare zu Reihen verbinden. Wieder bügeln.

3

Jetzt die Reihen, wieder rechts auf rechts, zum fertigen Quadrat zusammennähen.

4

Bei dieser Mustervariante werden die Dreiecke gleichförmig angeordnet und ausgerichtet.

5

Eine weitere Möglichkeit ist die Anordnung der Dreiecke als Rauten.

Fertigstellen

Den Patchwork-Stoff rechts auf rechts mit dem Stoff für die Rückseite zum Kissenbezug zusammennähen (siehe Grundtechniken, S. 25).

50%

Nadeltäschchen mit Herz-Applikation

Das applizierte Herz ist mit Metallic-Garn und winzigen Glasperlen verziert. Es bildet den Schmuck eines Nadeltäschchens, das wie ein Buch mit Seiten aus Filz aufgebaut ist.

Sie benötigen:

Papier und Bleistift
dünnen Karton
Papierschere
6 x 6 cm türkisfarbene Seide
19 x 12 cm violette Seide
Stickschere
Nähnadel und Heftfaden
Stecknadeln
passenden Nähfaden
etwas Füllwatte
Metallic-Garn
Sticknadel
kleine Goldperlen
Stoffkleber
Filzreste
28 cm schmales Band in Türkis

Vorbereitung

Fertigen Sie für das Herz eine Papierschablone an, und schneiden Sie zwei 9 x 7 cm große Kartonrechtecke zu.

1

Schneiden Sie die Herzform mit 5 mm Nahtzugabe ringsum aus dem türkisfarbenen Seidenquadrat aus. Die Nahtzugabe einschneiden, umbiegen und abheften. Das Herz applizieren Sie auf der Vorderseite des violetten Seidenstoffs.

2

Den Stoff an der Herz-Rückseite aufschlitzen, die Form mit Watte ausfüllen und den Schlitz wieder zunähen. Besticken Sie das Herz mit Perlen und Zierstichen in Metallic-Garn, den Stoff mit Kreuzstichen. Dann die beiden Kartonstücke auf die Rückseite der Seide kleben.

3

Die Kanten nach innen biegen, an den Ecken abschrägen und festkleben. Plazieren Sie ein passend zugeschnittenes Filzstück über der Kartonseite, und nähen Sie es mit Überwendlingstichen am Seidenbezug fest.

4

Mehrere Filzrechtecke als »Seiten« in den Umschlag legen und am Falz aufnähen. Dann mit einer dicken Sticknadel Löcher durch alle Lagen bohren. Ziehen Sie damit das Bändchen durch, und binden Sie an der Vorderseite eine Schleife.

GEQUILTETE SPIELDECKE

Diese Patchwork-Spieldecke dient gleichzeitig als Unterlage für Zahlen- oder Würfelspiele. Wird der Quilt mit Vlies verarbeitet, kann man ihn auch als Decke für ein Kinderbett nutzen.

SIE BENÖTIGEN:

dünnen Karton und Bleistift
30 x 90 cm Baumwollstoff
Schneiderschere
verschiedenfarbige Filzreste
Trickmarker
Cutter
Nähmaschine und passenden Faden
schwarzes Stickgarn
Nadel für Stickwolle
50 x 90 cm Stoff für die Rückseite
Stecknadeln

VORBEREITUNG

Fertigen Sie eine 3 x 3 cm große Kartonschablone an. Mit 5 mm Nahtzugabe schneiden Sie dann 100 Quadrate aus dem Baumwollstoff zu. Auf den Filzresten zeichnen Sie freihändig Schlangen, Leitern (oder je nach Spiel andere Motive) und Punkte als Spielsteine auf. Ausschneiden.

FERTIGSTELLEN

Den Unterstoff schneiden Sie ringsum 3 cm größer als die Spielfläche zu. Stecken Sie ihn mit der linken Seite auf die Rückseite des Patchwork-Stoffs, und biegen Sie die Ränder nach vorn um. Mit schräg ausgebildeten Kanten an den Ecken als Einfassung aufnähen (siehe Grundtechniken, S. 25).

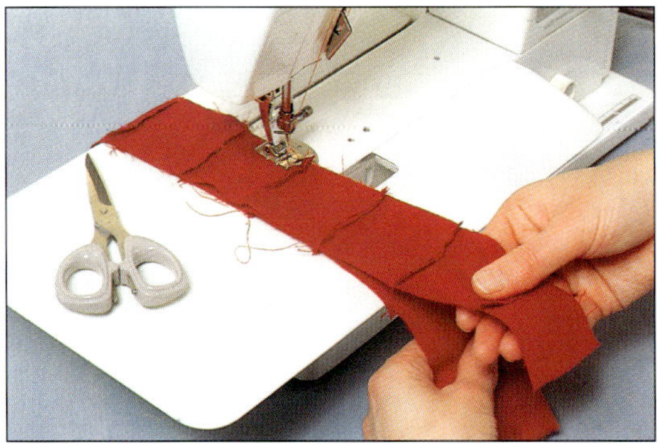

1

Die Quadrate nähen Sie zu Zehnerstreifen zusammen. Dann nähen Sie die zehn Streifen zum Patchwork-Quadrat aneinander.

2

Sticken Sie Zahlen von 1 bis 100 in die Quadrate, und applizieren Sie die Schlangen und Leitern auf.

Kinder-Wolldecke

Unter einer so behaglichen Wolldecke kuscheln sich Kleinkinder besonders gern. Auf den Stoff werden von Hand bunte Kreise mit Knöpfen appliziert.

Sie benötigen:

Wollstoff

Schneiderschere

Stickwolle

Nadel für Stickwolle

eine Untertasse

Trickmarker

verschiedenfarbige Reste von Wollstoffen

große Knöpfe

1

Schneiden Sie den Wollstoff in der gewünschten Größe zu, biegen Sie einen Saum um, und fassen Sie die Kanten verschiedenfarbig mit Festonstichen ein.

2

Auf den Stoffresten mit der Untertasse Kreise zeichnen und diese ausschneiden. Sticken Sie sie mit Heftstichen auf die Decke, und nähen Sie in die Mitte jeweils einen Knopf.

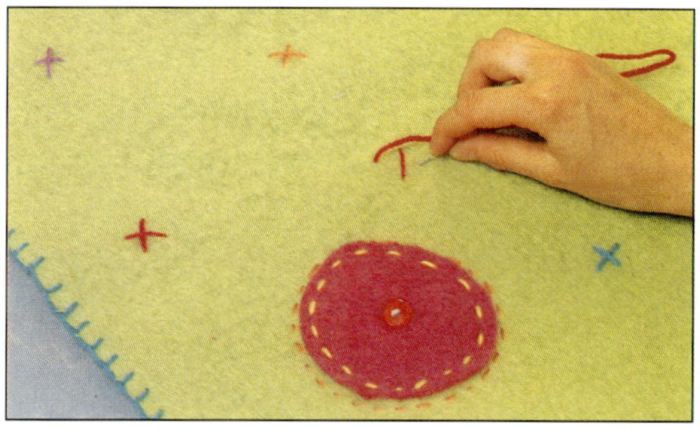

3

Auf der verbleibenden Fläche verteilen Sie große Kreuzstiche in verschiedenen Farben.

Schuhsäckchen

Applizieren Sie den passenden Schuh auf diesem witzigen Beutel. Auch ein Ballett- oder Gymnastikschuh sieht sicher hübsch aus.

Sie benötigen:

Schneiderschere

50 x 90 cm Baumwollstoff

Nähmaschine und passenden Faden

einen Stoffstreifen (65 x 7 cm) in kontrastierender Farbe

Bügeleisen

Papier und Bleistift

Trickmarker

Stoffreste in passenden Farben

Bügelgaze

Stecknadeln

Rest eines schmalen Bands

50 cm Stoffband, 2,5 cm breit

kleinen Knopf

Vorbereitung

Schneiden Sie aus dem Baumwollstoff ein 45 x 70 cm großes Rechteck zu. Eine Längskante falten Sie 6,5 cm breit auf die rechte Seite um. Festnähen. Legen Sie das Rechteck rechts auf rechts zusammen, und nähen Sie Boden- und Seitennähte ab. Den Beutel nach rechts wenden. Jetzt säumen Sie den andersfarbigen Stoffstreifen mit einem 5 mm breiten Saum an den Längskanten ein. Vergrößern Sie die Vorlage für den Schuh, und zeichnen Sie die Einzelformen auf den Stoffresten an. Die Gaze aufbügeln und den Schuh ausschneiden.

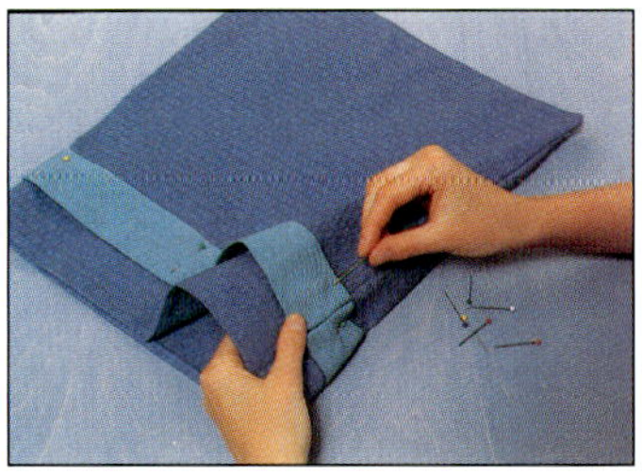

1

Beginnend an der Seitennaht, stecken Sie den Stoffstreifen 5 cm unterhalb der Oberkante auf den Beutel. An den Längskanten rings um den Beutel von Hand aufnähen, die Enden offen lassen.

2

Ziehen Sie das Papier von der Gaze ab, und bügeln Sie den Schuh auf. Er wird von Hand mit kleinen Stichen bestickt. Eine kleine Schleife aufnähen.

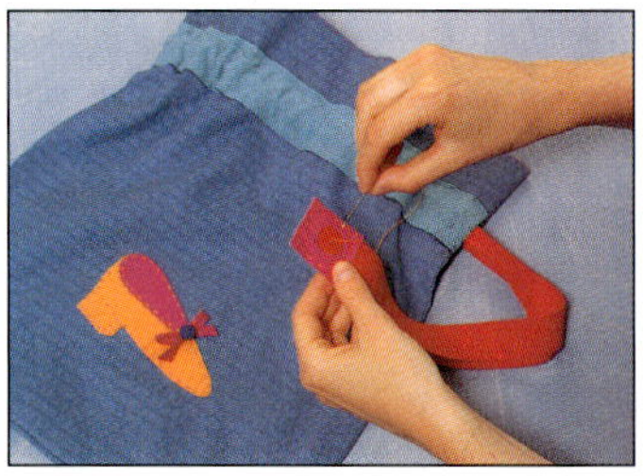

3

Durch den Tunnel des aufgenähten Stoffstreifens das breite Stoffband einziehen. Die Schnittkanten des Bands umbiegen und beide Enden mit dem Knopf zusammennähen.

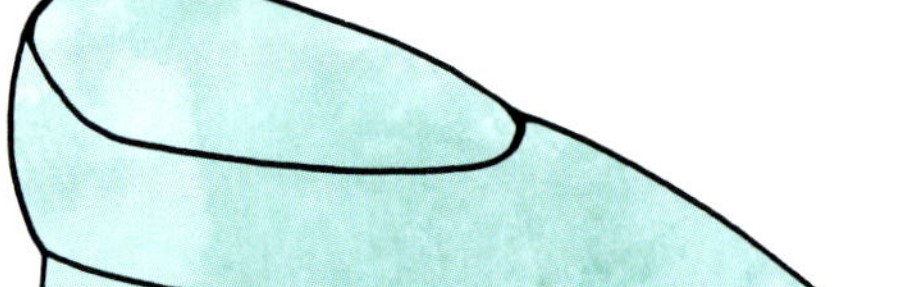

50%

Patchwork-Spielzeugtasche

Eine große Spielzeugtasche in den Regenbogenfarben. Nähen Sie die Patchwork-Quadrate so zusammen, daß die Farben stufenförmig in diagonalen Streifen verlaufen.

Sie benötigen:

Papier und Bleistift

dünnen Karton

Cutter

Stoffreste in sechs Regenbogenfarben

Bügelvlieseline

Bügeleisen

Nähmaschine und passenden Faden

Kleiderbügel aus Holz, 30 cm breit

Trickmarker

rote Farbe (nach Wunsch)

Vorbereitung

Mit einer 10 x 10 cm großen Kartonschablone 72 Quadrate aus Vlieseline zuschneiden. Diese auf die Stoffreste bügeln und mit 5 mm Nahtzugabe ringsum ausschneiden. Die Stoffquadrate legen Sie in diagonalen Linien jeweils stufenförmig versetzt aus. Nähen Sie dann nach der Fahnenmethode (siehe Grundtechniken, S. 20) zwei Patchwork-Blöcke zu 6 x 3 Quadraten. Die Nähte bügeln. Nun nähen Sie noch einen großen Patchwork-Block mit 6 x 6 Quadraten.

Fertigstellen

Nähen Sie die Teile mit 1 cm Nahtzugabe ringsum zusammen. An den Ecken einschneiden, die Tasche bügeln und nach rechts wenden. Den Kleiderbügel nach Wunsch bemalen und in die Tasche schieben.

1

Rechts auf rechts werden die beiden Quadrat-Hälften bis zur Mitte zusammengenäht. An der Öffnung die Nahtzugaben umbügeln, festheften und von rechts aufnähen.

2

Vorder- und Rückseite der Tasche rechts auf rechts aufeinanderstecken. Den Kleiderbügel an der Oberkante anlegen und die Rundung anzeichnen. An dieser Linie entlang den Stoff zuschneiden.

MOSAIK-KISSENBEZUG

Diese Patchwork-Technik entspricht im Prinzip der des Mosaiks: Kleine Stoffstückchen werden von Hand zu einem Gesamtmuster zusammengenäht.

SIE BENÖTIGEN:

Papier und Bleistift

Cutter

Stecknadeln

50 x 90 cm roten Baumwollstoff

Reste von Baumwollstoff in Schwarz, Grau und Weiß

Schneiderschere

Nähnadel und Heftfaden

passenden Nähfaden

Stickschere

Nähmaschine und passenden Faden

Polyester-Wattierung

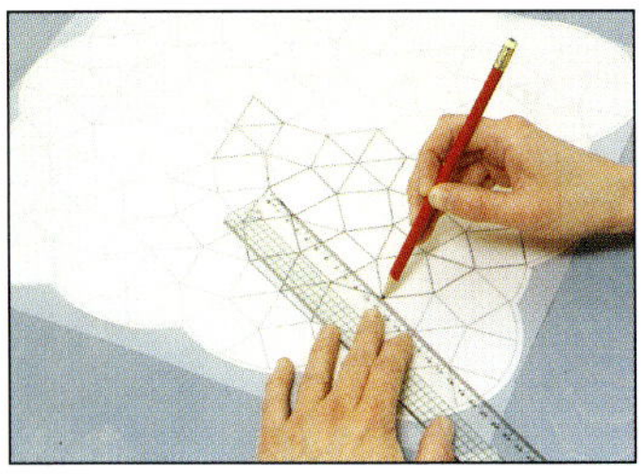

1

Das Gesamtmuster vergrößern und für die Einzelteile Papierschablonen anfertigen. Die Farben bestimmen und die Formen entsprechend markieren.

2

Die Papierschablonen auf die Rückseite der Stoffreste stecken und mit 5 mm Nahtzugabe ringsum ausschneiden.

3

Nun werden die Nahtzugaben umgebogen und am Papier festgeheftet.

4

Nähen Sie die Patchwork-Teile mit kleinen Überwendlingstichen zusammen (siehe Grundtechniken, S. 20). Orientieren Sie sich dabei am Schema.

50%

FERTIGSTELLEN

Ist der Patchwork-Stoff fertiggenäht, entfernen Sie die Heftfäden und Papierschablonen. Die Nähte bügeln. Dann den roten Baumwollstoff passend zur Patchwork-Fläche zuschneiden. Legen Sie beide Teile rechts auf rechts aufeinander, und nähen Sie sie an der Außenkante entlang, mit einer Öffnung, zusammen. Die Nahtzugaben an den Ecken kürzen und einschneiden, den Bezug wenden und mit der Wattierung füllen. Mit Schlingstichen die Öffnung verschließen.

Küchenschürze

Küchenschürzen einmal anders: in leuchtenden, fröhlichen Farbtönen und mit einer gebogten Saumkante. Die lustigen Küchengeräte werden mit bunten Stichen von Hand aufappliziert.

Sie benötigen:

Papier und Bleistift
dünnen Karton
Cutter
verschiedene Stoffreste
Bügelvlieseline
Bügeleisen
75 x 90 cm Baumwollstoff
Schneiderschere
75 x 90 cm Baumwollstoff in kontrastierender Farbe
Trickmarker
Stickgarn
Nadel für Stickwolle
Stecknadeln
Nähmaschine und passenden Faden
Bügeleisen
1,6 m Stoffband, 8 cm breit

Vorbereitung

Vergrößern Sie Messer, Gabel und Löffel, und fertigen Sie Kartonschablonen an. Außerdem benötigen Sie einen Halbkreis aus Karton. Bügeln Sie Vlieseline auf die Rückseite der Stoffreste. Dann schneiden Sie ein 60 x 50 cm großes Vorderteil aus Baumwollstoff zu. Den Stoff für die Rückseite in gleicher Größe aus dem andersfarbigen Stoff zuschneiden.

1

Die Motive auf die Vlieseline übertragen. In verschiedenen Farben ausschneiden.

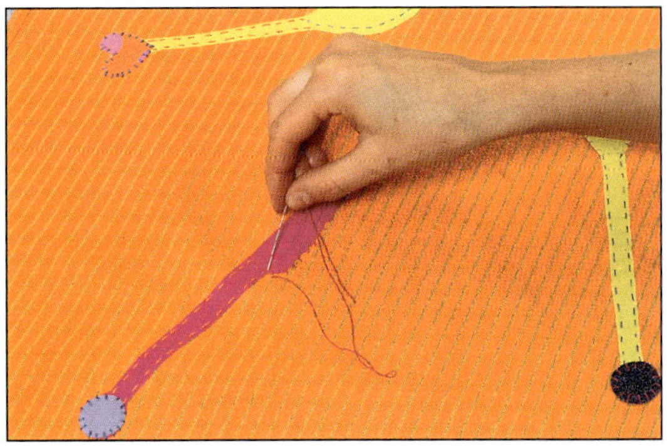

2

Dann die Motive mit großen Stichen und farbigem Stickgarn auf die Schürze applizieren.

3

Vorder- und Rückseite rechts auf rechts aufeinanderstecken. An der Unterkante der Rückseite mit dem Halbkreis eine Bogenlinie zeichnen und die beiden Teile an den Seiten und auf der gebogten Linie zusammennähen. Überfüssigen Stoff abschneiden. In die Bogenecken bis zur Naht einschneiden.

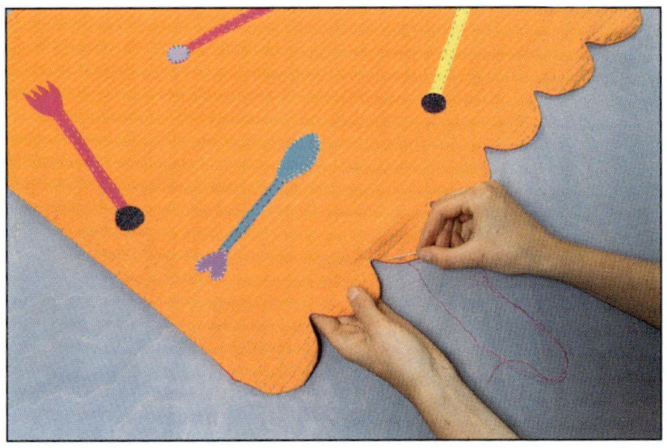

4

Die Schürze auf die rechte Seite wenden. Verzieren Sie die Kanten mit einer Heftstichlinie.

5

Die Schnittkanten des Stoffbands nach innen bügeln. Zur Hälfte falten und so an der Oberkante aufnähen, daß die Bindebänder an beiden Seiten überstehen.

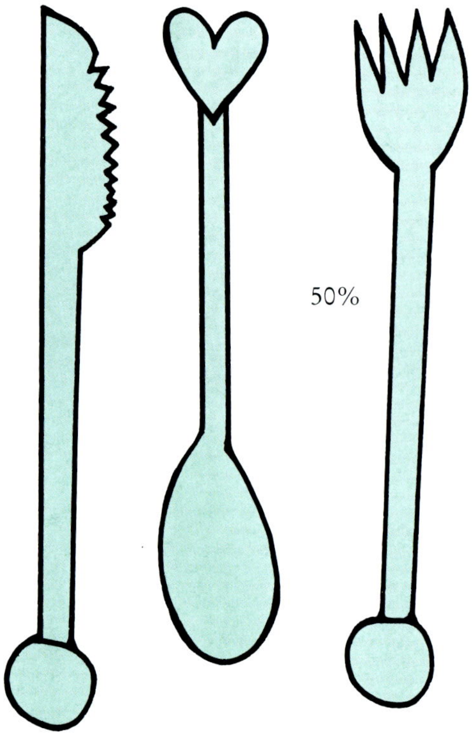

Applizierter Kissenbezug

Mit Stern- und Herzapplikationen in leuchtenden Farbtönen bringen Sie wieder frischen Schwung in etwas verblichene Bettwäsche. Die Motive mit einfachen Stickstichen verzieren.

Sie benötigen:

Papier und Bleistift
Papierschere
Trickmarker
Bügelgaze
Bügeleisen
verschiedenfarbige Stoffreste
Schneiderschere
Kissenbezug
verschiedenfarbiges Stickgarn
Nadel für Stickwolle

1

Fertigen Sie Papierschablonen für die Motive an, und übertragen Sie die Umrißlinien auf die Gaze. Diese wird auf die Rückseite der Stoffreste gebügelt. Dann ausschneiden.

2

Das Papier von der Gaze abziehen und die Motive in den Ecken des Kissenbezugs aufbügeln. Ringsum mit Festonstich einfassen (siehe Grundtechniken, S. 23) und einige Zierstiche aufsticken.

3

Je zwei Seiten des Bezugs mit Heftstichen in gleicher Garnfarbe verzieren.

Badezimmer-Säckchen

Dieser kleine Beutel für Waschutensilien ist aus abwaschbarem Material angefertigt. Das ungewöhnliche, asymmetrische Patchwork-Muster erinnert im Stil an Art deco.

Sie benötigen:

Papier und Bleistift

dünnen Karton

Cutter

Schneiderschere

30 x 90 cm PVC, weiß

30 x 90 cm PVC, rot

30 x 90 cm PVC, blau

Stecknadeln

Nähmaschine und passenden Faden

71 cm dicke Baumwollkordel, weiß

Vorbereitung

Für die vergrößerten Einzelformen Kartonschablonen anfertigen. Die numerierten Teile schneiden Sie nun mit 5 mm Nahtzugabe folgendermaßen aus PVC zu: Nr. 1, 6, 13, 14 und 15 in Weiß; 2, 3, 8, 10 und 12 in Rot; 4, 5, 7, 9 und 11 in Blau. Hinzu kommt ein 38 x 30 cm großes Rechteck aus weißem PVC als Futter. Außerdem benötigen Sie ein blaues PVC-Quadrat (18 x 18 cm) für die Rückseite.

1

Für die erste Hälfte des Patchwork-Teils nähen Sie 4/blau und 2/rot, dann 5/blau und 3/rot zusammen. 4/2 und 5/3 mit 6/weiß verbinden. Danach dieses Teil mit 1/weiß zusammennähen.

2

Für die zweite Hälfte 9/blau mit 10/rot und 9/10 mit 14/weiß zusammennähen, dann 10/rot mit 11/blau. 10/11 mit 13/weiß verbinden. Es folgen 11/blau und 12/rot. Verbinden Sie 9/blau mit 8/rot. 8/9 mit 15/weiß zusammennähen, dann 7/blau an 8/rot ansetzen. Die Vorderseite der aneinandergefügten Patchwork-Hälften rechts auf rechts an einer Kante mit dem blauen Quadrat zusammennähen.

50%

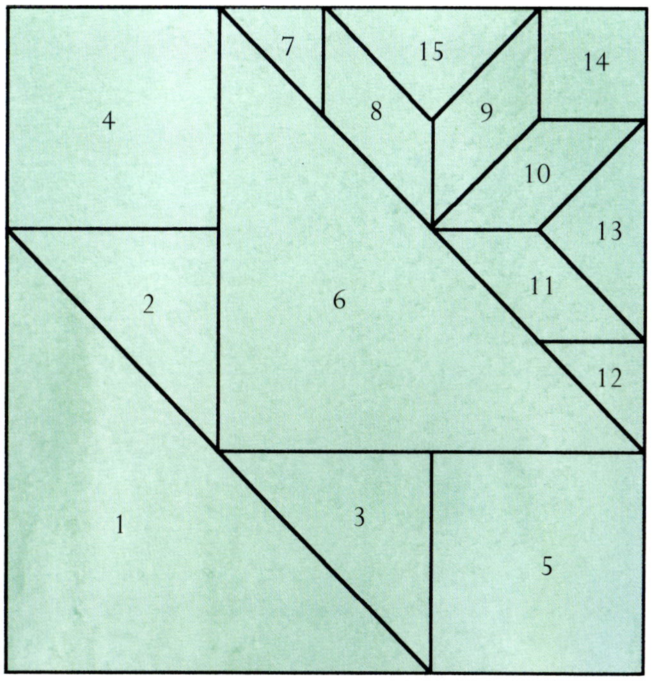

Fertigstellen

An der Oberkante des Beutels das Innenfutter annähen. Einschneiden und die Naht versäubern. Nun falten Sie den Beutel zur Hälfte und schließen die Nähte; dabei eine kleine Öffnung lassen. Durch diese ziehen Sie das Futter. Stecken Sie es so weit nach innen, daß ein 6 cm breites Band an der Oberkante übersteht. Nähen Sie 5 mm unterhalb zwei parallele Linien mit 1 cm Abstand für den Tunnel ab. Die Kordel durchziehen und die Enden verknoten.

Wärmflaschen-Bezug

Ein attraktiver Bezug aus Streifen-Patchwork, das zusätzlich mit einem Wellen- und Rautenmotiv gequiltet wird. Der wattierte Bezug läßt die Wärmflasche nicht so schnell abkühlen.

Sie benötigen:

100 x 90 cm weißen Stoff

Schneiderschere

50 x 90 cm schwarzen Stoff

Nähmaschine und passenden Faden

Wärmflasche

Trickmarker

50 x 90 cm Wattierung (Einlage)

roten Quiltfaden

2 m schwarzes Schrägband, 2,5 cm breit

Stecknadeln

Bügeleisen

3 Druckknöpfe

Quilt-Muster 50%

Vorbereitung

Schneiden Sie den weißen Stoff in vier, den schwarzen in sechs Streifen (50 x 7,5 cm). Jeweils fünf Streifen in abwechselnden Farben längs zu zwei Teilen zusammennähen. Zeichnen Sie den Umriß der Wärmflasche mit ringsum 1 cm Nahtzugabe an beiden Patchwork-Teilen an. Ausschneiden und zwei gleich große Teile aus weißem Futterstoff zuschneiden. Übertragen Sie das Quilt-Muster auf die Vorderteile.

1

Die Wattierung zwischen Patchwork- und Futterstoff-Teile legen. Heften Sie die drei Lagen jeweils aufeinander, und nähen Sie sie entlang der Außenkante zusammen. Das Quiltmuster in Rot absteppen und die gerade Oberkante mit dem Schrägband einfassen.

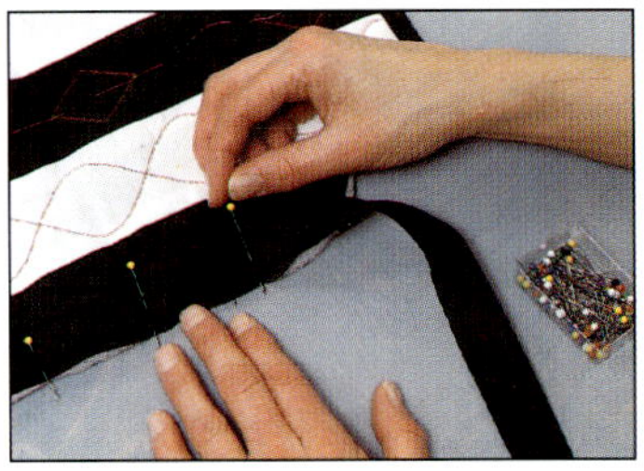

2

Dann bei beiden Teilen jeweils auf der rechten Seite einen weiteren Streifen an einer Längskante ringsum an der gebogenen Kante festnähen. Legen Sie die beiden Hälften rechts auf rechts aufeinander, und nähen Sie das Schrägband an der anderen Längskante ringsum zusammen. Nahtzugaben zuschneiden und bügeln.

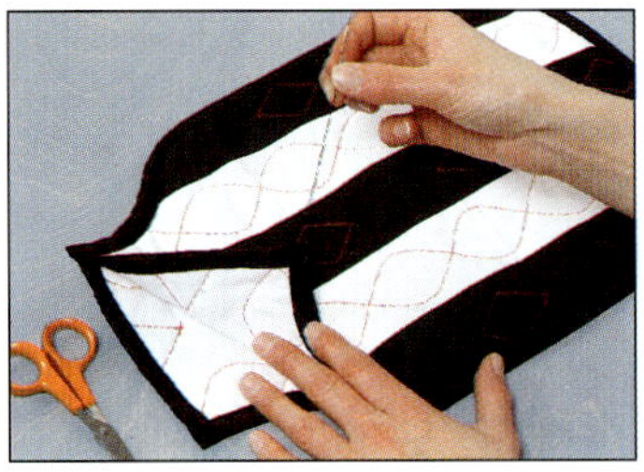

3

Den Bezug wenden und die 15 cm breite Öffnung oben mit Druckknöpfen verschließen.

Brosche mit Herzmotiv

Diese winzige Herzapplikation aus Stoffresten ist mit Goldfaden verziert. Mit einer Broschennadel läßt sich das Motiv sehr hübsch anstecken, Sie können es aber auch unmittelbar auf eine Tasche oder auf die Spitze eines Blusenkragens applizieren.

Sie benötigen:

Papier und Bleistift

goldfarbenen Samt- oder Seidenrest

scharfe Stickschere

Reste von Wollstoff in Blau und Grau

Bügelvlieseline

Bügeleisen

Nähmaschine und Goldfaden

cremefarbenen Organza-Rest

Stecknadeln

Broschennadel

Vorbereitung

Übertragen Sie das Herzmotiv auf den goldfarbenen Samt- oder Seidenrest, und schneiden Sie es aus. Ein 3 x 4 cm großes blaues Stoffstück und ein graues mit 5 x 4 cm zuschneiden. Das graue Stück bügeln Sie auf der Vlieseline auf. Als Rahmen nähen Sie es ringsum mehrmals mit der Nähmaschine und Goldfaden ab.

1

Nun das blaue Stoffrechteck, dann das Herz im Rahmen aufnähen. Darüber breiten Sie den Organza-Rest aus und nähen ihn knapp am Goldrahmen auf der Vlieseline fest.

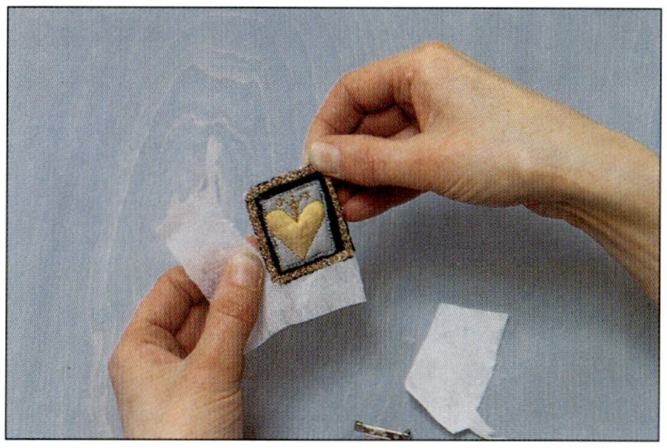

2

Den Organza an der Naht entlang abschneiden, die Vlieseline ringsum abtrennen und an der Rückseite die Broschennadel festnähen.

KINDER-MALSCHÜRZE

Als Material für diese Schürze können Sie Baumwollstoff oder – wie hier – abwaschbares Weich-PVC verwenden. Die Schürze hat eine geräumige Tasche für Stifte, Pinsel und Bürsten aus Streifen-Patchwork, das mit einem Pompon-Band besetzt ist.

SIE BENÖTIGEN:

Schneiderschere

verschiedene Stoffreste

Papier und Bleistift

50 x 90 cm Baumwollstoff oder PVC

Nähmaschine und passenden Faden

Bügeleisen

25 cm Pompon-Band

Stecknadeln

Nähnadel und Heftfaden

1,5 m Köperband, 3 cm breit

VORBEREITUNG

Für die Tasche schneiden Sie vier Streifen (6 x 20 cm) aus den Stoffresten zu. Fertigen Sie ein Schnittmuster aus Papier für die Schürze an, und schneiden Sie damit den Stoff zurecht. Ringsum einen schmalen Saum nähen.

1

Nähen Sie die Streifen zu einem Patchwork-Teil zusammen. Dann schneiden Sie ein Stoffteil in gleicher Größe zu. Rechts auf rechts nähen Sie die beiden Teile zusammen, lassen dabei aber eine Öffnung. Die Nahtzugaben an den Ecken abschrägen, bügeln und die Tasche wenden.

ENTSPRECHEND VERGRÖSSERN

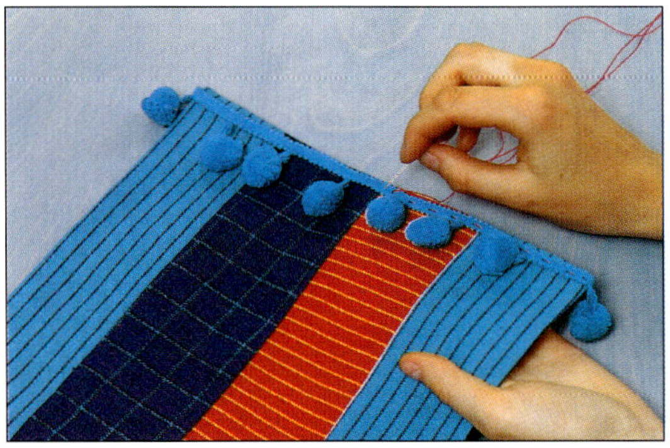

2

Nähen Sie das Pompon-Band mit Schlingstichen an der Oberkante der Patchwork-Seite fest.

3

Nun heften Sie die Tasche auf die Schürze und nähen sie auf.

4

Ein 61 cm langes Bandstück nähen Sie an der Oberkante in den Ecken an. Den Rest des Bands in zwei Hälften schneiden und an den Seiten festnähen. Die Enden mit Festonstichen einnähen.

PVC-Tasche

Dieses Modell ist ein besonders gutes Beispiel dafür, daß ein Patchwork aus ungewöhnlichen Materialien im Vergleich zum traditionellen ganz anders wirkt.

Sie benötigen:

Papier und Bleistift
dünnen Karton
Cutter
Schneiderschere
1 m Wattierung (Einlage)
100 x 90 cm PVC, blau
50 x 90 cm PVC, rot
50 x 90 cm PVC, weiß
Stecknadeln
Nähmaschine und passenden Faden
Bügeleisen
Nähnadel und Heftfaden
dicke Stricknadel

Vorbereitung

Vergrößern Sie das Muster auf S. 253, und schneiden Sie mit 1 cm Nahtzugabe zwei ganze Teile aus blauem PVC für die Innenseite sowie zwei Teile Wattierung in gleicher Größe zu. Hinzu kommen jeweils zwei Patchwork-Teile in rotem und weißem PVC, mit 5 mm Nahtzugabe. Den Boden schneiden Sie aus rotem und blauem PVC und aus der Einlage mit 1 cm Nahtzugabe zu. Für die roten Griffe zwei Streifen mit 36 x 10 cm schneiden.

1

Nähen Sie Teil 1 und 3 mit 2 zusammen sowie 4 und 6 mit 5. Dann verbinden Sie 7 und 9 mit 8 sowie 10 und 12 mit 11. Die Nahtzugaben gut einschneiden und mit Papier dazwischen vorsichtig bei niedriger Temperatur bügeln. Verbinden Sie die Viertel zu zwei großen Quadraten und diese wiederum zur Gesamtfläche.

2

Genauso nähen Sie das zweite Patchwork-Teil. Wieder einschneiden und die Nähte flachbügeln. Dann legen Sie die beiden Patchwork-Teile und den roten Boden auf die Wattierung und heften ringsum am Rand entlang.

3

Nähen Sie daraufhin die blauen PVC-Teile für die Innenseite zusammen.

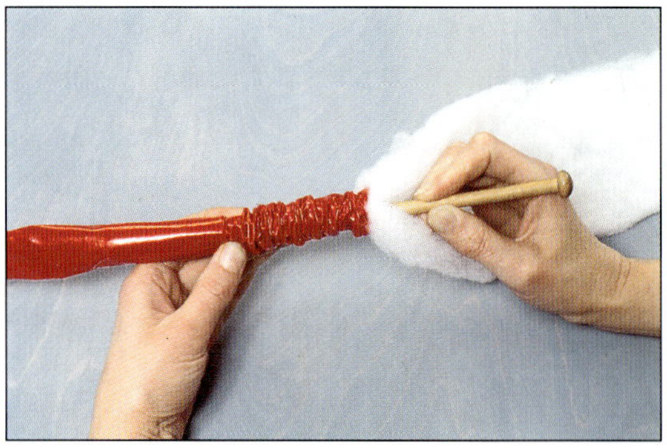

4

Die roten Streifen für die Griffe der Länge nach zusammennähen, nach rechts wenden und mit Hilfe einer Stricknadel mit Wattierung ausstopfen. Diese durchziehen und auf 2,5 cm an den Enden zuschneiden.

Fertigstellen

Die Seiten der Patchwork-Teile ringförmig zusammen- und den Boden festnähen. Nahtzugaben kürzen und einschneiden. Dann stecken Sie die Griffe an der Tasche fest. Nähen Sie die blaue Innentasche so an der Oberkante fest, daß gleichzeitig die Griffe befestigt werden; lassen Sie aber eine 7,5 cm breite Öffnung. Durch diese wenden Sie die Tasche nach außen und schließen dann die Öffnung mit Schlingstichen.

Vorlagen für Schablonen

Historische Muster

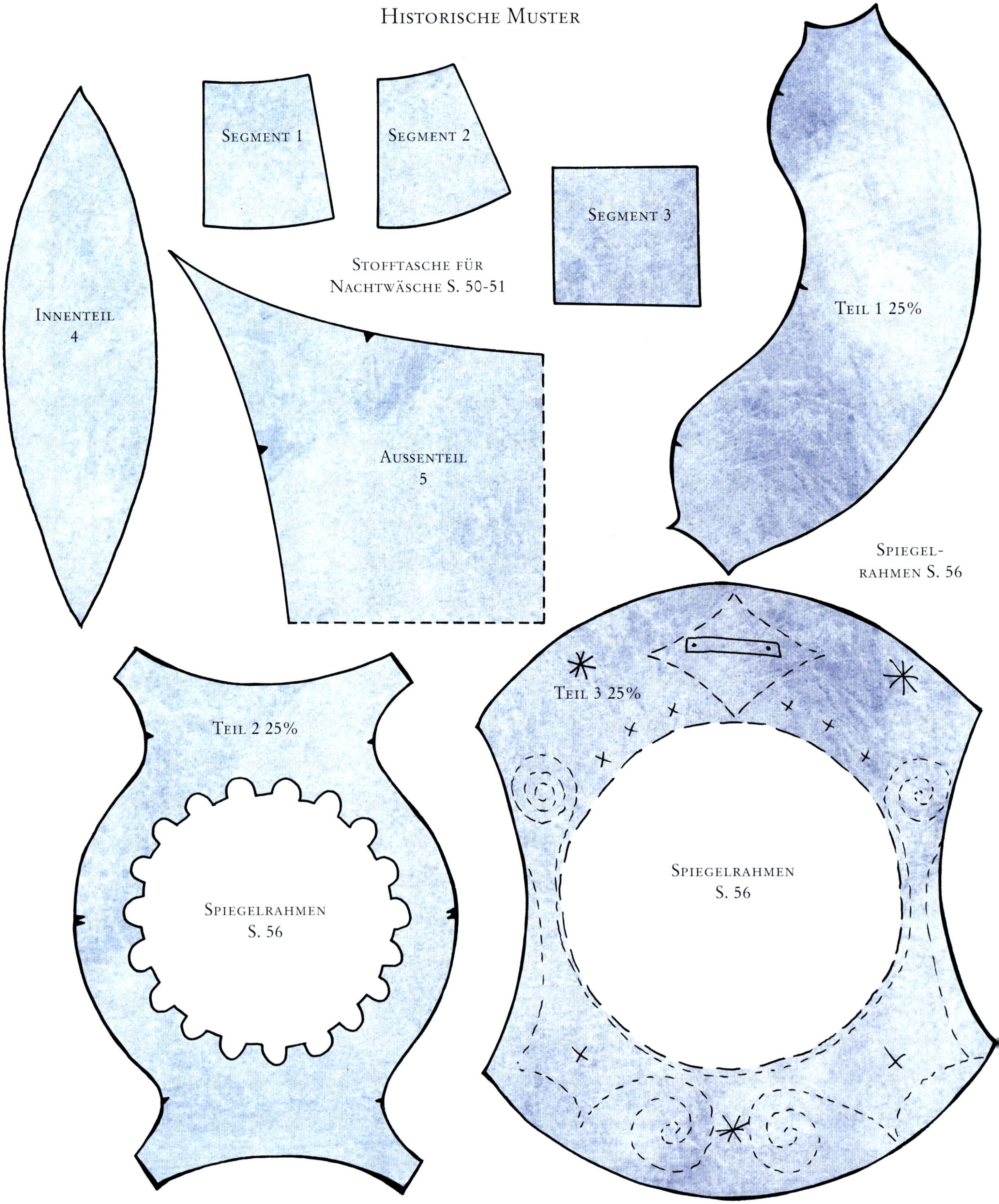

Pracht-Quilt S. 58
Tiermotive 50%

Pracht-Quilt S. 58
Tiermotive 50%

Quilt-Weste S. 60
33,33%

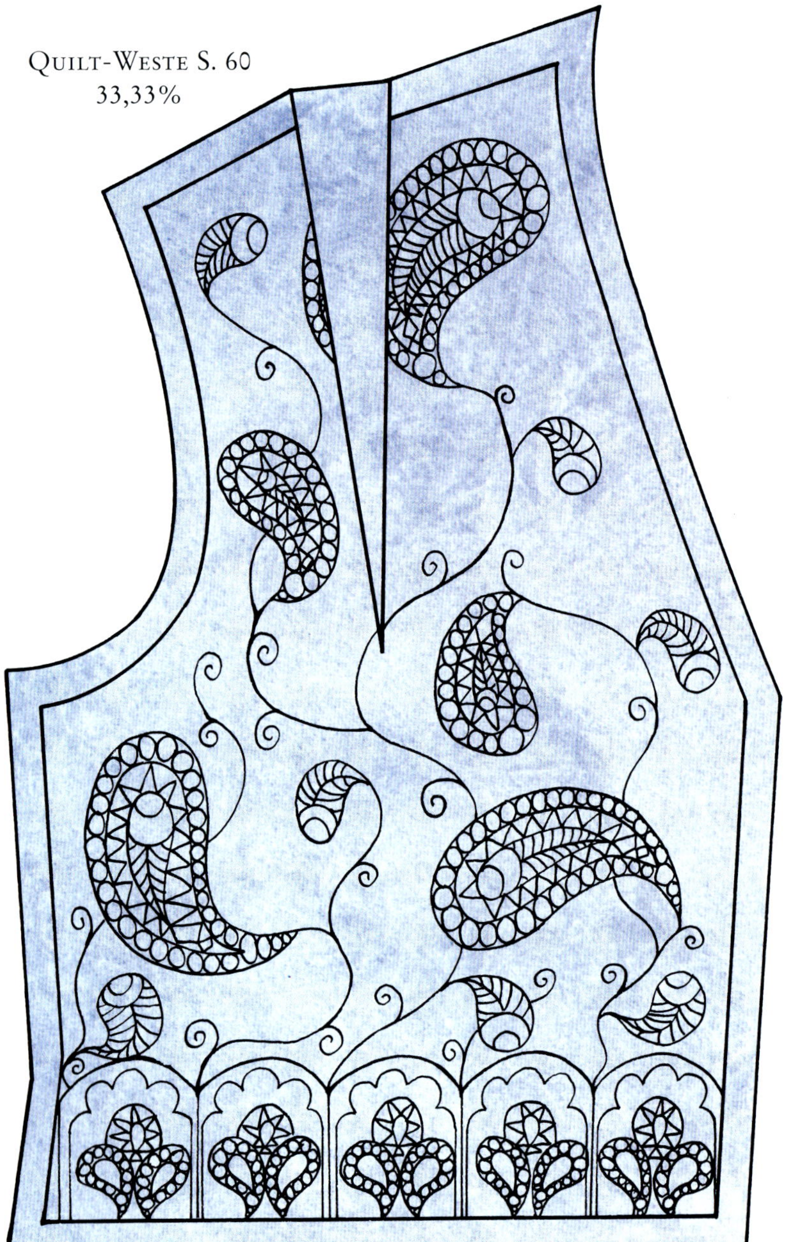

Trapunto-Kappe S. 64

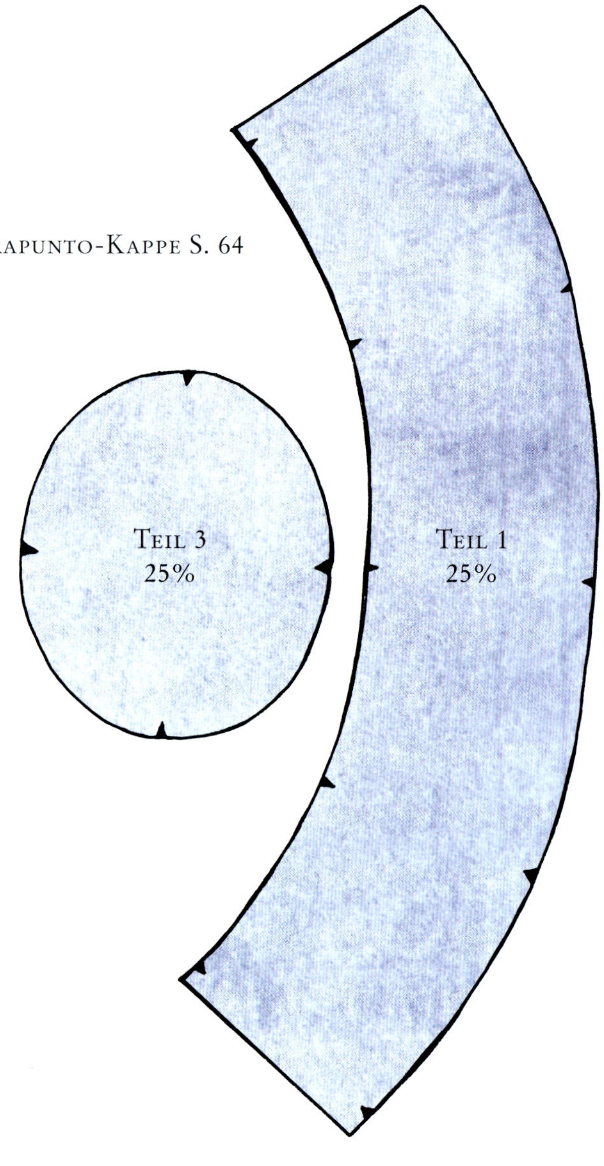

Trapunto-Kappe
S. 64

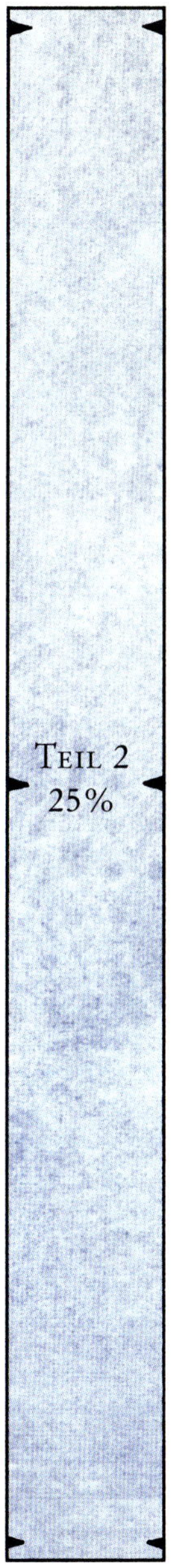

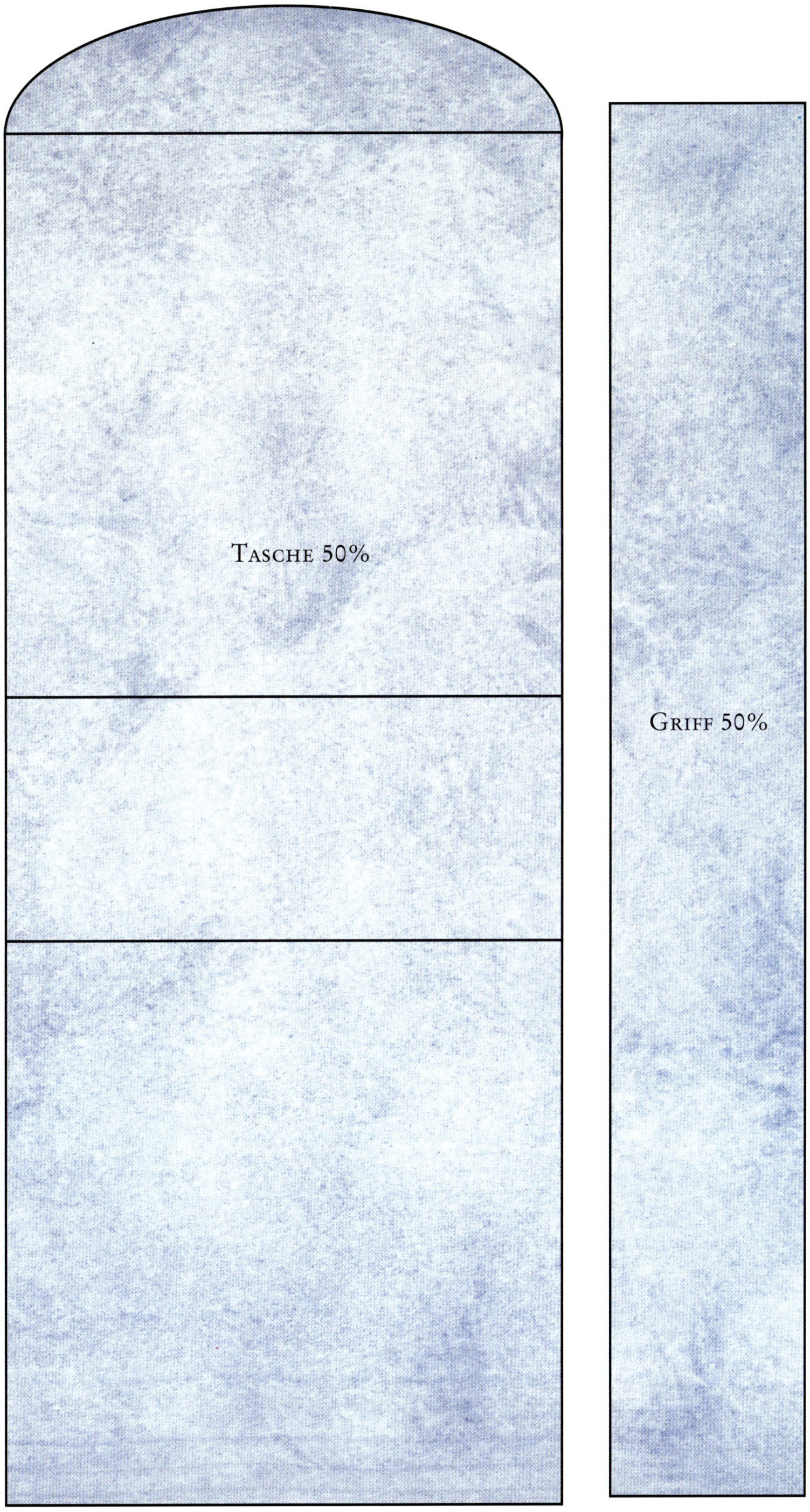

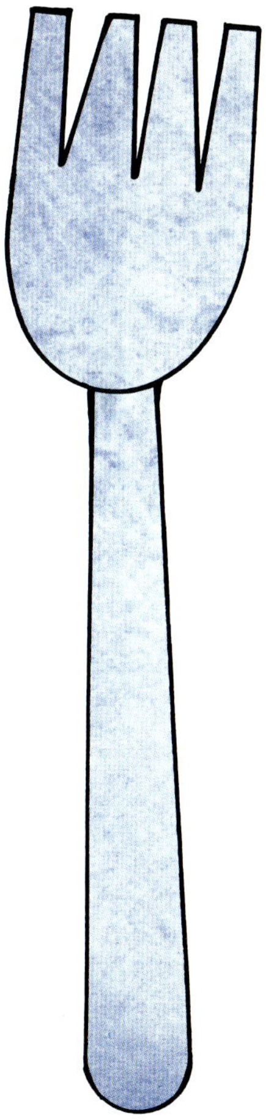

Handtasche
aus Satin
S. 76

Servietten mit
persischer
Applikation
S. 71

Landhausstil

Ländlicher Überwurf S. 84
Alle Motive 50%

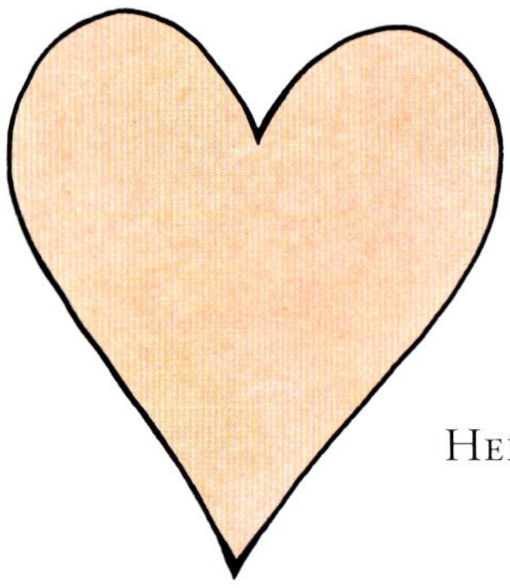

Herz

Trauben

Hand

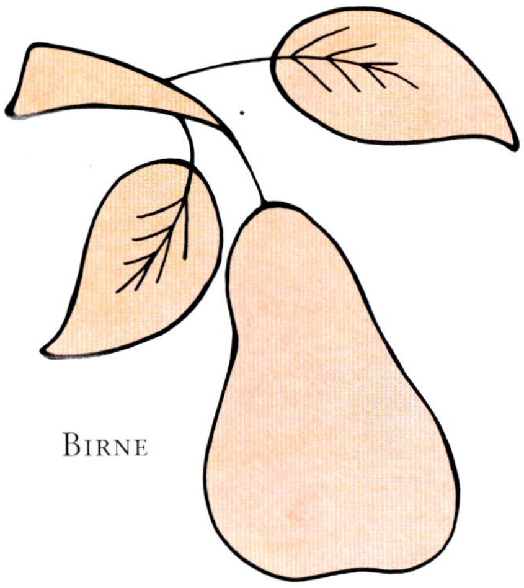

Birne

Vogel 2

Vogel 1

Blume

Erdbeeren

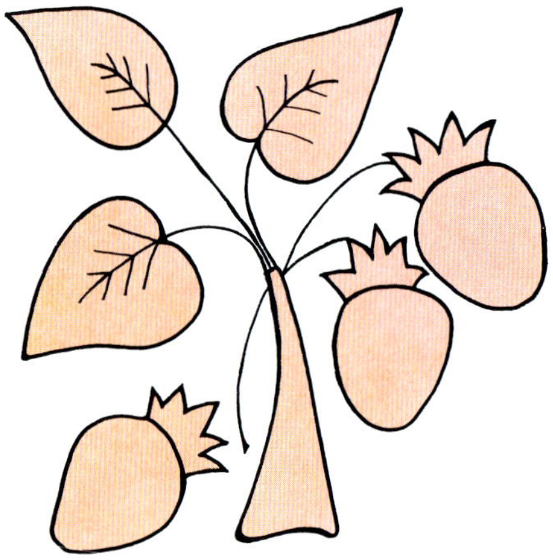

Vogel 3

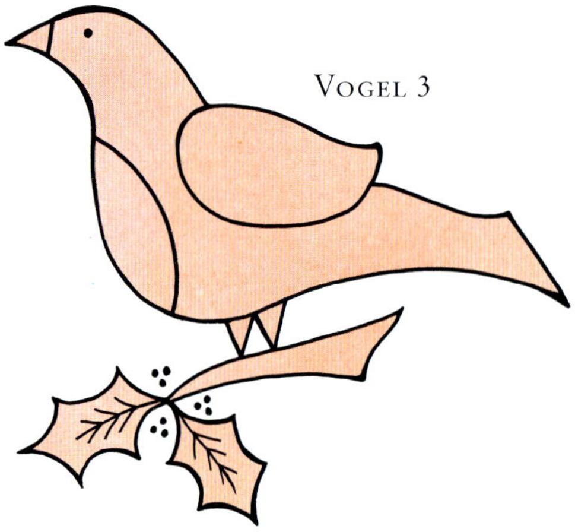

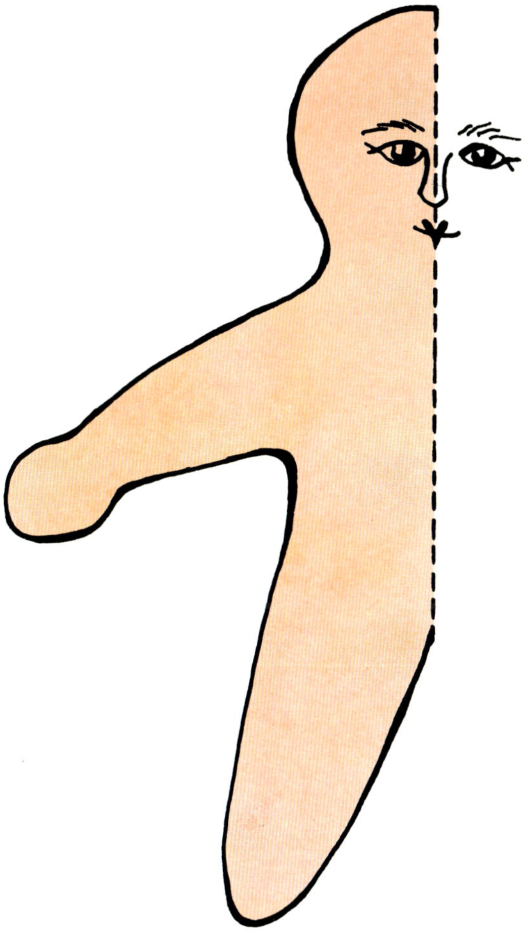

Stoffpuppe mit Kleidchen S. 94
50%
Hälfte der Schablone

Rüschenkissen mit Dresdener Motiv
S. 114

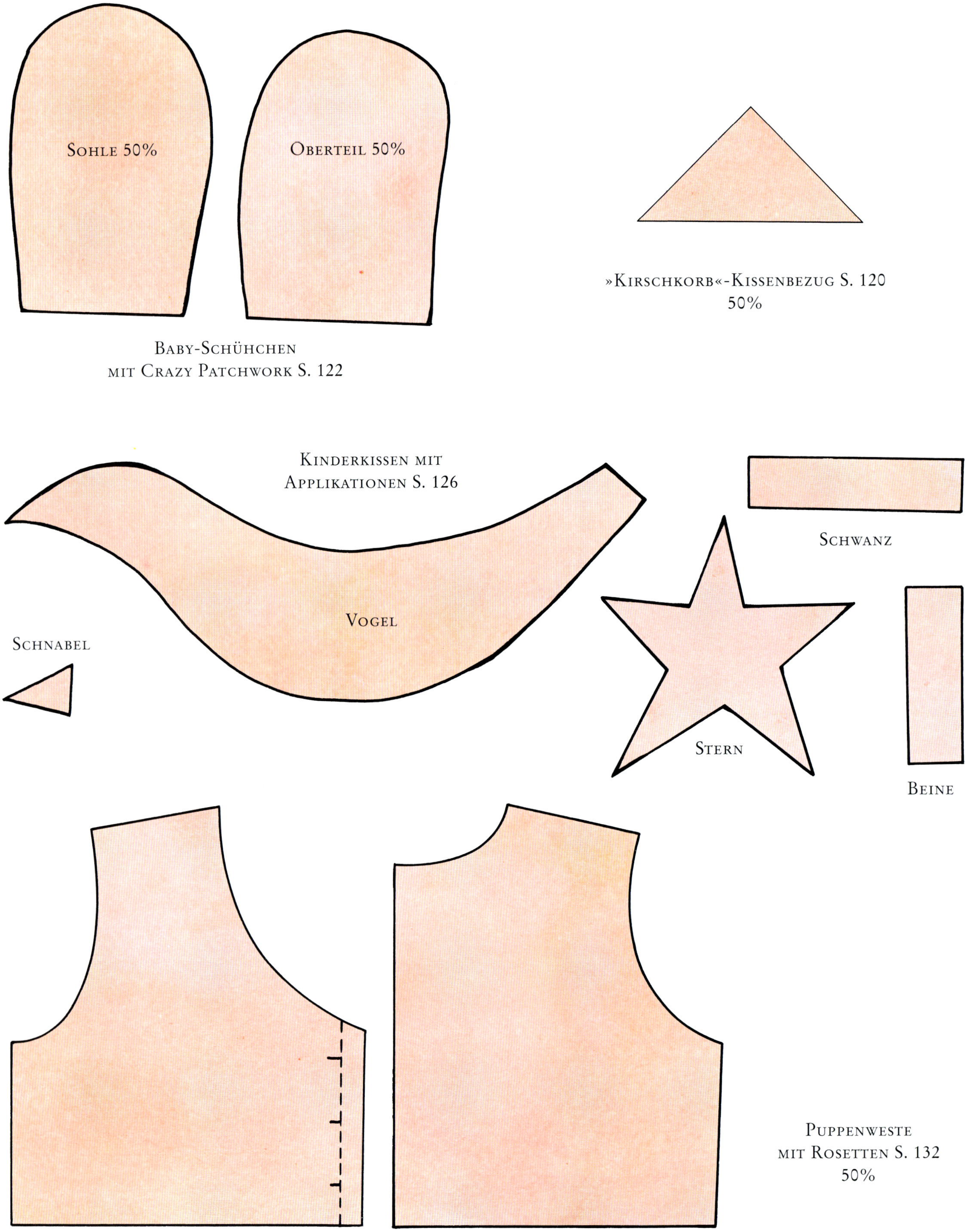
Sohle 50%
Oberteil 50%
Baby-Schühchen
mit Crazy Patchwork S. 122
»Kirschkorb«-Kissenbezug S. 120
50%
Kinderkissen mit
Applikationen S. 126
Vogel
Schnabel
Schwanz
Stern
Beine
Puppenweste
mit Rosetten S. 132
50%

Etno-Muster

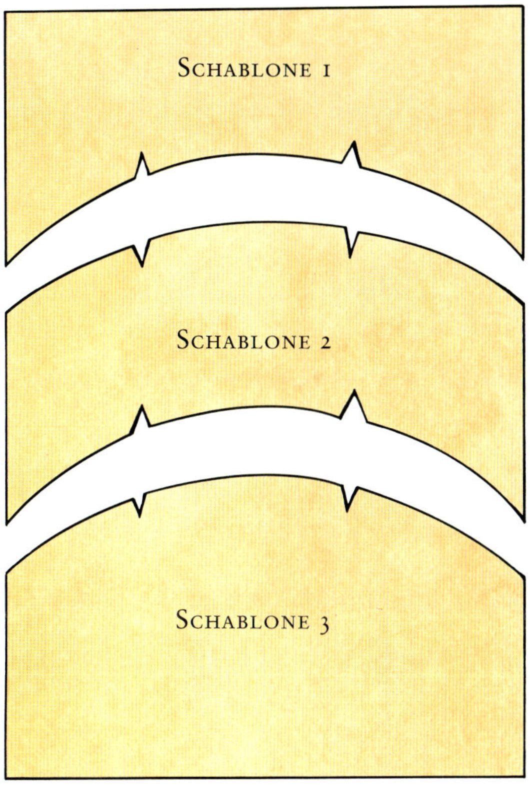

Patchwork-Seesack in Türkis S. 138
50%

San-Blas-Grill-handschuh S. 143

Kinder-Strickweste mit Applikation S. 178

San-Blas-Kinderweste S. 146 50%

Pa-Ndau-
applizierter
Bilderrahmen
S. 170

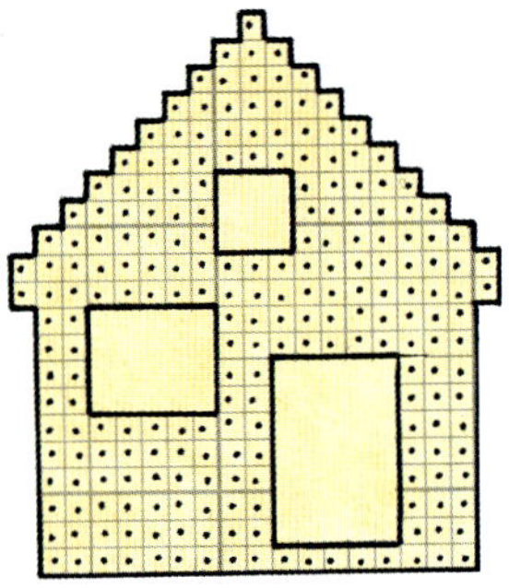

Patchwork-Strickpullover
für Kinder S. 180

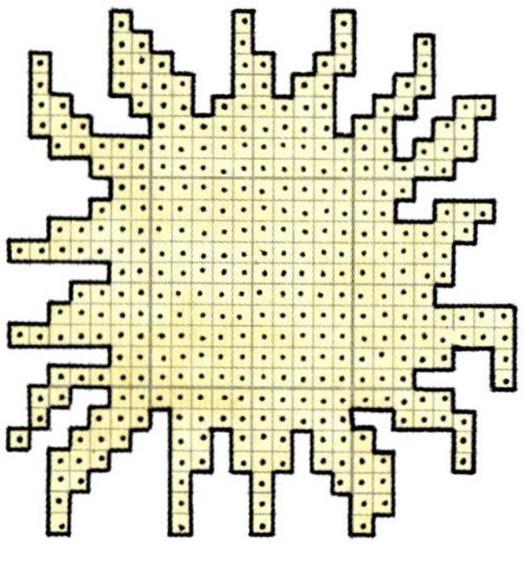

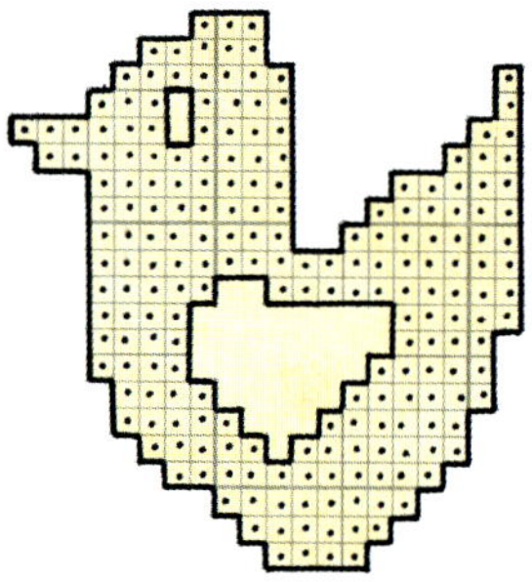

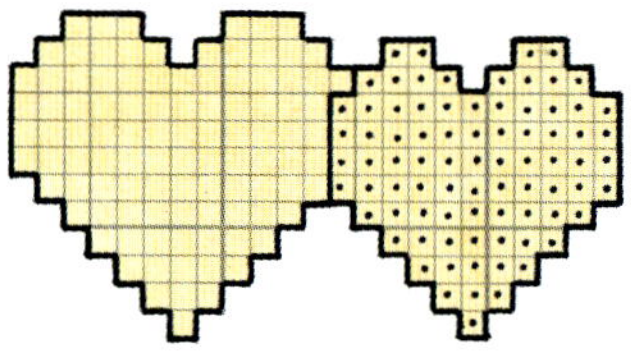

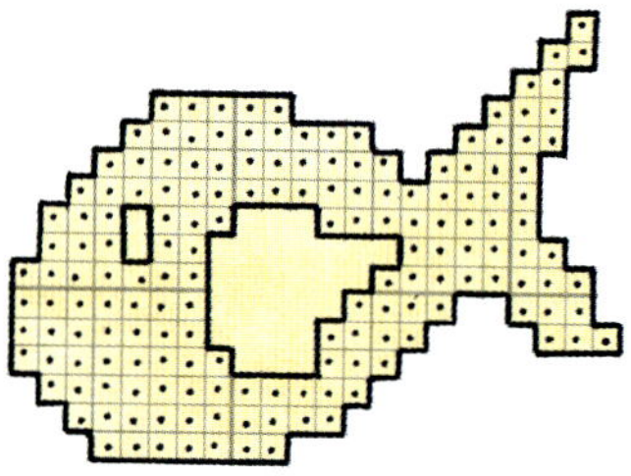

Wandbehang mit
hawaiischer
Applikation S. 184
50%

Moderne Designs

Beutel für Wäscheklammern
S. 192
50%

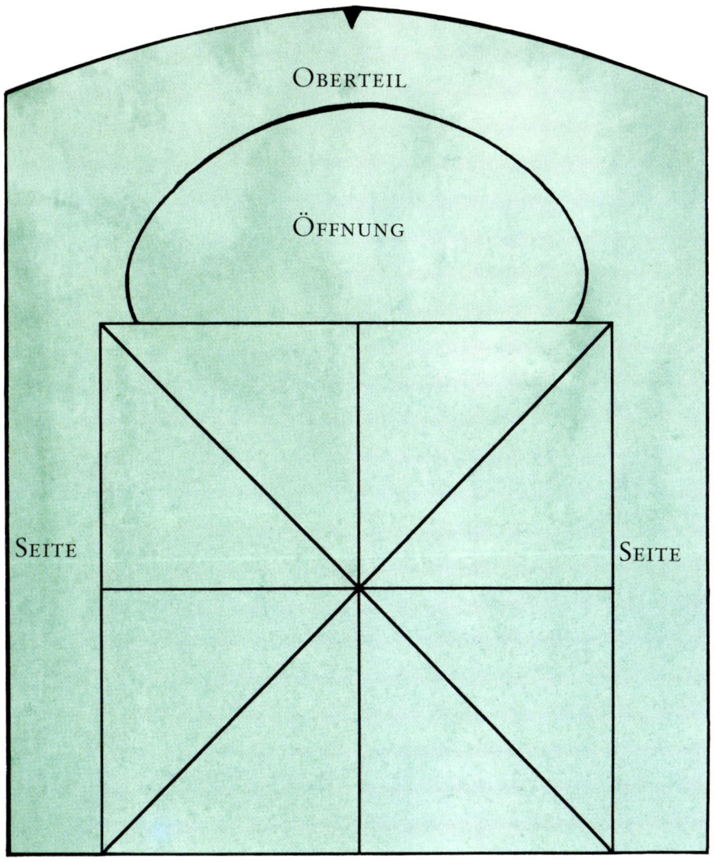

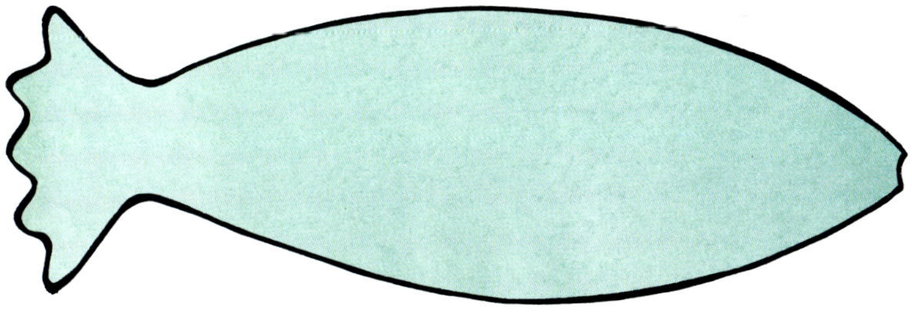

Fischmotive

Strandtasche
S. 198

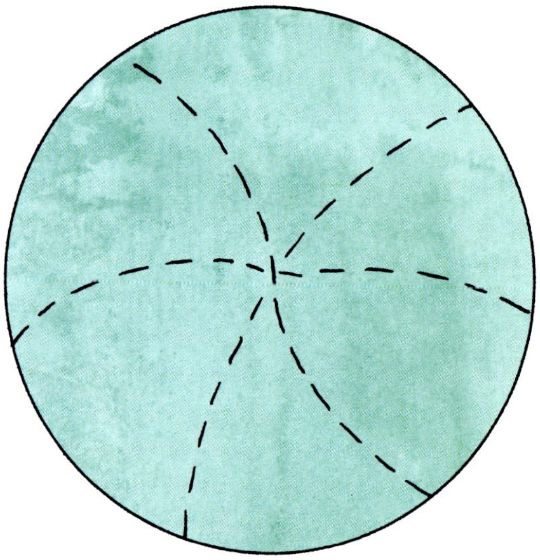

Strandtuch S. 199
Motive 50%

Bistro-Tischset
»50er Jahre« S. 210

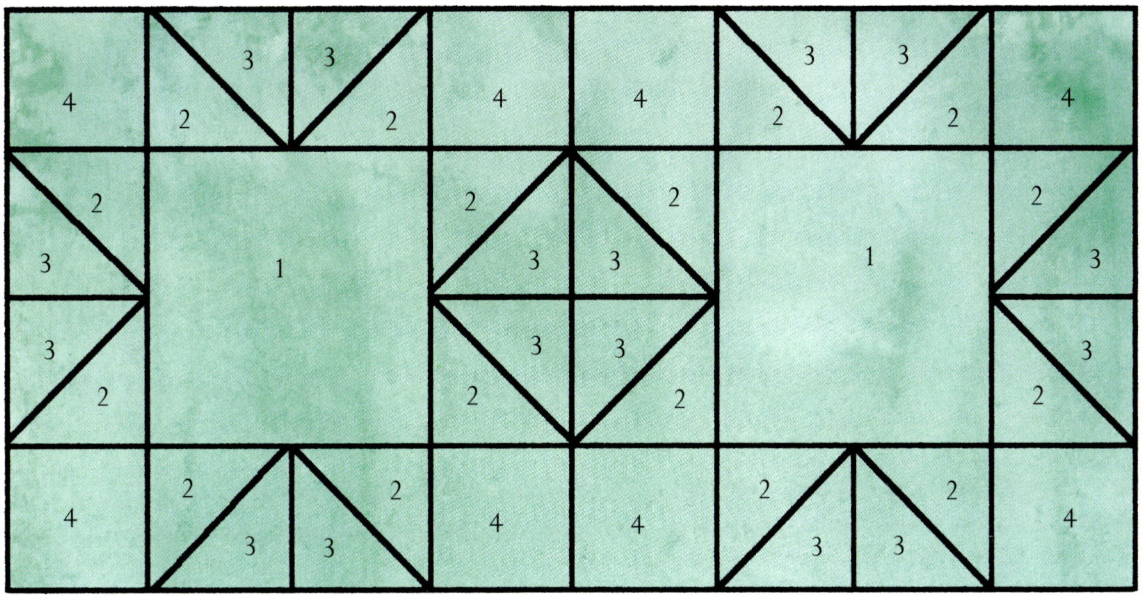

Täschchen mit Diamant-im-Quadrat-Patchwork S. 221 50%

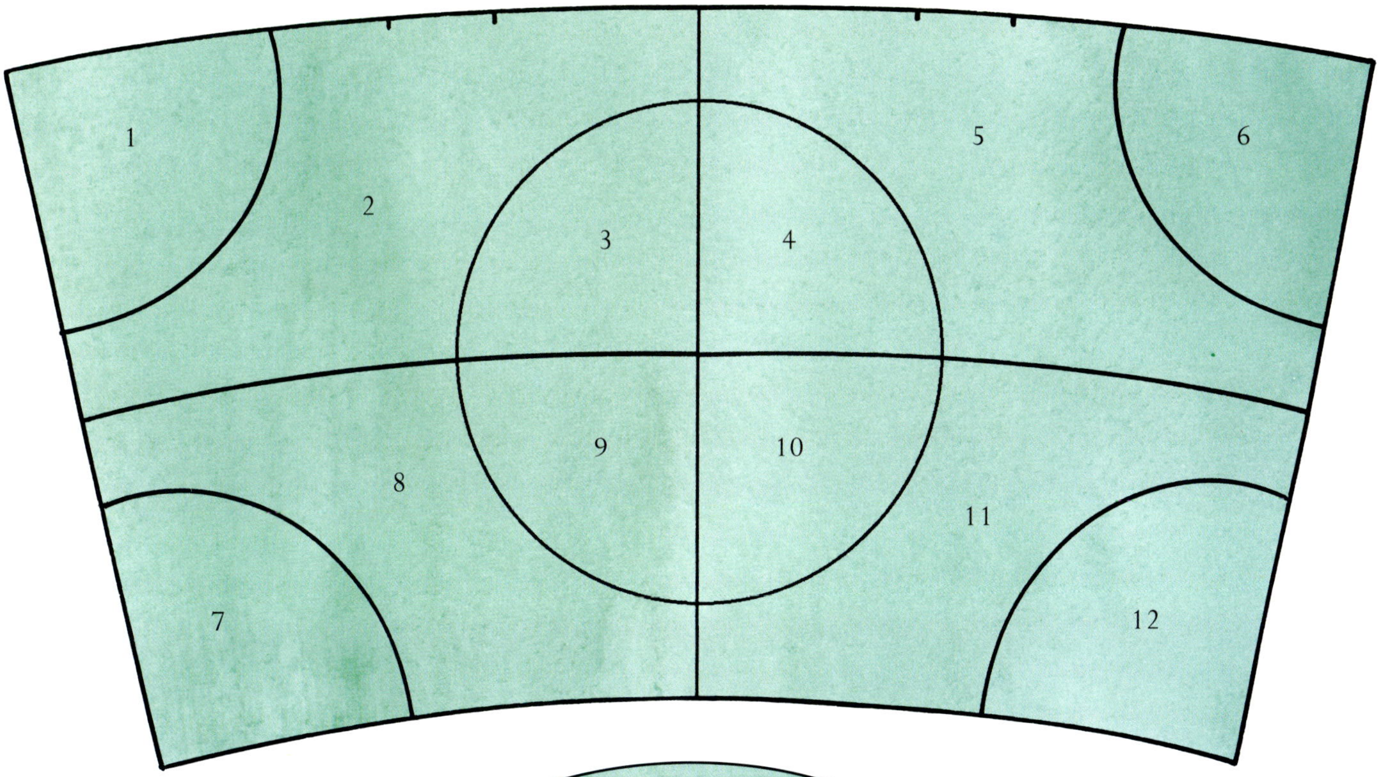

PVC-Tasche S. 240
50%

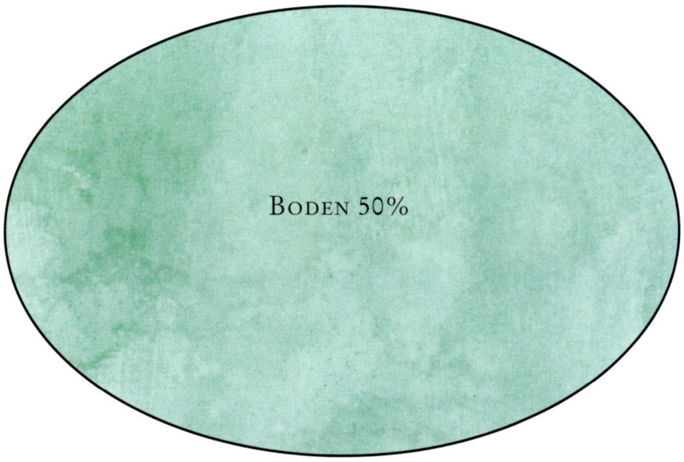

REGISTER

Danksagung

Der Verlag dankt allen Personen, die Modelle für dieses Buch entworfen und angefertigt haben: Abigail Barbier, Jenny Blair, Petra Boase, Louise Brownlow, Sally Burton, Julia Crook, Joanna Davies, Rachel Frost, Emma Ganderton, Lucinda Ganderton, Rachel Hyde, Judith Izatt, Sylvia Landers, Teresa Searle, Karen Spurgin, Isabel Stanley, Karen Triffitt, Chloe Walker, Jenny Warson, Angela Wheeler, Kate Whitworth, Dorothy Wood und Emma Woods. Dank gilt auch Kay Dimbleby und ihren Kunden für die Erlaubnis, die von ihr angefertigten Quilts auf S. 29 unten und S. 136 unten zu fotografieren. Fotos von John Freeman auf S. 29 und 136 unten; von Debbie Patterson auf S. 190 oben und 191; von Steve Tanner auf S. 28, 29 oben, 82 und 83; und von Peter Williams auf S. 136 oben, 137 und 190 unten.